语音学概论

（修订第二版）

岑麒祥　著

2013 年·北京

图书在版编目(CIP)数据

语音学概论/岑麒祥著.—2版(修订本).—北京:商务印书馆,2013
ISBN 978-7-100-09249-4

Ⅰ.①语… Ⅱ.①岑… Ⅲ.①语音学—概论 Ⅳ.①H01

中国版本图书馆 CIP 数据核字(2012)第 134796 号

所有权利保留。
未经许可,不得以任何方式使用。

YǓYĪNXUÉ GÀILÙN
语 音 学 概 论
(修订第二版)

岑麒祥 著

商 务 印 书 馆 出 版
(北京王府井大街 36 号 邮政编码 100710)
商 务 印 书 馆 发 行
北京市白帆印务有限公司印刷
ISBN 978-7-100-09249-4

2013 年 4 月第 1 版	开本 850×1168 1/32
2013 年 4 月北京第 1 次印刷	印张 10⅝

定价:30.00 元

目　　录

序 ……………………………………………………（ 1 ）
修订第二版序 ………………………………………（ 3 ）
第一编　总论 ………………………………………（ 1 ）
第一章　语音学的对象和方法 ……………………（ 3 ）
　一、语音学的对象和类别 ………………………（ 3 ）
　二、语音学的功用 ………………………………（ 5 ）
　三、语音学的方法 ………………………………（ 8 ）
　　（一）描写语音学的方法 ……………………（ 9 ）
　　（二）历史语音学的方法 ……………………（ 10 ）
　四、语音学的历史 ………………………………（ 12 ）
　　（一）古代对于语音的研究 …………………（ 12 ）
　　（二）语音学的建立和普通语音学 …………（ 14 ）
　　（三）实验语音学 ……………………………（ 15 ）
　　（四）音位学的建立及其发展 ………………（ 17 ）
　　（五）我国对于语音的研究 …………………（ 20 ）

目 录

第二章 言语的发音 ……………………………………（25）
  一、从心理学方面来看语言声音是怎样发动的 …（25）
  二、从生理学方面来看发音器官的构造和功能 …（29）
    （一）呼吸器官 ……………………………………（29）
    （二）喉头 …………………………………………（29）
    （三）咽头 …………………………………………（32）
    （四）口腔 …………………………………………（32）
    （五）鼻腔 …………………………………………（34）
  三、从物理学方面来看语言声音的特点 …………（35）
  四、从语言学方面来看语言声音在语言系统中的
      意义 …………………………………………（41）

第三章 记音符号 ………………………………………（44）
  一、汉语注音字母 …………………………………（46）
  二、器官表音符号 …………………………………（53）
  三、非字母符号 ……………………………………（55）
  四、国际音标 ………………………………………（56）

第二编 描写语音学 …………………………………（63）
  第四章 音素和音位 …………………………………（65）
    一、什么叫做音素和音位 ………………………（65）
    二、语音的分类 …………………………………（69）

（一）我国音韵学家的分类 …………………………（70）

　　（二）古代希腊人的分类 ……………………………（74）

　　（三）古代印度人的分类 ……………………………（76）

　　（四）一般语音的分类 ………………………………（79）

第五章　元音 ………………………………………………（81）

　一、元音的定义 …………………………………………（81）

　二、元音的分类 …………………………………………（85）

　　（一）闭元音、半闭元音、半开元音和开元音 ………（85）

　　（二）前元音、央元音和后元音 ……………………（88）

　　（三）圆唇元音和不圆唇元音 ………………………（91）

　　（四）鼻元音和鼻化元音 ……………………………（92）

　三、元音音位和音品 ……………………………………（94）

第六章　辅音 ………………………………………………（98）

　一、辅音的定义 …………………………………………（98）

　二、辅音的分类 …………………………………………（99）

　　（一）按发音部位来分 ………………………………（99）

　　（二）按发音方法来分 ………………………………（103）

　　（三）按声带的状态来分 ……………………………（108）

　　（四）强辅音和弱辅音 ………………………………（110）

　　（五）软辅音和硬辅音 ………………………………（112）

　　（六）唇化辅音、齿化辅音和舌根化辅音 …………（113）

目 录

  三、辅音音位和音品 …………………………………（116）

第七章　语音的结合和组合 …………………………（120）

  一、复合元音 …………………………………………（120）

  二、破擦音 ……………………………………………（123）

  三、复辅音 ……………………………………………（125）

第八章　音节 …………………………………………（129）

  一、音节的定义 ………………………………………（129）

  二、音节的构成 ………………………………………（138）

  三、音节区分法 ………………………………………（142）

第九章　声调 …………………………………………（144）

  一、什么叫做声调 ……………………………………（144）

  二、声调的种类 ………………………………………（146）

  三、声调的研究 ………………………………………（147）

  四、声调的标记 ………………………………………（148）

  五、调类和调值 ………………………………………（151）

  六、调位和调品 ………………………………………（154）

第十章　重音和轻音 …………………………………（159）

  一、什么叫做重音和轻音 ……………………………（159）

  二、重音的性质 ………………………………………（160）

  三、重音的种类 ………………………………………（161）

  四、重音的研究 …………………………………（162）

  五、语言中的重音和轻音 ………………………（163）

  六、重位和轻位及其音品 ………………………（169）

第十一章　长音和短音 ………………………………（171）

  一、什么叫做长音和短音 ………………………（171）

  二、元音的长短 …………………………………（172）

  三、辅音的长短 …………………………………（175）

  四、音节的长短 …………………………………（176）

  五、时位和时品 …………………………………（177）

第十二章　语音的变化 ………………………………（181）

  一、什么叫做语音的变化 ………………………（181）

  二、同化 …………………………………………（182）

   （一）辅音的同化 ……………………………（184）

   （二）元音的同化 ……………………………（187）

   （三）声调的同化 ……………………………（189）

  三、异化 …………………………………………（189）

   （一）辅音的异化 ……………………………（191）

   （二）元音的异化 ……………………………（191）

   （三）声调的异化 ……………………………（192）

  四、弱化 …………………………………………（193）

目 录

  （一）辅音的弱化 …………………………（193）

  （二）元音的弱化 …………………………（194）

  （三）声调的弱化 …………………………（196）

 五、缩减 …………………………………………（197）

  （一）辅音的缩减 …………………………（197）

  （二）元音的缩减 …………………………（199）

 六、增加 …………………………………………（201）

  （一）辅音的增加 …………………………（201）

  （二）元音的增加 …………………………（203）

 七、代替 …………………………………………（204）

 八、换位 …………………………………………（207）

第十三章　句子语调的变化 ……………………………（209）

 一、什么叫做语调 ………………………………（209）

 二、停顿和节拍 …………………………………（210）

 三、句子声调 ……………………………………（212）

 四、句子重音 ……………………………………（218）

 五、声音长短的变化 ……………………………（221）

 六、语调在语言中的作用 ………………………（223）

第三编　历史语音学 ……………………………………（227）

 第十四章　语音的演变 ………………………………（229）

一、语音演变的意义 ………………………………（229）

二、语音演变的种类 ………………………………（235）

三、语音演变的条件 ………………………………（239）

四、语音定律 ………………………………………（242）

第十五章 元音的演变 …………………………………（245）

一、元音演变的发音条件 …………………………（245）

二、元音音质的演变 ………………………………（247）

三、复合元音化和单元音化 ………………………（249）

四、元音的脱落和增加 ……………………………（251）

第十六章 辅音的演变 …………………………………（254）

一、辅音演变的发音条件 …………………………（254）

（一）在音节中的位置 ……………………………（254）

（二）邻音的影响 …………………………………（255）

二、辅音音质的变化 ………………………………（255）

三、辅音的脱落和增加 ……………………………（259）

第十七章 声调、轻重音和长短音的演变 ……………（261）

一、声调的演变 ……………………………………（261）

二、轻重音的演变 …………………………………（264）

三、长短音的演变 …………………………………（265）

第十八章 语音的对应 …………………………………（269）

目 录

一、什么叫做语音的对应 ……………………（269）
二、语音对应的范围……………………………（271）
三、怎样找出语音的对应规律 ………………（277）
四、语音对应规律在语言研究中的作用 ………（281）

附录 ……………………………………………（287）
一、术语和主题索引……………………………（289）
二、各种语言引用例索引 ………………………（304）

后记……………………………… 岑运华　岑运强（330）

序

1934年春，我开始在广州中山大学文学院讲授语音学，于授课之余编有讲义一种，其后整理成《语音学概论》一书交上海中华书局出版。那时适在对日抗战期间，印刷方面颇有困难，直到1939年4月才印出第一版，其后还重版过一两次，但是始终没有修订过，以后也就不再重印了。

近二十年来，语音学研究，无论在国内国外，都曾有长足的进步，尤其是音位理论得到了全世界的重视。我那本旧稿，现在看来，有许多地方已嫌陈旧，好些论点阐述得不很明确，也有一些例子举得不恰当，甚而至是错误的。我虽早已发觉，但是没有下决心把它加以修改重新出版。

近几年来，我国的语言学界有了相当快的进展，由于实际需要，也出版了好几种有关语音学的书，其中有些是写得很不错的，大可以弥补这方面的缺陷，我更无意在我那本旧著上面多费工夫了。

1956年夏，我在青岛，有些朋友跟我提起这本书，认为里面有些地方还很有用，现在国内有关语音学的著作不是太多，而是太少了，因此怂恿我把它修订重印。我几经踟蹰，才决定了接受他们的这个意见。

我现在这本书是在我的旧著《语音学概论》的基础上修改增订而成的，但是有好些地方已完全重新写过，例子尽量举汉语、汉语方言和俄语、英语的，以便易于了解和掌握，有些过于偏僻，没有多大实际意义的，不惜尽量砍掉，并且特别着重于实用方面，不作过多的理论上的陈述。

我们现在所了解的语音学是近百年来在其他科学（特别是生理学和物理学）的影响下在西欧建立起来的。我国在这方面从前虽有很优良的传统和丰富的材料，但是用近代科学知识研究语言声音开始得比较迟，许多地方还有待于进一步去研究。我国近年来对于汉语、汉语方言和少数民族语言做了许多调查研究工作，今后还要继续去做。这些都是我们的极可宝贵的材料。随着我国的政治、经济、文化的飞速发展，语言科学也将有很大的发展。今后将是我国语言学大大发展的时代。由于这些材料和经验的积累，我们的语音学知识也将一天一天地丰富起来。在这突飞猛进的期间，假如我这本小书能够起到一点小小的作用，我是会感到非常高兴的。书中如有错误或不妥的地方，尤望读者不吝指正。

岑麒祥

1958 年 6 月，于北京大学

修订第二版序

　　本书自 1959 年出修订第一版后到现在又已经过了 21 年。在这 20 多年间，国内外语言学研究也有了很大进展，但是总的说来多是为了信息处理和便利各种机械的设计而从物理学方面作出的努力，从某些方面来看当然未可厚非，但是其中有许多地方实已超出了语言学的范围，与语音本身的教学和研究关系不很大。我们在这一版中，除个别论点以外，一般修改不大。

著　者

1980 年 10 月

第一编　总论

第一章 语音学的对象和方法

一、语音学的对象和类别

1.1 语音学是语言学的一个部门。它所研究的是语言的声音方面。语言是人类最重要的交际工具,人们利用它来互相交际,交流思想,以达到互相了解。任何人类的语言都是有声语言。声音就是语言的物质外壳。我们无论在心里想东西,或者把要说的话说出来都是脱离不了声音的。语言的声音是语言的词汇和语法所寄托的形式。没有语言的声音,人们不独没法互相交际,而且也没法进行思维。没有语言的声音也就没有了语言。

1.2 语言的声音本身是一种物理现象,但是它跟一般自然界的声音性质不同,因为语言的声音常是跟意义紧密地联系着的。所以我们在语音学上研究语言的声音也就跟物理学家研究一般自然界的声音有所不同。物理学家研究一般自然界的声音是以声音为目的的，我们在语音学上研究语言的声音却要把它当作解决语言学问题的手段。因此我们可以说：语音学是一种以语言的声音及其与语言学上其他现象的关系为研究对象的科学。

1.3 语音学可以大致分成描写语音学和历史语音学两种。

1.4 描写语音学的目的是要就生理学观点、物理学观点和语言学观点来分析各种语言的声音，描写它们的特点和研究它们怎样组合起来表达不同的意义以及可能发生的变化。它可以涉及许多种语言的声音，也可以只涉及单一种语言的声音。总之，它是静态的而不是动态的，是共时的而不是历时的，它所关注的是语言在某一时期的发音而不是语言的声音于不同时期的演变，所以又叫做静态语音学。

1.5 任何语言的声音都是常常起变化的。这种变化一般进行得很慢，我们通常不容易觉察得出来；但是假如我们把不同时期的语言声音或有亲属关系的语言或方言的发音加以比较，就可以看出其间实有许多不同的地方。历史语音学的目的就是要研究这些语言声音的演变和发展，进而确定它们的演变规律。它是动态的而不是静态的，是历时的而不是共时的，所以又叫做动态语音学。

1.6 历史语音学通常要以描写语音学做出发点。它可以是自上而下的，即以某一古代的状态做出发点往下直追到现代的状态，也可以是自下而上的，即以现代或某一近代的状态做出发点往上直追到古代以至史前的状态。在后一种情况下就有所谓"语音的重建"。无论如何，一切历史语音学都是比较的：或者把一种语言的不同时期的状态加以比较，或者把有亲属关系的不同语言或方言的状态加以比较，其目的都在研究语言声音的历史发展。

1.7 无论是描写语音学还是历史语音学，只要我们把研究的结果加以概括成为一般理论就成了普通语音学。因此普通语音学既包括描写语音学，也包括历史语音学，它的范围不只限于某一种具体语言的声音，而涉及一切语言的声音。

二、语音学的功用

1.8 任何人都有他的语言或方言，那就是说，任何人都能发出他的语言或方言的声音。但是这些声音是怎样发出来的，它们有些什么样的特点，可就很少人能够回答得出来，而他们却不以此为遗憾！在他们看来，说话和走路、吃饭一样都是一件极其平凡的事情，我们不懂得语音学不见得就不会说话，因此语音学究竟有什么用处就成了许多人的疑问。

1.9 首先，我们要知道，任何人类的语言都是有声语言，都是由声音构成的。每种语言或方言的声音都各自构成一个系统。这个语音系统贯穿到它的词汇方面，也贯穿到它的语法方面，我们不了解一种语言或方言的语音系统，就没法研究它的词汇结构和语法结构。我们常常可以看到有些要研究某一种语言或方言的人，因为缺乏语音学的知识，只拘泥于自己的发音习惯，以致没法辨别出其中的某些特点，结果弄得束手无策。所以从这方面看，语音学跟语言研究的关系其实无异就等于数学跟天文学或物理学的关系，是必不可少的。并且语言是常常起变化的。在语言发展的过程中，有时有些发音本来不同的词变成了同音词，有时同一个词分化成了不同的同源词，有时由于形态起了变化，语法范畴和词类的分合也起了变化，所有这些问题都要以语音学的知识为基础才能解释清楚。我国的方块汉字不是拼音文字，可是许多有关字义的训释、形声的结构、借假的应用等都跟语音的演变有密切的关系，要依靠语音学的知识来进行研究的很多。至于要研究各种语言或方言的亲属关系和借贷关系，不能不注意到它们的语音演变规律和对应规律，那就更不用说了。

1.10 其次，语音学是语文教学中一个重要的环节。无论是祖国语文的教学，或者外国语文的教学，都不能不重视语音的训练，要重视语音的训练没有语音学知识是办不到的。我们的民族共同语，普通话，是以北京语音为标准音的。它的语音系统跟各地方言的语音系统有什么差别，它们的对应关系怎样，都要研究清楚，充分掌握，在教学上才能收到事半功倍之效。我国是一个多民族的国家，各民族虽各有他们自己的语言，但是因为同是一个大家庭里的成员，大家应该互相学习各自的语言，尤其是因为汉族人民占全国人口的大多数，并且有悠久的文化和比较丰富的经验，各兄弟民族的同胞更应该学习汉语以作为各民族间的交际工具。外国语是国际文化交流不可缺少的工具。我们要学习某一个国家的先进经验尤其应该学习它的语言。学习语言当然不只限于语音，但是语音却是其中很重要的一部分。经验证明，凡对语音学有相当知识的人学习语言或方言都比较容易正确并且进展得比较快。这就表明语音学在语文教学方面具有怎样特别重大的实际意义了。

1.11 再次，我国要进行文字改革，把方块汉字逐渐改为拼音文字，不能不重视语音方面的研究。汉语拼音方案现在虽已由国务院公布，但是其中许多有关拼写的问题，如声调拼写的问题，同音词拼写的问题，科学术语和外来借词拼写的问题等等，都有待于我们进一步去研究，确定拼音的方法和正词法，编成各种词典和教科书，以便各方面学习。我国是一个多民族的国家，有些民族直到现在还没有文字，有些虽有文字但是不很完善，需要进行改革。为了替他们创立文字或改革文字都要对他们的语言进行深入的、细致的研究，找出这些语言的音位系统，确定适当的字母和正词法。这又是语音学能起重大作用的一个新开辟的园地。

1.12 再有，文学是语言的艺术。古往今来，从事文艺创作和文艺批评的文学家没有不重视语言的声音结构，注意它们的性质和配合，使朗诵起来能够铿锵悦耳，耐人寻味的。关于这一点，我国古代的学者老早就曾有所阐述。例如周济在《宋四家词选叙》里说："阴声字多则沉顿，阳声字多则激昂，重阳间一阴则柔而不靡，重阴间一阳则高而不危"。不独诗词如此，散文也要讲究声律。《文心雕龙·声律》里说："凡声有飞沉，响有双叠。双声隔字而每舛，叠韵杂句而必睽。沉则响发而断，飞则声飏不还，并辘轳交往，逆鳞相比，迂其际会，则往蹇来连，其为疾病，亦文家之吃也。"这些都是就我国古代音韵学的知识来说明怎样把语言的声音结构运用于文艺作品的。假如我们用语音学的知识把现代汉语的声音结构加以整理和研究，指明其中哪些特点可以和各种文艺作品相配合，那么对于文艺工作者将会有很大的帮助，是可以确信无疑的，而由此也可以说明语音学和文艺学的关系了。

三、语音学的方法

1.13 语音学是语言学的基础。我们无论研究哪一种语言或方言，必须先了解它的声音结构。前面已经说过，语音学分描写语音学和历史语音学两种。这两种语音学的性质不同，因此所用的方法也就不能一样。

（一）描写语音学的方法

1.14 描写语音学的目的是研究各种语言或方言的声音，辨别这些声音的性质和特点及其组合的方式。任何语言或方言的声音都是由发音器官发出来的物理现象，因此要分辨各种语言或方言的声音必须对人类发音器官的构造有相当的认识，并且具有一定的声学知识，才能把所听到的声音就生理学观点和物理学观点断定它们的性质和特点，用记音符号记录下来。这当然要靠我们用耳朵去静听，但是在一定的情况下视觉也可以给我们以很大的帮助。例如我们听北京人发"巴"和"法"这两个字音，如果我们仔细观察，就可以看到发第一个字音时双唇是先闭起来然后张开的，发第二个字音时却不是用双唇，而是用上齿跟下唇来发音，因此第一个字音就含有 b① 这一个声音，第二个字音含有 f 这一个声音，此外还各含有 a 这一个声音。但是有些发音器官是我们用眼睛看不到的，那就要仔细揣摩各有关发音器官的动作。例如同一个"哈"字，北方人是用舌根来发音的，广东人却用喉门来发音，里面都各含有一个 a

---

① 这里用的是《汉语拼音方案》的字母。

音。这样反复多次加以练习才能把所听到的每个声音正确地分辨出来。

1.15 正因为每一个语言的声音都是一种物理现象，所以有些物理学上的仪器如浪纹计（kymograph）、示波器（oscillograph）和声谱仪（spectrograph）等也可以给我们以帮助。语言的声音由我们的口里发出之后就在空中起一种振动。这些音波的振动不是我们用肉眼所能看得出来的，假如我们用仪器把它们记录下来，就可以量出它们的高低、强弱和长短等等。此外，有些我们用眼睛看不到的发音器官如喉头和舌部的动作等等，我们也可以利用照喉镜、X 光线或假腭等把它们显示出来。可是这些仪器在一般的情况下不是我们轻易随便可以加以利用的。在没有这些条件的时候，我们就只好尽可能锻炼好我们的耳朵，使能分辨出每个声音的最细微的特点，物理学的仪器不过是我们的一种辅助的手段罢了。

1.16 描写语音学必须把一种语言或方言的全部声音和这些声音的组合方式尽可能详细地加以描写。同一个声音在不同的语言或方言中很可能有一些它所固有的特点，这也是我们所不能忽视的，而这些声音的特点必须把不同的语言或方言的相同的声音加以比较才能分辨出来。

（二）历史语音学的方法

1.17 历史语音学的目的是在研究语言声音的演变及其演

变的规律。任何语言的声音都是不断地起变化的，但是这些声音的演变我们必须把不同时期的状态加以比较才能看得出来。语言声音的演变一般都是很有规律的，但是这些规律往往会受到时间上和空间上的限制。那就是说，某一个声音于某一个时期这样起变化，而于另一个时期却不一定这样起变化；于某一个地区这样起变化，而于另一个地区却又不一定这样起变化。在语言声音的变化中，有些是"自发的"，即不受任何发音条件限制的，有些却是因为受了其他声音的影响而起变化的。这些我们都要占有充分的材料加以分析研究才能确定下来。

1.18 要进行语言声音的历史研究，脱离不了各不同时期的材料，即把不同时期的语音状态加以比较，确定这些语音演变的倾向和规律。例如我们要研究汉语语音的演变必须先弄清楚它在各不同时期的状态。可是另一方面，因为语言声音的演变是有区域性的，有些声音在这一个地区这样起变化，而在另外的一个地区却可能不起变化或起了另一种变化，这样一来，这些地区的言语之间就有着各种差别。这些差别跟其他成分结合起来就成了各种方言或有亲属关系的语言。因此把这些方言或有亲属关系的语言加以比较研究，就常可以帮助我们对某一种语言的声音的历史研究，也就是说，要研究某一种语言的声音的演变，除一般的历史方法以外，常还须要采用历史比较法。

1.19 描写语音学和历史语音学的方法虽然不同，但是它们不是对立的,而是可以互相补助的,因为我们要进行一种语言或方言的声音的历史研究固然要以它的描写研究的结果做出发点,而它的历史研究的结果也常可以帮助我们了解这种语言或方言在某一时期的语音状态。

四、语音学的历史

1.20 语音学成立于 19 世纪,而语音的研究其实在几千年以前就已经开始了。

(一)古代对于语音的研究

1.21 语音的研究同文字的创立和发展是分不开的。人类最古的文字是象形字,其后由象形字演变为表意字和表音字。世界上无论哪种文字都曾经历过这个过程。我国汉字号称属象形和表意文字系统,其实在最古的甲骨文中就已经有了一些发音的成分,其后并且演变成了以形声字占绝大多数,可见其中至少有一部分是有表音性质的,可是因为它的结构特殊和其他种种原因,直到现在还是象形成分、表意成分和表音成分杂糅在一起,还没有发展成为纯粹的表音文字。

1.22 表音文字分两种:一种是音节字,以一个符号代表一个音节;一种是音素字,以一个符号代表一个音素。现在世界上大多数的文字所用的字母都是由腓尼基字母演变来的。它起初也是一种音节字，但是后来在许多种文字中已经演变成音素字了。

1.23 采用音素字最早的要首推希腊文。希腊文字母虽然也源出于腓尼基字母，但是为了要适应古希腊语的语音特点，古代希腊人已经把它改成了音素字。其后由亚里斯多德等哲学家建立了语法（grammatike），当时所谓"语法"实际上就是一种有关字母（grammata）的科学。他们研究字母不能不研究这些字母所代表的声音，并且凭听觉的印象拟出了一种语音的分类。

1.24 印度人所用的字母大约是公元前15世纪到14世纪之间向腓尼基借来的，大体上还是音节字，因为古印度语的元音比较贫乏，他们在许多情况下觉得没有在文字上标明的必要。由于宗教上的需要，他们对发音的正确极为重视，专门讨论语音分析的著作很多，根据发音器官的部位和作用拟出了一个很详明的分类。这些研究后来对我国的音韵学和欧洲的语音学都曾发生过很大的影响。

1.25 自中世纪直到18世纪，欧洲人对于语音的知识都是以希腊语语法和拉丁语语法中的语音部分为基础的。这种情况一直很少改变。到了19世纪初历史比较语言学建立后，由于各种语言的历史比较研究，他们才逐渐感到有对语音和语音的演变进一步了解的必要，同时对古代印度人语音研究的知识也已有比较明确的认识，于是逐渐采用他们的方法来分析语音，但是还没有把它看成一种独立的科学。

（二）语音学的建立和普通语音学

1.26 语音研究成为语言学中一个独立的部门是从19世纪50年代开始的。那时有些生理学家和物理学家把他们的专门知识应用于语言的声音方面，使语音研究有了很大的发展。其中最著名的是德国的生理学家布律克（Ernst Brücke）。他自1849年起就从事于各种语言发音的研究，1856年出版《生理学纲要和语言声音的系统》（Grundzüge der Physiologie und Systematik der Sprachlaute）一书，详细分析了欧洲诸主要语言的发音，并且研究和讨论了希腊语、印度语和阿拉伯语的语音系统。1857年到1868年，捷克生理学家捷尔马克（Czermak）采用歌唱家加尔齐亚（Garcia）所设计的照喉镜专门研究人们发音时喉咙和声带的动作以及发各种鼻音时软腭的作用，以许多宝贵的意见补充了布律克的结论。1862年，德国物理学家赫尔姆霍兹（Helmholtz）的《关于声音感觉的学说》（Die Lehre der Tonempfindungen）出版。他第一次用物理学的方法表明元音的区别主要在于它们的音色，而元音的音色是由发音时口腔和鼻腔所构成的共鸣器决定的。1867年，英国语音学家贝尔（A. M. Bell）出版《视识语》（Visible Speech），仔细研究了人们发音时舌头的部位、形式、动作和嘴唇的作用等等，并且企图用一套特殊的符号把它们表示出来。其后，德国西佛士（Edward Sievers）的《语音学纲要》(Grundzüge der Phonetik) 出版于 1876 年，总结了许多前人根据生理学原理和物理学原理研究各种语言发音的成果，奠下了普通语音学的基础。这本书在各方面的影响很大。其后如英国斯威特（Henry Sweet）于 1877 年出版的《语音学手册》(A Handbook of Phonetics)，德国费约托（W. Viëtor）和李普曼（W. Ripmann）于 1899 年出版的《语音学纲要》(Elements of Phonetics)，费约托于 1904 年出版的《语音学纲要》(Elemente der Phonetik)，丹麦叶斯泊森（Otto Jespersen）于同年出版的《语音学教本》(Lehrbuch der Phonetik)，法国卢德（L. Roudet）于 1910 年出版的《普通语音学纲要》(Eléments de phonétique générale)，格拉蒙（Maurice Grammont）于 1932 年出版的《语音学概论》(Traité de phonétique)，美国派克（Kenneth L. Pike）于 1943 年出版的《语音学》(Phonetics)，黑夫纳（R. M. S. Heffner）于 1952 年出版的《普通语音学》(General Phonetics) 以及苏联马图谢维赤（М. И. Матусевич）的《普通语音学引论》(Введение в общую фонетику) 和我国罗常培、王均的《普通语音学纲要》等等都是属于这一性质的。

（三）实验语音学

1.27 印欧系语言的历史比较研究在 19 世纪 70 年代发展到了一个新的时期，许多历史比较语言学家对于语音演变规律的研究特别感兴趣。他们除了尽量利用各种历史上的文献以外，并且企图研究各种活的语言和方言的发音，以便深切了解语音演变和发展的机构，有些就采用各种生理学和物理学的仪器来做研究的工具。法国卢斯洛（P. Rousselot）曾在生理学家马雷（Marey）的启发下采用实验的方法研究塞尔佛鲁恩方言，于1892年写成《就塞尔佛鲁恩一个家庭的土语研究语言声音的变化》（Les modifications phonétiques du langage étudiées dans le patois d'une famille de Cellefrouin）一书，获得了很大的成功。他于1897—1908年出版《实验语音学》（Phonétique expérimentale），分章说明各种仪器的构造和用法，并且举例证明用这种方法所已获得的成果，大大引起了各方面的注意。接着斯克力普策（E. W. Scripture）的《实验语音学纲要》（The Elements of Experimental Phonetics）出版于1904年，潘空切里·卡尔吉亚（Panconcelli-Calzia）的《实验语音学》（Experimentelle Phonetik）出版于1921年，分别阐明实验语音学的性质和作用。各国大学如巴黎大学、伦敦大学、莱比锡大学、列宁格勒大学和我国的北京大学都先后成立了语音实验室，使这种研究的方法得到了一定程度的推广。

1.28 实验语音学可以利用各种精密的仪器帮助我们辨别一些发音上的细微的特点，以补听觉和视觉之不足，对于解决语音学上的某些问题无疑是很有用的，但是假如我们幻想能够把它发展成为一种离开生理学、物理学和语言学而独立存在的学科,那却是不恰当的。我们在上边说过,采用实验法研究语言的发音,并不是从卢斯洛开始的,但是他之所以跟布律克和赫尔姆霍兹等人不同,就因为他不仅仅是一个生理学家或物理学家,而主要是一个语言学家。我们不要忘记,语音学只是语言学的一个部门;在什么样的情况下可以采用这种方法来解决某些语言学上的问题,在什么样的情况下可以不必,那是要靠一个语言学家的明智判断来决定的。

(四) 音位学的建立及其发展

1.29 自实验语音学建立后,它对于各种语言的声音的描写研究确实起了不小的作用。可是另一方面,我们也要知道,这种研究只能帮助我们认识各个声音及其组合在某一具体语言中所能具有的价值,而这些价值并不是绝对的,到处都相同的,因此我们就不能用同一的规范去衡量各种不同的语言。事实上,有些语音现象对某种语言说来是非常重要的,因为它可以区别表示不同意义的词形,而对另一种语言说来却并不那么重要,因为它并没有表示不同意义的价值。例如声调对汉语和其他汉藏系语言说来是很重要的,因为同一个音组,比方 ma,可以由于声调的不同而有"妈"、"麻"、"马"、"骂"等意义,而对许多其他的语言说来却并不那么重要;同样,把 e 分为开 e 和闭 e 两种对法语说来是非常重要的,因为有许多词如 prêt(准备)

第一编　总论

和 pré（草地），dais（天遮）和 dé（骰子）等都靠这两个声音来区别不同的意义，但是在比方俄语的 вес（重量）和 весь（所有，一切），мел（白粉）和 мель（浅滩）等词里，虽然也有这两个声音的分别，可是并不那么重要，因为它没有表示不同意义的价值（这两个声音之所以不同是由它们在词里的环境决定的）。我们研究语言的声音不仅要顾到它们的生理学方面和物理学方面的特点，更重要的是要顾到它们在语言结构中的作用，即如何成为各个不同的词儿的声音外壳。专从这后一个观点去研究语言声音的就叫做音位理论或音位学。

1.30　音位学是近几十年来在语音研究的基础上发展起来的一个部门。它的发源地就在俄国。

1.31　从历史上看，早在1862年，俄国学者乌斯拉尔（П. Я. Услар）在为高加索山区民族创制文字的时候就曾提出过要把基本的、典型的、有区别意义作用的语音和这些语音在一连串发音中所获得的色彩区别开来的理论了[①]。瑞士温特勒（J. Winteler）在他于1876年出版的《加拉鲁斯州方言》(Die Kerenzer Mundart des Canton Glarus) 一书中也曾指出过必须把某种语言用来表示语义上或语法上的区别和其他不能用来区别词义的语

---

① 参看谢尔久琴柯《有关苏联各民族文字创制史的问题》，1955年，中国科学院语言研究所与中央民族学院编译本，89页。

音对立区别开来①。瑞士语言学家德·索绪尔（F. de Saussure）在他的《普通语言学教程》（Cours de linguistique générale）中并且用上了"音位"（phonème）这个术语②。但是把"音位"应用于现在一般人所理解的意义，并且把它概括成一种有系统的理论，实在是从博杜恩·德·库尔特内（J. Baudouin de Courtenay）开始的。

1.32 博杜恩·德·库尔特内原籍波兰，他的大部分时间是在俄国担任教学（起初在喀山大学，后来在圣彼得堡大学）。他于1870年出版《十四世纪以前的古波兰语》一书提出了"声音的物理性质跟它在人们感觉上或语言机构中的作用可能不一致"的理论，并且建议把语音学分为"生理语音学"和"心理语音学"两部分。他所谓"生理语音学"是以生理学和物理学为基础的，研究的对象是语言的声音；所谓"心理语音学"却以心理学为基础，研究语言功能中的声音形象。无可否认，博杜恩·德·库尔特内这样从心理学方面去了解音位的性质是不正确的。这一点直到他的学生谢尔巴（Л. Щерба）于1911年和1912年先后发表"俄语发音教程"和"俄语元音的质和量"，

---

① 参看特鲁别茨柯依（Н. Д. Трубецкой）《当前的音位学》（La phonologie actuelle），《语言心理学》（Psychologie du langage）论文集，1933年，巴黎，227页。

② 特鲁别茨柯依认为博杜恩·德·库尔特内所用的"音位"这个术语是由德·索绪尔借来的，但是意义不同。

才抛弃了其中唯心主义的成分，正确地把能分辨词义的声音看作不同的音位，不能分辨词义的声音只是同一音位的不同音品（оттенки），建立了完整的音位理论。

1.33 后来谢尔巴的著作传到欧洲，曾对西欧的语音学家产生了很大的影响。1928年，第一届语言学家国际会议在海牙开会，由特鲁别茨柯依和雅各布孙（R. Jakobson）等人提议组织研究音位系统。接着布拉格语言学学会刊印了好几篇有关音位学的著作，如特鲁别茨柯依的《音位学纲要》(Grundzüge der Phonologie) 和雅各布孙的《关于俄语音位发展的意见》(Remarques sur l'évolution phonologique de russe) 等，音位学的理论才逐渐传播到欧美各国。其后美国派克的《音位学》(Phonemics) 出版于1947年，英国琼斯 (Daniel Jones) 的《音位的性质和应用》(The Phoneme: Its Nature and Use) 出版于1950年，都曾讨论过关于音位学的问题。这种学问现在已成了语言声音研究中很重要的一部分了。

（五）我国对于语音的研究

1.34 我国古代没有关于语言声音的专门研究。虽然在周秦两汉时代就已有些古书谈到语言的发音，例如《管子》所说的"开口、阖口"（小问篇），《公羊传》所说的"内言、外言"（宣公八年），"长言、短言"（庄公二十八年），《韩非子》所说的"徐呼、疾呼"（外储右说上），刘熙《释名》所说的"横口、啾口"、"舌头、舌腹"（释天）等等，但都只是一些零散的谈片，还不能成为有系统的理论。

1.35 汉代末叶有些经师创制了反语。那时佛教已经传入我国，有些学者受到梵籍音理的影响更创立了反切法，用两个字来注一个字的声音，如"东，德红切"，上字但求与所切之字双声，下字但求与所切之字叠韵。接着有人把许多韵部相同的字搜集起来，按照声调加以排列，编成各种韵书。最早的是魏朝李登所辑的《声类》，晋朝吕静所辑的《韵集》，现在都已佚亡。隋朝陆法言等编辑的《切韵》是我国中古时代一部最重要的韵书，后经孙愐等增益改编成《唐韵》，现在也已残缺不全，惟有宋朝陈彭年等的《广韵》，丁度等的《集韵》还很完整。这一系的韵书都是我国音韵学的非常重要的史料。

1.36 这些韵书有一个特点，就是把所有的字都归纳入它们所属的韵部，先分声调，然后按韵加以排列，并注明它们的意义和反切，对于声母却不很注意，所以古人常有"叠韵易知，双声难明"之叹。到了唐朝守温和尚才依仿梵书订出了三十个字母来做声母的标目，后经宋人增加六个，成为三十六个[①]，就是我们所习知的守温三十六字母。金人韩道昭著《五音集韵》，

[①] 参看罗常培《敦煌写本守温韵学残卷跋》，载中央研究院《历史语言研究所集刊》，第三本，第二分。

并且把同一韵部的字按照字母的次序加以排列，始"见"终"日"，秩序井然。

1.37　《切韵》、《广韵》这一系的韵书所分的韵部和所定的反切并不是以当时某一地区的实际语音做根据的，里面实包含有"南北是非"和"古今通塞"①。所以唐初的属文之士已苦其苛细，于是由许敬宗等详议，"以其韵窄奏合而用之"。《广韵》分韵为二百零六部，其中哪些是独用的，哪些是同用的，都有注明。丁度等集修《集韵》又依贾昌朝之言，改并《广韵》独用的十三处，"许令通用"。韩道昭著《五音集韵》更索性把这二百零六韵并合为一百六十韵，宋朝刘渊著《壬子新刊礼部韵略》改为一百零七韵，后世流传的《诗韵》改为一百零六韵。尽管这样，离当时的实际语音还是很远。元朝文学特重北曲。为了适应作曲者的需要，周德清著《中原音韵》，把韵分为十九部，每部分阴平、阳平、上、去四声，与当时北京的语音恰相吻合。其后如明朝乐韶凤等所著的《洪武正韵》，兰廷秀所著的《韵略易通》，清朝樊腾凤所著的《五方元音》等分韵虽略互有出入，但是都属于这一类北音系统的韵书。

1.38　以上所说的是关于我国韵书的大概情况。这些都还只是一种史料。自宋朝起，有一种等韵学，其目的是在于审音，把韵书里的字，分为开合四等，依照字母的次第，纵横交贯，绘成各

---

①　见《切韵序》。

种等韵图,并就音韵原理加以解释。其中著名的有张麟之刊行的《韵镜》,郑樵的《七音略》,杨中修的《切韵指掌图》,无名氏的《四声等子》,刘鉴的《经史正音切韵指南》等。至如清朝江永的《音学辨微》,陈澧的《切韵考》和劳乃宣的《等韵一得》等,那就已经是专讲音理的了。

1.39 我国韵书始于魏晋,魏晋以前的古音没有很完整的史料。到了宋朝才有人就"通转"来考究古韵的,如吴棫所著的《韵补》。其后研究古音的在明朝有杨慎和陈第,到清朝而大盛,其中如顾炎武、江永、戴震、钱大昕、段玉裁、孔广森、江有诰、王念孙等人都曾有一定贡献。他们的方法是就古代诗歌的用韵和《说文解字》的谐声并且参考古书的异文、通假、声训等来考明古音的声、韵、调,有些确是煞费苦心的。但是对于古韵应该怎样念法,古代方音有没有歧异的地方,古代声纽能否构成系统,诸如此类的问题多无以解答,这不能说不是他们的缺点。

1.40 近几十年来,大家懂得了语音学,才有人把它的方法应用来研究现代汉语的发音,调查汉语方言和少数民族语言①,也有些人采用实验语音学的方法研究了汉语的声调和一些方言的发音②。尤其是解放后几年来,在这方面有了很大的进步,关于语

---

① 重要的有汪怡的《国语发音学》、高元的《国音学》、罗常培的《厦门音系》等等。
② 参看刘复的《四声实验录》、白涤洲的《北京话声调及变化》等。

音学和各种语言和方言的书出了许多①,也逐渐有人采用历史语音学的方法来研究汉语语音的发展②。这些都使得我国关于语音的研究转入了一个新的阶段。

---

① 参看罗常培、王均的《普通语音学纲要》、董少文的《语音常识》等。
② 参看李荣的《切韵音系》、王力的《汉语史稿》等。

第二章 言语的发音

2.1 言语的发音是一个极其复杂的过程。我们说一句话，从说话者的口中到达听话者的耳中，至少可以从以下几方面来观察。

一、从心理学方面来看语言声音是怎样发动的

2.2 我们说话，同时要在脑子里进行思维。进行思维是脱离不了语言的。我们无论怎样进行思维，没有语言参与是不可能的。语言，巴甫洛夫叫做第二信号系统。他写道："第二信号是可以发音的、可听见和看见的词的形式去表现、发展，并且极其完善了的。这种新的信号毕竟把人们从外部世界和自己的内部世界所感知的一切东西表示了出来，并且人们不仅在互相

交际时,而且在独处时都应用这种信号。"①

2.3 我们无论是和人家交际或者独处时都应用着语言,但是语言的声音是怎样发动的呢?这就牵涉到我们的大脑左半球(利用左手的人是大脑右半球)一系列神经的活动。

2.4 在我们的大脑左半球(或右半球)里有好几个神经中枢,对言语的发音说来,其中最重要的是语言音响或听觉中枢、言语发动中枢、呼吸中枢、司喉中枢、司舌中枢和司口中枢,都位于由西尔维氏裂(fissura Sylvii)到罗兰迪氏裂(fissura Rolandi)之间。(参看下页图 1)

2.5 语言音响或听觉中枢位于第一颞回(gyrus temporalis I)或高颞回(gyrus temporalis superior)的附近。它是生理学家维尔尼克(Wernicke)于 1874 年确定的,所以又叫做维尔尼克中枢。我们听人家说话,能够了解它的意义,就要靠这个中枢里所隐藏着的和记住的词,所以这个中枢无异就是我们所听到的和记住的词的仓库。这个中枢里的神经受到损害就会引起失语症。

2.6 言语发动中枢位于第三额回(gyrus frontalis Ⅲ)或低额回(gyrus frontalis inferior)。它是解剖学家兼外科医生卜洛卡(Broca)于 1861 年确定的,所以又叫做卜洛卡中枢。这个中枢

---

① 转引自捷普洛夫《心理学》,1953 年,东北教育出版社,132—133 页。

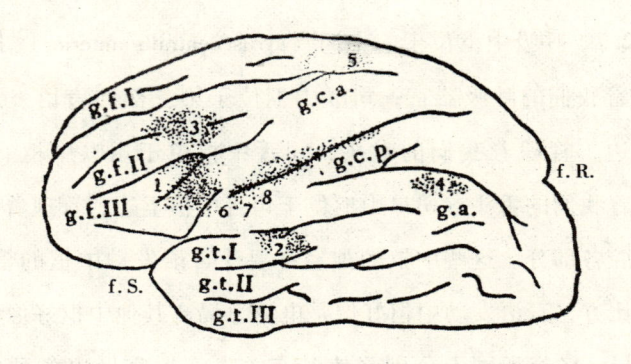

图 1

f. S.	西尔维氏裂	1.	言语发动中枢
f. R.	罗兰迪氏裂	2.	语言音响中枢
g. t. I	第一颞回	3.	书写中枢
g. t. II	第二颞回	4.	阅读中枢
g. t. III	第三颞回	5.	呼吸中枢
g. f. I	第一额回	6.	司喉中枢
g. f. II	第二额回	7.	司舌中枢
g. f. III	第三额回	8.	司口中枢
g. c. a.	前中回		
g. c. p.	后中回		
g. a.	角回		

的神经和音响或听觉中枢的神经紧接着。我们说话时要说出所需要的词，就由这个中枢里的神经刺激各有关的发音器音动作起来。

2.7 呼吸中枢位于前中回（gyrus centralis anterior）上边，管理着我们的呼吸器官；司喉中枢位于第三额回言语发动中枢下边，管理着我们的喉头；司舌中枢位于司喉中枢右边，管理着我们的舌头；司口中枢位于司舌中枢上边，管理着我们的口腔各部分。这些中枢的神经都要受言语发动中枢的管辖。打个比方，言语发动中枢好像是电话总局，其他中枢好像是电话分局，各有所司，分别督使各有关发音器官做出各种发音动作。

2.8 除此之外，在大脑里还有一个书写中枢，位于第二额回或中额回的后部，和一个阅读或视觉中枢，又称德日林（Déjerine）中枢，位于角回（gyrus angularis）附近，分别管理着我们的跟书写和阅读有关的各个器官，也都和语言音响或听觉中枢即维尔尼克中枢紧密地联系着，因为跟发音没有多大关系，这里就不多谈了。

2.9 大脑里各个中枢的神经督指各发音器官做出各种发音动作多出于习惯，所以我们常不大感觉到，但是如果所发的是一个非习惯的声音，比方另一种语言或方言的声音，那么这种工作就出于我们的意志，要经过相当时期的练习才能成为习惯。我们学习外国语或者各地方的人学习普通话常感到有些声音比较生疏，就是这个原因。

二、从生理学方面来看发音器官的构造和功能

2.10 我们说话是要靠空气的；没有空气就不能发出语言的声音。空气由我们的肺部输出后，通过气管到达喉头，再由喉头通过咽头到达口腔和鼻腔，在那儿起变化而形成各种声音。因此发音器官对各个语言声音的形成是非常重要的。我们的发音器官的构造和功能大致如下：

（一）呼吸器官

2.11 呼吸器官包括肺、呼吸肌肉和气管（trachea），最重要是肺，有左右两个，像风袋一样，位于我们的胸部，下面有一层横隔膜（diaphragma）。横隔膜下降，胸腔扩大，肺部膨胀，空气从外面流入，这就是吸气；横隔膜上升，胸腔缩小，肺部收缩，空气往外面排出，这就是呼气。我们发音多利用呼气，但是也有一些是利用吸气的，这在语音学上叫做吸气音。

（二）喉头

2.12 喉头和气管相连接。我们说话的时候，空气从肺部输出，通过气管，就到达喉头。喉头是由四块软骨构成的，其中最大的一块是盾状软骨（cartilago thyreoidea；希腊语 thyrecos ＝"盾"），像一个盾一样，有左右两片，向中间汇成一处略向前突出，即喉结，我们可以在外面用手摸到；在盾状软骨下面

的是环状软骨（cartilago cricoidea；希腊语 krikos = "环"），前低后高，像一个指环，和盾状软骨连接在一起；在环状软骨后部两边各有一块小椎形的软骨，像两个小构儿一样，和盾状软骨连在一起，叫做构状软骨（cartilagines arytaenoideae；希腊语 arytaina = "构"）（图 2）。这四块软骨共构成一个圆筒形，当中有四块薄膜，两两相对，上面的两块叫做假声带，下面的两块叫做声带，声带当中的通路叫做声门（glottis）。喉头的上面还有一块软骨叫做会厌软骨（epiglottis），像一个活门一样，可以开关自如。我们呼吸或者说话的时候，它就打开，让空气自由出入；我们吃东西或者咽唾沫的时候，它就关上，挡住声门的通路，让食物或者唾沫直接滑进食道，免得走错道儿，跑到气管里去（图 3）。

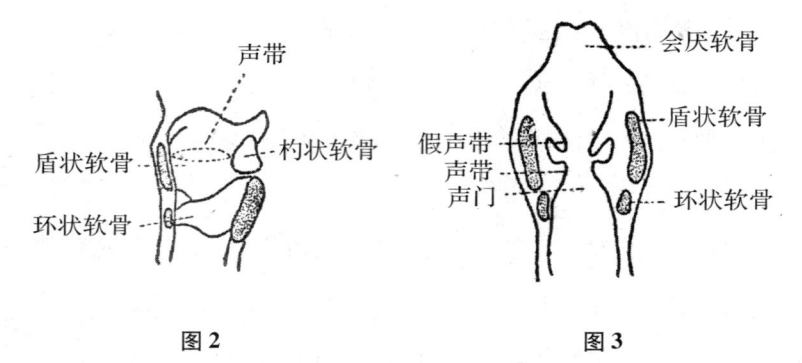

图 2

图 3

2.13 声带分两头，一头黏附在盾状软骨上面，另一头分别黏附在两块构状软骨上面，构状软骨往左右移动，声门就可

第二章　言语的发音

以张开或者闭合起来。我们发音的时候，声带和声门可以有四种状态：

（1）杓状软骨在原地位竖立起来，声门大大张开，让空气可以毫无阻碍地自由出入（如图4），比方我们休息的时候，呼吸正常，或者发 b, d, g, f, s 等声音的时候就是这样；

（2）杓状软骨向当中靠拢，声门紧紧地闭合起来，空气向外冲出时使声带起颤动（如图5），比方我们发 m, n, ng, l, r 或 a, o, i, u, ü 等声音的时候就是这样；

（3）杓状软骨向中间移合而不致靠拢，声门半开半闭，空气向外流出时跟声带的边缘发生摩擦因而带有一种很轻微的喉部摩擦音（如图6），比方我们发 p, t, k 等音的时候就是这样；

（4）杓状软骨前部靠拢，后部张开，声门紧闭，声带为空气所冲击而起颤动，可是杓状软骨的后部留下一个空洞，空气从这儿流出去（如图7）。

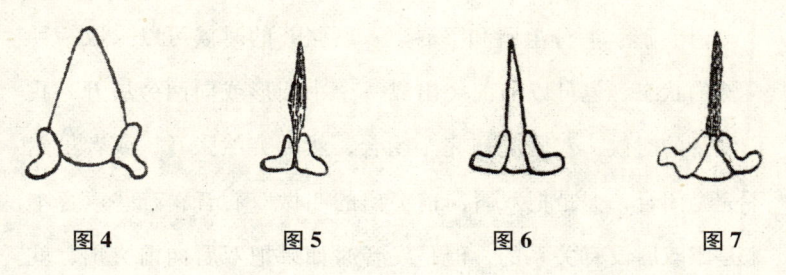

图4　　　　图5　　　　图6　　　　图7

这是我们发音时所常碰到的四种状态。此外，杓状软骨还可以朝盾状软骨前后移动，把声带拉得紧一些或放松一些，或者整个喉头的筋肉上下左右移动,都可以使发出的声音带有一些细微的不同色彩。

(三) 咽头

2.14 咽头(pharynx)位于喉头的上面,有时可以和舌根合作发出一种咽头音(又称喉壁音)。由咽头有两条路通到口腔和鼻腔。由咽头到口腔的那条通路在任何情况下都不会有什么阻碍;可是由咽头通到鼻腔的那条,假如软腭下降(如呼吸或者发各种鼻音的时候),空气还可以自由通过,但是假如软腭抬起来,那条通路就被阻塞了。

(四) 口腔

2.15 口腔包括上腭和下腭两部分,下腭可以移动,上腭不能移动。附在上腭的有上唇、上齿、上齿龈、硬腭、软腭和小舌;附在下腭的有下唇、下齿和舌头(见下页图8)。这些发音器官在发音时的作用如下:

(1) 唇 唇分上唇和下唇。双唇张开的时候可以采取一种自然的状态,也可以向前突出成一个小圆形或向两旁展开。我们发音的时候,双唇起初完全闭合,然后突然张开,或者虽然不完全闭合,但是把双唇向前突出的叫做双唇音;有些声音本来是跟双唇没有关系的,但是发音时如果把双唇向前突出,就叫做唇化音。

(2) 齿 齿也分上齿和下齿。下齿在发音时毫无作用。上齿可以和下唇或舌尖合作而发出各种唇齿音或舌齿音。

（3）齿龈　上齿龈（alveoli）在上齿靠近硬腭稍微凸出的地方，可以和舌尖合作而发出各种齿龈音。

（4）硬腭　硬腭（hard palate）就是上腭前部坚硬的那部分，分前腭、中腭和后腭三部分，可以和舌头合作而发出各种腭音。

（5）软腭　软腭（soft palate）就是上腭后部柔软的那部分，可以和舌根合作而发出各种舌根音。它还可以往上抬起或者往下降低；往上抬起时就把由咽头到鼻腔那条通路塞住了。

（6）小舌　小舌（uvula）又称悬雍垂，在软腭的末端，可以和舌根合作而发出各种小舌音。

图 8

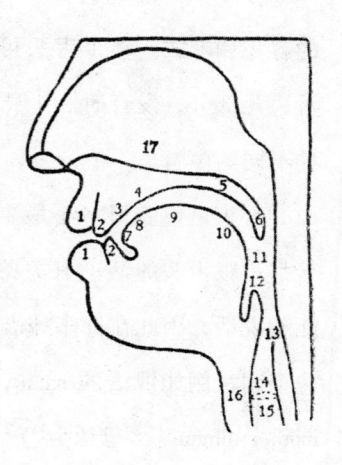

1. 上下唇　2. 上下齿
3. 上齿龈　4. 硬腭
5. 软腭　　6. 小舌
7. 舌尖　　8. 舌叶
9. 舌面　　10. 舌根
11. 咽头
12. 会厌软骨
13. 食道　14. 声带
15. 气管　16. 喉头
17. 鼻腔

（7）舌头　舌头附在下腭上面。它是由十七种纤维质的筋肉构成的，所以很灵活，可以前后左右移动，并且随着口腔的开关造成各种不同的形状，改变口腔

33

的容积和形式。整个舌头可以分成舌尖、舌叶、舌面、舌根和舌边几部分，发音时和上腭的各部分合作用种种的方式发出各种不同的声音。

舌头是口腔里一个最重要的发音器官，绝大多数的语言声音都是跟舌头的活动有关的。我们很难设想一个人没有舌头还能够说话，因此在许多种语言里"舌头"和"语言"往往是同一个词，例如俄语的 язык，法语的 langue，英语的 tongue（如 mother tongue，"母语"①）等（我国古代也常把"说客"叫做"舌人"），由此可见舌头对于发音的重要性。

（五）鼻腔

2.16 鼻腔在硬腭的上面。它本身是一个固定形，不能起变化，有两个鼻孔通到外面。发音时，如果软腭往上抬起，塞住由咽头到鼻腔的通路，那么空气只能从口腔流出；如果软腭往下降低，空气就可以从鼻腔流出，以鼻腔为共鸣器而发出各种鼻音或鼻化音。例如我们发鼻音如 m，n，ng 等的时候，口腔是关闭住的，空气只能从鼻腔流出；但是发比方法语 enfin（最后）的 en 和 in 的时候，口腔还是张开的，空气就可以同时从口腔和鼻腔流出。

---

① 这里指的是祖国的语言，即从母亲学来的语言，跟历史比较语言学中的所谓"母语"不同。

2.17 上面所说的各个发音器官，有些在发音的时候是能够活动的，有些是不能活动的。能够活动的如唇、舌头、软腭、小舌、声带和下腭骨等叫做主动的发音器官；不能活动的如齿、齿龈、硬腭和上腭骨等叫做被动的发音器官。我们研究言语的发音或者学习语言的时候必须彻底弄清楚这些发音器官的构造和它们的功能。

三、从物理学方面来看语言声音的特点

2.18 我们说话是利用声音的。声音本身是一种物理现象。语言的声音跟许多其他的声音一样都是由某种有弹性的物体发出的。声音发出后就在空中起振动，构成一种音波，以空气为媒介传播开来，以达到听话者的耳鼓。从这一方面着眼，我们可以利用物理学中声学方面的某些知识来观察各种语言声音的特点。

2.19 声音的振动一般分单纯振动和复合振动两种。单纯振动就是振幅相等、振动周期相等和相位相等的振动；复合振动却不独振幅不相等，振动周期不相等，相位也不相等。关于这一点，我们可以把音叉所发出的声音的振动和语言声音的振动加以比较来说明。

2.20 我们试拿一个音叉，在它一臂的末端黏上一张三角

形的小纸片，用一个小锤子把它敲打一下，那么就可以看见那小纸片不断地向左右摆动。假如我们把它记录在一张转动着的用火烟熏黑了的白纸上，就可以得到如下的一个图形（图9）。

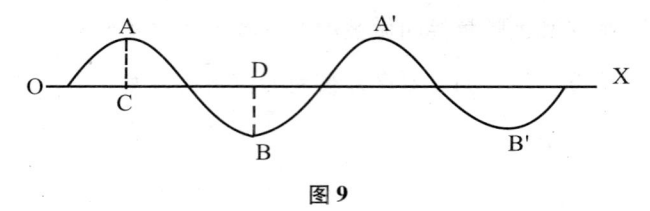

图 9

在这个图形里，从 A，A′，或 B，B′到 O—X 线的距离（如图中的 AC 与 BD）叫做振幅；从 A 到 A′或 B 到 B′所需要的时间叫做振动周期；从 A 到 A′或从 B 到 B′的距离叫做相位。在这种振动里，不独振幅相等，振动周期相等，相位也相等，所以叫做单纯振动。

2.21 这种单纯振动在各种声音中非常少。假如我们用浪纹计把我们说话的声音记录下来，所得图形大致如下（图10）：

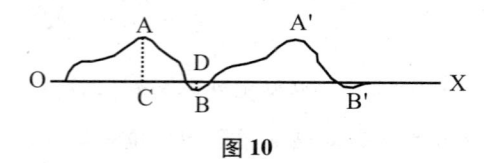

图 10

在这种振动里，不独振幅不相等，振动周期不相等，相位也不相等，所以叫做复合振动。

2.22 声音中有乐音和噪音的分别。乐音听起来悦耳，噪音听起来令人讨厌，乐音使人有一种同类的感觉，并且有一定的高低，噪音使人有一种不同类的感觉，并且没有一定的高低。具体一点说，乐音的振动是有周期性的，经过相等的间歇总会回到原来的地位上来，所以具有一种节奏性，并且有一定的振动周期；噪音却没有这种周期性和节奏性，并且缺乏一定的振动周期，而只是许多没有规律的音波的混合。我们发音时，声带颤动就会发出乐音，但也不是像音叉所发出的那种单纯的乐音，而是一种复合的乐音，里面或多或少总带有一些噪音；但是如果声带不颤动，那么就只有噪音，而没有任何的乐音。语言声音中的噪音都是由发音器官闭合到一定程度跟空气发生接触而产生的。

2.23 我们要懂得语言声音的特点，必须明白声音所由构成的四个要素。这四个要素使一个声音区别于另一个声音。它们就是：音高、音强、音长和音质。

2.24 音高就是声音的高低。一个声音的高低是由它的振动的快慢来决定的。一个发音体发出的声音，它的振动越快，那么这个声音就越高；振动越慢，这个声音就越低。在物理学上，一个声音每秒钟振动的数目叫做振动数。一个声音越高，它的振动就越快，振动数也就越多；一个声音越低，它的振动就越慢，振动数也就越少。比方有两个音叉，我们把它们发出的声音用浪纹计记录下来，在相同的时间内一个有五个振动（如下页图11），一个只有两个振动（如下页图12），那么就可以知道头一个音叉所发出的声音比第二个所发出的高。

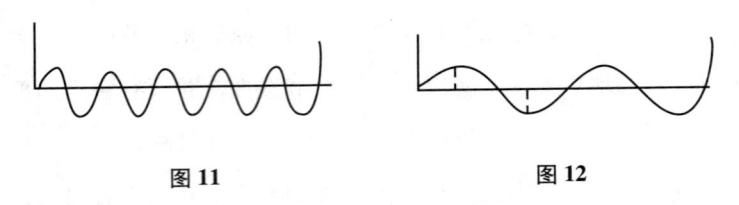

图 11

图 12

人类语言声音的高低决定于声带的长短或宽紧。一般地说来，女人和小孩的声带比较短，男子的声带比较长，所以女人和小孩的声音常比男子的高。如果是同一个人，那就要依靠于声带的宽紧：把声带放宽一些，发出的声音就低一些；把声带拉紧一些，发出的声音就高一些。比方一个男演员扮演青衣的角色，在唱或者道白的时候就常要把他的声带拉紧。

2.25 音强就是声音的强弱。这跟声音的高低不同。声音的高低决定于某一单位时间内振动数的多少，声音的强弱却决定于音波的振幅的大小。假设有一个音叉，尽管它的振动数是相同的，我们用一个小锤子轻轻把它打一下，它所发出的声音就弱；如果用力打它一下，它所发出的声音就强，用浪纹计记录下来大致可以得到如左图形（图 13）：

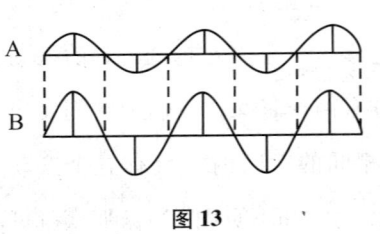

图 13

在这个图形里，A、B 的振动数是相同的，可见它们的高低相同；但是 B 的振幅比 A

的大，这就表明 B 所代表的声音比 A 强。人类语言的声音之所以有强弱的不同，那是由于发音时所呼出的空气对声带或其他发音器官所造成的障碍冲击的力量有大小不同之故，换句话说，空气的分量越多，冲击的力量越大，那个声音就越强，反之就越弱。关于这一点，下面我们还要说到①。

2.26 音长就是声音的长短。这是由发音时间的久暂来决定的，那就是说，一个声音延续的时间久的，那个声音就长，延续的时间暂的，那个声音就短。这似乎很容易理解，但是我们不要把声音的长短跟声音的高低相混。就音乐来说，音阶的不同是声音的高低的问题，拍子的不同才是声音的长短的问题。每一个音阶每秒钟有一定的振动数，但是同一个音阶我们也可以把它唱得长些或短些，它的每秒钟的振动数没有改变，但是延续的时间已经不一样了。

2.27 音质是一个物理学上的名词，有些人叫做音色。音质和音高、音强、音长都不相同。例如胡琴所发出的声音和钢琴所发出的声音，它们的高低、强弱和长短尽管是相同的（如奏出同一个曲谱），但是我们仍然能够分辨出哪些是胡琴的声音，哪些是钢琴的声音，这当然不是由于音高的不同，也不是由于音强或音长的不同，而是由于音质的不同。

---

① 参看以下 §10.2、§10.3。

2.28 声音中何以有不同的音质呢？因为一般声音的振动大致都是复合振动，很少像音叉的声音那样的单纯振动，有一个振动里总有一个主要振动和若干次振动。构成这主要振动的物理学上叫做基音，构成这些次振动的叫做陪音。通常在一个复合乐音里，陪音的振动数也是有规律的，它们常比基音的振动数恰好多若干倍，所以假如我们用 n 来代表基音的振动数，那么陪音的振动数就应该是 $2n$，$3n$，$4n$，……xn 等等。复合乐音里的陪音不是每个都相同的，有些多些，有些少些，有些甚至一个也没有，并且陪音的强弱也不都是一样的，有些前几个强些，有些后几个强些，换句话说，尽管两个复合乐音的高低、强弱、长短相等，但是它们振动的方式不同，其中陪音的有无以及各个陪音音强的配合就构成每个复合乐音的音质。这还是就乐音来说的。至于噪音，因为其中所包含的每个振动的振动数不同，不能有像乐音那样的简单整数的比例关系，所以听起来就很不和谐。

2.29 构成每个复合乐音的音质的陪音，我们可以利用各种不同的共鸣器把它们测验出来。根据物理学的共鸣原理，甲物体的振动数和乙物体的振动数相同，那么甲物体所发出的声音可以在乙物体里起共鸣作用而加强，所以用各种振动数不同的共鸣器可以把各个复合乐音中所包含的陪音考验出来。

2.30 共鸣器在发音方面也有很大的作用。同一种乐器，我们可以改变它的共鸣器的式样使它发出的声音具有不同的音质，例如箫、笛等等。言语的发音也是一样。我们发音的振动体是声带，音高是由声带的颤动造成的，音强是由呼出的空气对于声带或其他发音器官所构成的障碍的压力造成的，音长是由发音时间的久暂造成的，而各种声音之所以有不同的音质却是由我们的发音器官所构成的共鸣器造成的。构成这些共鸣器的发音器官有咽头、口腔和鼻腔各部分。我们发音时，口腔的开合、舌头的前后升降、嘴唇的圆展和软腭的起落等等都可以改变共鸣器的形式，使发出的声音具有特殊的不同音质。

四、从语言学方面来看语言声音在语言系统中的意义

2.31 我们说话是利用声音的，但是声音本身并不能表达意义，声音要和声音组合起来构成词儿或词素才能表达意义（个别的声音可以表达意义，那不是因为它本身能够表达意义，却是因为它在某种语言中就是一个词或词素），所以我们研究语言的声音时不仅要从心理学观点、生理学观点和物理学观点来观察这些声音的发动和所具有的性质和特点，更重要的是要看它们怎样在各种语言中组合起来构成表达不同意义的词形。

2.32 人类发音器官所能发出的声音是无穷的，但是一种

语言实际上利用的声音却有一定的数目。这些声音就生理学观点和物理学观点来看都有它们的独特的性质和特点。把这些声音加以分析和归类就成了某种语言的语音系统。

2.33 语音系统在不同语言甚至不同方言中都是不同的。这不是说各种语言或方言中绝对没有相同的声音，有些声音是任何语言或方言里都有的，虽然其中也可能有一些不完全相同的特点；但是有些语言或方言能够分辨出来的声音，另一些语言或方言就未必能够分辨得出来，或者虽然能够分辨得出来，但是在语言功能上并不重要。

2.34 哪些声音是重要的、哪些是不重要的呢？那就要看这些声音是否能构成表达不同意义的词或词素的形式。例如我们试把汉语和俄语的情况相比较。我们说汉语里有些声音有送气的和不送气的分别，如 bān（班）：pān（扳）、dān（单）：tān（摊）、gān（甘）：kān（刊）等等。在这些词或词素里，bān 和 pān、dān 和 tān、gān 和 kān 的发音几乎完全相同，唯一的差别是发 bān、dān、gān 等音组的第一个成分 b、d、g 时没有送气的成分，发 pān、tān、kān 等音组的第一个成分 p、t、k 时有送气的成分，我们不能把 bān、dān、gān 念成 pān、tān、kān，也不能把 pān、tān、kān 念成 bān、dān、gān，否则意义就完全改变了。由此可见这些声音是否具有送气的成分在汉语里是非常重要的。在俄语里却不是这样。例如，在这种语言里，пить 是

"喝"的意思，тень 是"阴影"的意思，кость 是"骨头"的意思，其中的 п、т、к 都是不送气音。我们把这些声音念成送气音，听起来虽然有些奇特，不合乎俄语的正音法，但是并不致不能了解这些词的意义，事实上俄语里有些方言就是把它们念成送气音的。但是假如我们把这些词念成 бить、день、гость 就不行，因为在俄语里，бить 是"打"的意思，день 是"白天"的意思，гость 是"客人"的意思。пить 和 бить、тень 和 день、кость 和 гость 的差别就在于它们的头一个声音发音时声带是否颤动，因此 п 和 б、т 和 д、к 和 г 在这些词里是有区别意义的价值的，所以就很重要。

2.35 有些声音在不同的环境里是可以有不同的发音的。例如汉语的 a（啊）单念时舌位停在中间，在 bān（班）里舌位较前，在 bāng（邦）里舌位较后，在 tiān（天）里已接近于 e，尽管有这些变化，我们仍然把它当作一个声音看待；俄语的 o 甚至在 хорошо（好）一个词里就有三种念法：头两个 o 都念得很弱，尤以头一个念得最弱，音质也有改变：头一个 o 念如汉语 daode（道德）的 e，第二个 o 略近汉语的 a，尽管这样，我们也把它当作一个声音看待。这些都是就声音的差别在语言中是否有构成表达不同意义的词形的功能来考虑的。这就是上边所说的音位理论。

第三章　记音符号

3.1　我们研究语音学不能没有一种记音符号,把所分辨出来的声音标记下来,使成为研究的根据。

3.2　可是我们用什么来做我们的记音符号呢?

3.3　现在世界上有各种文字。这些文字当然也是用来记录语言的声音的,因为世界上没有脱离语言声音而独立存在的文字,但是我们不能把它们原原本本地用来做记音的工具。

3.4　世界上的文字不外象形文字、表意文字和表音文字三种。象形文字和表意文字本身没有声音的表示。我国汉字(方块汉字)虽然也有一些表音的成分,例如"膏"从"高"得声、"油"从"由"得声等等,但是所表示的并不是声音的最小单位,并且很复杂,不适宜于用来做记音符号。

3.5　表音文字所用的字母分两种：一种是音节字母,以一个字母代表一个音节,例如日本的假名,一个マ就代表 ma 一个音节，这种字母也不适宜于做记音符号；一种是音素字母，以一个字母代表一个音素，例如西方各种文字所用的字母，这种字母似乎可以用来做记音符号，实则也不尽然。

3.6 现在西方各种文字所用的字母都是由腓尼基字母演变来的，后来为希腊人所采用，稍微有所增益，其后一方面由希腊传到埃脱鲁利亚（Etruria），由埃脱鲁利亚传到罗马，成了今天的拉丁字母，另一方面由希腊字母变成了基利耳字母（Килиллица），再由基利耳字母变成了今天的斯拉夫字母。现在除苏联的许多种文字和保加利亚文是用斯拉夫字母的以外，其他文字都是用拉丁字母的。但是我们知道，这两种字母所代表的都是古代语言的声音。近代语言中有些声音不是古代语言所有的，他们不能不设法加以补充，补充的方法各不相同，因此就会弄出一些差异来。例如古拉丁语没有像英语 shore（海岸）里的 sh 这个声音，为了表示这个声音，英语用 sh，法语用 ch，德语用 sch，波兰语用 sz，捷克语用 š；古拉丁语也没有像法语 agneau（小羔羊）里的 gn 这个声音，为了表示这个声音，法语和意大利语用 gn，西班牙语用 ñ，葡萄牙语用 nh，所用的符号都不相同。并且语言的声音是常常起变化的，而文字一经拟定了就很少改变，有些甚至好几百年间没有改变，因此发音和写法间的差别就越来越大。例如英语 write（写）和 right（正确，权利）的写法不同，而发音完全相同；lead（引带）和 lead

（铅）的写法完全相同，而发音不同。法语同一个 k 音有四种写法，如 canard（鸭子）的 c，quatre（四）的 qu，kilo（基罗）的 k，orchestre（乐队）的 ch；同一个字母 c 有两种念法，如 car（因为）的 c 念 k，citron（柠檬）的 c 念 s。尤其复杂的，例如英语的 cat（猫），any（任何），want（要），can't（不能），call（叫），came（来，过去时），along（沿着）这几个词里都有一个 a，但是念法完全不同；法语 examen（考试）的 en，vin（酒）的 in，vingt（二十）的 ingt，sein（胸部）的 ein，seing（图章）的 eing，pain（面包）的 ain，faim（饿）的 aim，maint（许多）的 aint 等写法不同，而念法完全相同。这样的例子举不胜举。其他各种文字也都或多或少有这样的情况。并且一种文字只能代表一种语言的声音，不能表示其他语言的声音，因此任何文字的字母和拼音方案我们都不能毫无变更地用来做语音学上的记音符号。

3.7 近几十年来，或者为了拼注各种语言的声音，或者为了适应语音学上的需要，各方面拟出了好几种记音符号。我们现在把其中几种有代表性的提出来谈一谈。

一、汉语注音字母

3.8 我国古代没有注音符号。虽然在文字的结构中也有一些表音的成分，但是没有一种简单的符号来做标准，所以很难掌握。古代注音多用"读若某"、"读与某同"或"音某"等直音法，例如《说文》："珣，读若宣"，"玶，读与服同"，"丝，音司"等。但是这种方法是很拙笨的。正如陈澧在《切韵考》里所说："然或无同音之字，则其法穷；虽有同音之字，而隐僻难识，则其法又穷"。到了东汉以后才有反切法，用两个字来注一个字的音，例如《广韵》："东，德红切"，上字但求与所切之字双声，下字但求与所切之字叠韵，不必字字求其同音，这似乎是一个进步，但是也很麻烦。比方单就《广韵》这本韵书来说，它所用的上字就有四百多个，下字有一千多个，合计共约一千五百个，以后诸家所增加的还不知有多少，我们要明了反切就非先熟悉这许多字的读音不可。并且这些字的读音多因时因地而不同，要想得到一个统一的念法是很困难的。

3.9 辛亥革命后，有些人因为感到有统一汉语读音的必要，于是组织了一个"读音统一会"，于1913年制定注音字母三十九个，1918年还增加一个，共四十个。这四十个字母都是笔画最简单的汉字，用双声叠韵法的变读来拟定它们的读音的。其中包括：

声母二十四个

ㄅ 原布交切 今读如薄　　ㄆ 原普木切 今读如泼　　ㄇ 原莫狄切 今读如墨　　ㄈ 原府良切 今读如佛

ㄇ 原无贩切 今读如物

ㄉ 原都劳切 今读如德　　ㄊ 原他骨切 今读如特　　ㄋ 原奴亥切 今读如讷　　ㄌ 原林直切 今读如勒

ㄍ 原古外切 今读如格　　ㄎ 原苦浩切 今读如克　　ㄫ 原五忽切 今读如愕　　ㄏ 原呼旰切 今读如黑

ㄐ 原居尤切 今读如基　　ㄑ 原苦泣切 今读如欺　　ㄬ 原鱼俭切 今读如腻　　ㄒ 原胡雅切 今读如希

ㄓ 原真而切 今读如之　　ㄔ 原丑亦切 今读如痴　　ㄕ 原是之切 今读如尸　　ㄖ 原人质切 今读如入

ㄗ 原子结切 今读如资　　ㄘ 原亲吉切 今读如疵　　ㄙ 原相姿切 今读如私

介母三个

ㄧ 原于悉切 今读如衣　　ㄨ 原疑古切 今读如乌　　ㄩ 原丘鱼切 今读如迂

韵母十三个

ㄚ 原于加切 今读如阿　　ㄛ 原虎何切 今读如痾　　ㄜ 最后加入 读如诶　　ㄝ 原羊者切 今读如也

ㄞ 原胡改切 今读如哀　　ㄟ 原余支切 今读如危　　ㄠ 原于尧切 今读如傲　　ㄡ 原于救切 今读如讴

ㄢ 原乎感切
　 今读如安　　ㄣ 原于谨切
　　　今读如恩　　ㄤ 原乌光切
　　　今读如昂　　ㄥ 原古肱切
　　　今读如哼

ㄦ 原而邻切
　 今读如几

3.10 这些字母的好处是能以少数的符号代替以前很繁杂的反切上下字，并且每个符号都有一定的读音，用这些符号拼注字音容易得到一致的念法，自1918年公布以后，于现代汉语发音的学习上确实起过不小的作用。解放后，祁建华同志利用来做拐棍推行他的速成识字法，也很有用。但是用语音学的观点来看，其中也还存在着不少的缺点：

（1）近世拟制字母的，多以"一个符号只代表一个声音，一个声音只以一个符号做代表"为原则。现在这些字母中，ㄐ=ㄉㄒ，ㄑ=ㄊㄒ，ㄓ=ㄉㄕ，ㄔ=ㄊㄕ，ㄗ=ㄉㄙ，ㄘ=ㄊㄙ，ㄞ=ㄚㄧ，ㄟ=ㄜㄧ，ㄠ=ㄚㄨ，ㄡ=ㄛㄨ，ㄢ=ㄚㄋ，ㄣ=ㄜㄋ，ㄤ=ㄚㄫ，ㄥ=ㄜㄫ，若把这些符号省去，可以减少十四个字母；

（2）这些字母所根据的原则是不一致的。例如其中由单纯韵和鼻声结合而成的复韵母只有ㄚㄋ=ㄢ，ㄜㄋ=ㄣ，ㄚㄫ=ㄤ，ㄜㄫ=ㄥ，而ㄧㄋ，ㄧㄫ，ㄨㄋ，ㄨㄫ等都没有特别的字母。但是现代汉语里并不是没有这种韵的，例如"阴"就是ㄧㄋ，"英"就是ㄧㄫ，"村"就是ㄘㄨㄋ，"通"就是ㄊㄨㄫ。同一样的声音结构而有两种不同的处理法是不足取的。

（3）有些字母拼切起来所得出的读音是不正确的。由于"阴"、"英"、"村"、"通"等字的韵没有特制的韵母，而每个字的拼音又必需有一个韵母，于是"阴"只能拼成ㄧㄣ，"英"只能拼成ㄧㄥ，"村"只能拼成ㄘㄨㄣ，"通"只能拼成ㄊㄨㄥ。可是因为ㄣ＝ㄜㄋ，ㄥ＝ㄜπ，于是ㄧㄣ应该是ㄧㄜㄋ，ㄧㄥ应该是ㄧㄜπ，ㄨㄣ应该是ㄨㄜㄋ，ㄨㄥ应该是ㄨㄜπ，在实际上并不如此。这对于学习者不能不带来一定的困难。

3.11 注音字母之所以有如上所述的缺点是因为当时拟制时要坚持只能用三拼法，以便注在汉字旁边时不致过长，并且过分迁就我国过去的音韵学系统；可是这样一来，有些字母就不是纯音素的了。

3.12 我国近几十年来除上面所说的这种以方块汉字的形体为基础的注音字母以外，还先后拟制了三种采用拉丁字母的拼音方案：《国语罗马字拼音法式》、《拉丁化新文字拼音方案》和最近由国务院公布的《汉语拼音方案》。这三个方案有一个共同的特点，就是都采用世界上最通行的拉丁字母，不增加新字母（《汉语拼音方案》有四个新字母ẑ，ĉ，ŝ，ŋ只用来做 zh，ch，sh，ng 的代用式）。其不同的地方是《国语罗马字拼音法式》用字母来标注声调，如 cha（叉），char（茶），chaa（蹅），chah（岔）等；《拉丁化新文字拼音方案》一般不标注声调，只有个别容易混乱的词采用特写法，如 to（它），naa（哪）等；

《汉语拼音方案》采用声调符号标注声调，如 mā（妈），má（麻），mǎ（马），mà（骂），ma（吗）。现在把这三种方案所用的字母和注音字母对照排列如下：

注音字母	国语罗马字拼音法式	拉丁化新文字拼音方案	汉语拼音方案
ㄅ	b	b	b
ㄆ	p	p	p
ㄇ	m	m	m
ㄈ	f	f	f
万	v	v	v
ㄉ	d	d	d
ㄊ	t	t	t
ㄋ	n	n	n
ㄌ	l	l	l
ㄍ	g	g	g
ㄎ	k	k	k
兀	ng	ng	ng
ㄏ	h	x	h
ㄐ	j	g	j
ㄑ	ch	k	q
广	gn	—	—
ㄒ	sh	x	x
ㄓ	j	zh	zh
ㄔ	ch	ch	ch
ㄕ	sh	sh	sh
ㄖ	r	rh	r
ㄗ	tz	z	z
ㄘ	ts	c	c
ㄙ	s	s	s
ㄧ	i	i	i

ㄨ	u	u	u
ㄩ	iu	y	ü
ㄚ	a	a	a
ㄛ	o	o	o
ㄜ	e	e	e
ㄝ	é	e	e
ㄞ	ai	ai	ai
ㄟ	ei	ei	ei
ㄠ	au	au	ao
ㄡ	ou	ou	ou
ㄢ	an	an	an
ㄣ	en	en	en
ㄤ	ang	ang	ang
ㄥ	eng	eng	eng
ㄦ	el	r	r

就所用的字母来说，这三个方案还有一个共同的特点，就是用 b, d, g 来表示清破裂音, p, t, k 来表示送气清破裂音, 可以避免一些附加符号如加 ['] 来表示送气音等。其不同之点是《国语罗马字拼音法式》用 j, ch, sh 的变读来表示 ㄐ, ㄑ, ㄒ，《拉丁化新文字拼音方案》用 g, k, x 的变读来表示，而《汉语拼音方案》却用了三个不同的字母 j, q, x。此外，《汉语拼音方案》尽可能避免采用太多的双字母来表示一个声音，另一方面又不增加新的字母，这对于拼写现代汉语的发音是比较合理的。

3.13　《汉语拼音方案》是用来拼写现代汉语的发音以推广普通话和准备为将来的拼音文字之用的，我们应该尽力学习和推行。它将能在推广普通话和扫除文盲中起很大的作用,这是毫无疑问的。但它究竟是为了拼写现代汉语的发音来制定的;用来做语音学上的记音符号,它也和其他任何一种文字一样是不够的。

二、器官表音符号

3.14 为了在语音学上表示语言的发音,有些语音学家干脆摆脱了各种文字中所常用的字母,企图另造一种符合来表示发音器官的部位和方法。这种符号就叫做"器官表音符号"(organic notation)。

3.15 这种表音的方法最先是由英国语音学家贝尔于1867年在《视识语》一书中提出的,其后斯威特曾加以改善,详见于他所著的《语音学初步》(Primer of Phonetics)。其法是先把元音就发音时舌位的高低分成高(high)、中(mid)、低(low)三种,再就舌部的前后分成前(front)、混(mixed)、后(back)三种,每种都有松(wide)、紧(narrow)、圆唇(round)、不圆唇(not round)的分别,然后用各种符号分别表示出来。例如法语 si(如果)的 i 是一个高、前、紧、不圆唇元音,符号是在一竖上边往右加一点如⊢;pur(纯洁)的 u 是一个高、前、紧、圆唇元音,符号是在一竖上边往右加一点再在当中加一横如ꜰ；英语 bit（小片）的 i 是一个高、前、松、不圆唇元音，符号是在一竖上边往右加一钩如「；德语 gut（好）的 u 是一个高、后、紧、圆唇元音，符号是在一竖上边往左加一点再在当中加一横如ꜰ 等等。辅音先就发音部位分开（open）、分（divided）、塞（stop）、鼻（nasal）四种，再就发音部位分喉（throat）、舌后（back）、舌前（front）、舌尖（point）、舌尖·齿（point-teeth）、舌叶（blade）、舌叶·舌尖（blade point）、唇（lip）、唇·舌根（lip-back）、唇·齿（lip-teeth）十种，每种又分清（voiceless）、浊（voiced）两种，然后用各种符号分别表示出来。例如 p 是唇、塞、清音，符号是在一个小圆圈儿左边加一竖如þ；b 是唇、塞、浊音，符号是在一个小圆圈儿左边加一竖再在当中加一小横如ƀ；m 是唇、鼻、浊音，符号是在一竖上边加一小浪号再在当中加一小横如ꜰ；t 是舌尖、塞、清音，符号是在一个小圆圈儿的上边加一横如ơ；d 是舌尖、塞、浊音，符号是在一个小圆圈儿上边加一横再在当中加一小竖如ⱺ；n 是舌尖、鼻、浊音，符号是在一横右边加一小浪号再在左边加一小竖如ꟿ；k 是舌后、塞、清音，符号是在一个小圆圈儿右边加一竖如ɖ；g 是舌后、塞、浊音，符号是在一个小圆圈儿右边加一竖再在当中加一小横如ə；英语 sing（唱）的 ng 是舌后、鼻、浊音，符号是在一竖下边加一小浪号再在当中加一小横如ᴊ等等。他利用这些符号于是把英语的 too（太、亦）标成ðꞇɜ，意思就是 t＋u＋w；no（不）标成ɔꞁɛ，意思就是 n＋O＋o，每个声音都有它的特殊的表音符号。这些符号都是用一定的标志来表示各个发音器官的部位和状况的。例如元音以竖为基础，点表示窄元音，钩表示宽元音，横表示圆唇元音，都各有一定的位置；辅音以小圆圈儿或半圆形为基础，横或竖表示塞音，小横或小竖表示浊音，小浪号表示鼻音等等，也都各有一定的位置。所以一看这些符号就可以知道发某一个声音时各发音器官是怎样动作的，看来好像很巧妙，很形象化，其实不独学习时不容易掌握，于印刷上也有很大困难，所以在语言学上很少有人把它用来做记音符号。

三、非字母符号

3.16 非字母符号是丹麦语音学家叶斯泊森于 1884 年提出的，原名是 Analphabetische Zeichen，其后还不断加以修改，在他的《语音学教本》中有详细的说明。他的方法是用希腊字母表示主动的发音器官如下唇、舌尖、舌面、软腭、声带、肺部等，拉丁字母表示被动的发音器官如上唇、上齿、齿龈、前腭、中腭、后腭等，数目字表示开度的大小，"表示休止状态，＋表示呼气，÷表示吸气等等。例如 t 的符号是 α" β0ᶠγ" δ0ɛ3ζ＋，意思就是说发这个声音时下唇 α 休止不动，舌尖 β 和齿龈 f 紧闭，舌根 γ 不动，软腭 δ 紧闭，声门 ε 开 3 度，空气由肺部 ζ 呼出；英语 we（我们）的 w 表成 $α1^aβfγ3^jδ0ε1$，那就是说发这个音时下唇 α 和上唇 a 之间相距 1 度，舌尖 β 在齿龈 f 的地位，舌根 γ 和后腭 j 相距 3 度，软唇 δ 紧闭，声门 ε 开一度。这无异是一个发音的公式，对我们讲授某一种语言的发音时也许有某些用处，但是不能用来做记音符号，那是很明显的。

3.17 以上两种符号都是要摆脱各种文字的传统字母，企图另外制造一些新的表音法的，不独难写、难认、难记，并且也很难印刷，所以始终没有人用来做记音符号。我国刘复曾仿效这种办法拟出过一套"图式音标"[①]，美国派克也曾仿效叶斯泊森的办法拟出过一种"功能的非字母符号"（Functional Analphabetic Symbolism）[②]，结果都遭遇了相同的命运。

四、国际音标

3.18 创造新符号既不是办法，现有的任何语言文字的字母又不够给我们用来做记音符号，那么唯一的办法就只有在一

---

① 参看刘复《"图式音标"草创》，载《清华学报》第 4 卷，第 2 期。
② 派克《语音学》一书里有详细说明。

些比较通用的字母的基础上加以补充修改了。

3.19 这种办法很早就已经有人试用过。其中有些是要根据斯拉夫字母的，例如早在 1844 年俄国学者邵格林（А. М. Шёгрен）院士就曾以俄文字母为基础给沃尔梯语创造了一套字母，在他的《沃舍梯语语法》里加以利用①。1887 年俄国东方学家拉德洛夫（Радлов）、瓦西里耶夫（Василиев）、萨列曼（Залеман）等也曾就俄文字母制定过一种"普通语言学字母"。巴里瓦诺夫（Е. Д. Поливанов）在《语言学引论》（Введение в языкознание，Ленинград，1928）里还根据同一个原则制出过一种"俄罗斯语言学字母"。

3.20 另外有些是要根据拉丁字母的。德国科学家列普秀斯（R. Lepsius）于 1855 年曾制定一套"普通语言学字母"（Das allgemeine linguistische Alphabet），1860 年改为"标准字母"（Standart Alphabet），都是就原有的拉丁字母加补助符号制成的，如 ā, e̱, ẹ, ã̱, u̱ 等等。瑞典方言学家龙德尔（J. A. Lundell）于 1878 年制成一套"瑞典语方言字母"（Det svenska landsmålsalfabet），虽然也用拉丁字母的形体，却很少用补助符号，而着重于把字母加以改变如 ɑɑɑɑ, ꞥꞥꞥꞥꞥ 等。法国席业隆（J. Gilliéron）和卢斯洛在调查研究法国方言时又根据法

---

① 参看谢尔久琴柯《有关苏联各民族文字创制史的问题》第 9 章，75 页。

语的习惯制成了一套法语方言字母，如用 u 表示 mulet（驴子）的 u，u 表示 fou（疯子）的 ou，ch 表示 chou（白菜）的 ch，j 表示 je（我）的 j 等等。大家各不相谋，结果弄得很分歧。

3.21 1886 年欧洲各国的语言学教师在英国伦敦成立了一个"语音学教师协会"（The Phonetic Teachers' Association），丹麦叶斯泊森、德国费约托、英国斯威特、瑞典龙德尔、俄国谢尔巴等著名语音学家都先后加入为会员，共同制定了一套"国际语音字母"，1888 年 8 月在他们的机关报《语音学教师》上发表。1889 年，"语音学教师协会"改名为"现代语言教授语音学协会"（L'Association Phonétique des Professeurs de Langues Vivantes），1897 年又改为"国际语音学学会"（L'Association Phonétique Internationale），所制定的"国际语音字母"也迭有增改，成了我们现在大家所知道的"国际音标"。

3.22 "国际音标"的制定是以"一个声音一个符号，一个符号一个声音"为原则的，大多数的符号都采用拉丁字母，拉丁字母不够用时用希腊字母，或者采取大写、小写、倒写等办法来加以区别。制定后，各国的语音学家都乐于采用，我国近几十年来大家在描写汉语发音，调查汉语方言和少数民族语言工作中也多采用这种音标。国际音际没有一定数目，现在把其中最通用的介绍于下：

［A］如汉语的 ā（啊）。　　　　［a］如汉语 ān（安）的 a。

第三章．记音符号

[ɑ] 如汉语 āng（肮）的 a。

[ɒ] 如南部英语 hot（热）的 o。

[ɐ] 如广州话 [fan]①（分）的 [a]。

[æ] 如英语 at（在）的 a。

[b] 如俄语 баба（婆子）的 б。

[β] 如西班牙语 saber（知道）的 b。

[c] 如永康话 [ci]（鸡）的 [c]。

[ç] 如德语 ich（我）的 ch。

[ç] 如汉语 xīwàng（希望）的 x。

[d] 如俄语 дом（房子）的 д。

[ɖ] 如瑶语 [ɖep]（插）的 [ɖ]。

[ɗ] 如印地语的 ɗ。

[ð] 如英语 they（他们）的 th。

[e] 如汉语 fēi（飞）的 e。

[ə] 如汉语 chē（车）的 e。

[ɛ] 如广州话 [ts'ɛ]（车）的 [ɛ]。

[f] 如汉语 fēi（飞）的 f。

[ɟ] 如匈牙利语 Magyar（马扎尔人）的 g。

[g] 如俄语 год（年）的 г。

[G] 如阿拉伯语 [Gadam]（脚）的 [G]。

[h] 如广州话 [ha]（虾）的 [h]。

[ɦ] 如上海话 [ɦoŋ]（红）的 [ɦ]。

[ɥ] 如法语 nuit（夜）的 u。

[i] 如汉语 jī（鸡）的 i。

---

① 凡采用国际音标记音的用方括弧表示，以下同。

第一编　总论

［ɨ］如俄语 сын（儿子）的 ы。
［ɪ］如广州语［pɪt］（必）的［ɪ］。
［ɿ］如汉语 sī（思）的 i。
［ʅ］如汉语 shī（诗）的 i。
［j］如汉语 yī（衣）的 y。
［k］如汉语 gāo（高）的 g。
［l］如汉语 lái（来）的 l。
［ɫ］如英语 little（小）的第二个 l。
［ɬ］如广东台山话［ɬam］（三）的［ɬ］。
［ l̩ ］如朝鲜语［mul̩］（水）的［l̩］。
［ʐ］如威宁苗语［ʐa］（游）的［ʐ］。
［m］如汉语 mā（妈）的 m。
［ɱ］如西班牙语 invento（发明）的 n。
［ɯ］如日本语（东京方言）［kɯːki］（空气）的［ɯ］。
［n］如汉语 nào（闹）的 n。
［ɲ̟］如西安语［ɲ̟y］（女）的 ɲ̟。
［ɳ］如马拉提语的 ण。
［ɲ］如法语 montagne（山）的 gn。
［ŋ］如广州话［ŋɔ］（我）的［ŋ］。
［N］如湘西苗语 NGe（挑）的 NG。
［o］如汉语 bōli（玻璃）的 o。
［ɵ］如瑞典语 dum 的 u。
［θ］如英语 thing（东西）的 th。
［ø］如法语 deux（二）的 eux。
［œ］如广州话［hœ］（靴）的［œ］。

[ɷ] 如广州话 [fɷt]（阔）的 [ɷ]。

[ɔ] 如广州话 [kɔ]（哥）的 [ɔ]。

[p] 如汉语 bàba（爸爸）的 b。

[ɸ] 如日本语 Fuji（富士）的 f。

[q] 如阿拉伯语的 э。

[r] 如俄语 paбóta（工作）的 p。

[ɽ] 如印地语的 э。

[ɹ] 如英语 red（红）的 r。

[ɚ] 如汉语 èr（二）的 er。

[R] 如法语 rose（玫瑰）的 r。

[ʁ] 如阿拉伯语 [maʁɛb]（西方）的 [ʁ]。

[s] 如汉语 sān（三）的 s。

[ʂ] 如汉语 shān（山）的 sh。

[ʃ] 如英语 show（表示）的 sh。

[t] 如汉语 dào（到）的 d。

[ȶ] 如侗语 [ȶu]（九）的 [ȶ]。

[ʈ] 如印地语的 ट。

[u] 如汉语 wū（乌）的 u。

[ʉ] 如挪威语 hus（房子）的 u。

[ɥ] 如上海话 [sɥ]（书）的 [ɥ]。

[ʮ] 如湖北应山话 [ʂʮ]（须）的 [ʮ]。

[v] 如英语 verb（动词）的 v。

[ʌ] 如英语 but（但是）的 u。

[ʋ] 如印地语的 व。

[w] 如英语 watch（表）的 w。

[ʍ] 如美国人念英语 which（哪一个）的 wh。

［X］ 如汉语 hǎo（好）的 h。

［χ］ 如阿拉伯语［χalifa］（副官）的［χ］。

［y］ 如汉语 qù（去）的 ü。

［Y］ 如德语 Hütte（茅舍）的 ü。

［ʎ］ 如西班牙语 allá（那里）的 ll。

［z］ 如英语 zeal（热诚）的 z。

［ʑ］ 如南通话［ʑi］（易）的［ʑ］。

［ʐ］ 如汉语 rén（人）的 r。

［ʒ］ 如法语 je（我）的 j。

［ɣ］ 如德语 Wagen（车）的 g。

［ɤ］ 如汉语的 é（鹅）。

［ʔ］ 如上海话［iʔ］（一）的［ʔ］。

第二编　描写语音学

第四章 音素和音位

一、什么叫做音素和音位

4.1 我们说话总是以句子做单位的。同一个句子我们可以因观点的不同而有不同的分析法。用语法的观点，我们可以把它分成句子成分、词组、词和词素；词素是它的最小单位。用语音学的观点，我们可以把它分成停顿、节拍、词、音节和音素；音素就是它的最小单位。用语法的观点分析句子，有些单位如某些句子成分和词组不是每个句子都有的，但是词和词素却是必不可少的（有时一个词只有一个词素）。用语音学的观点分析句子，有些单位如停顿、节拍也不是每个句子都具备的，而词和音节和音素却是必不可少的（有时一个词只有一个音节，一个音节只有一个音素)。这两个观点虽然不同,但是其间也有很密切的关系,因为语法单位的词和词素总是由语音单位的音节和音素组成的;在语言发展中,语音单位的音节和音素的变化也常会引起语法单位的词和词素的变化。其中的区别是:语法的最小单位词素在任何情况下都表示一定的意义,而语音的最小单位音素却不能表示意义。有些音素如汉语广州话的［m̩］(唔＝不),［ŋ̍］(五)和俄语的и(和)、в(在……里面)、входить(走进)的в-等虽然也可以表示意义,那是因为它们同时就是一个词或词素,而不是由于它们本身能够表示什么意义。

4.2 音素是语音的最小单位,因为我们用语音学观点来把句子加以分析,分到音素这个单位已不能再分了。我们对于语音的最小单位这个概念可以有两种不同的看法。一种是专就生理学观点和物理学观点去观察它的特点,而不管它在一个词或句子中所处的地位和可能发生的变化;如果发生了变化就把它看作另一个语音的最小单位,比方传统的语音学就是这样的。另一种是把这个语音的最小单位看作整个系统中的一个成分。它不是孤立的,而是在词或句子中出现的;在一个词或句子里,它总不免要跟它的前一个,或后一个,或前后两个语音的最小单位或重音、声调等发生关系。在这些相互关系中,它的某些方面可能因受它们的影响而发生变化。在这种情况下,用生理学观点和物理学观点来看,它当然已成了另一个语音的最小单位；可是就整个系统来看，它还是同一个语音的最小单位，它所发生的变化只能算是它的变体。这样的语音的最小单位，我们就不把它叫做音素，而叫做音位。①

4.3 我们现在试举一些例子来说明这种情况。

4.4 例如俄语 водá [vʌˈda:]（水）和 вóдный [ˈvɔːdnɨj]（水的）这两个词，它们里面都各有一个语音的最小单位 o。这两个词里的这个语音的最小单位的写法是相同的，但是情况不同，特点也不一样。在 водá 这个词里，o 是非重读的，它的特点有三方面：（1）就发音时唇的形状来说，它是不圆唇的；（2）就舌的部位来说，它是用舌面的后部发音的；（3）就口腔的开闭程度来说，它是既不很开，也不很闭的（用国际音标应标成 [ʌ]）。在 вóдный 这个词里，o 是重读的，它的特点也有三方面：（1）就发音时唇的形状来说，它是圆唇的；（2）就舌的部位来说，它也是用舌面的后部发音的；（3）就口腔的开闭程度来说，它也是既不很开，也不很闭的（用国际音标应标成

---

① 近年来有些音位学家认为，如果从语言的结构来看，一个音位还可以分成若干"区别特征"。所谓"区别特征"，有的是就元音或辅音来分的，有的是就口音或鼻音来分的，有的是就清音或浊音来分的，也有的是就唇、齿、舌等发音部位来分的，可以用"＋"或"－"等符号把有关音位绘成各种"矩阵"。世界上各种语言共有多少个"区别特征"，他们因为观点不同、派别不同，所得数字也相差得很远。有的强调各种语言的共性，有的主张以声学为基础，有的坚持二元分析法，各有各的说法，情况十分复杂。

[ɔ]）。用生理学观点和物理学观点来看，它们当然是两个不同的语音的最小单位，可是就整个系统来看，它们其实是同一个语音的最小单位，都是同一个词素 вод- 的组成部分。所具有的特点，有两方面（第 2 和第 3 方面）是相同的，这些都是它们的独立的、不依附于不同情况而发生变化的特点；只有一方面（第 1 方面），由于情况不同（在这里是指重读和非重读）而发生了变化，这就是它们的非独立的、依附于不同的情况而发生变化的特点，而所变成的 [ʌ] 只能算是那音位 /o/ 的变体。

4.5 我们试再举一个汉语的例子来看。汉语的 tān [t'an]（摊）和 tiān [t'iɛn]①（天）这两个词里都各有一个 a，但是它们所处的位置不同。在 tān 这个词里，a 的前面是 t，后面是 n；在 tiān 这个词里，a 的前面是 i，后面是 n。就发音的特点来看，第一个词里的 a 发音时用舌面的前部，不圆唇，口张得很开（用国际音标应标成 [a]）；第二个词里的 a 发音时也用舌面的前部，唇也不圆，跟第一个词里的 a 相同，这些都是它们的独立的、不依附于不同的情况而发生变化的特点，可是因为受了前面的 i 的影响，它的开口程度没有第一个词里的 a 的

---

① [ɛ] 现一般用 [æ]。

那么大（用国际音标应标成［ɛ］①），这就是它们的非独立的、依附于不同的情况（即不同的语音环境）而发生变化的特点。因此用生理学观点和物理学观点看它们应该是两个不同的音素［a］和［ɛ］，但是就整个系统来看，它们却是同一个音位/a/（汉语里没有像［ɛn］这样的声音的组合），而［ɛ］只能算是/a/的变体。

4.6 传统的语音学只限于用生理学观点和物理学观点研究语言声音的特点，就整个系统来研究语音的最小单位的叫做音位理论或音位学。西方有些语音学家把语音学看作一种自然科学，音位学看作一种社会科学而把它们互相对立起来，这显然是错误的，其实这两种学问都是以语音的最小单位为出发点的，不过观点有所不同罢了。研究音位必须以语音的分析为基础，然后用综合的方法归纳出其中哪些是音位，哪些是音位的变体。因此从广义方面看，语音学就应该包括这两部分，不能把它们割裂开来。

二、语音的分类

4.7 语言声音的性质是各不相同的，可是从它们的发音方面看，它们之间也有许多相类似的地方。我们根据这些类似之

---

① ［ɛ］现一般用［æ］。

点可以给它们以各种分类。

(一) 我国音韵学家的分类

4.8 我国汉字不是拼音文字，每个字就代表一个音节，其中有多少个音素从字体上往往看不出来。古人把"发音"相同的字叫做"双声"，"收音"相同的字叫做"叠韵"。把许多"双声"的字类聚在一起，拿其中一个做标目叫做"字母"、"声"、"声类"或"纽"；把许多"叠韵"的字类聚在一起，拿其中一个做标目叫做"韵"。定"声"的以唐朝守温和尚所拟的三十个字母为最早①，后来宋朝的人把它增加到了三十六个字母。这三十六个字母有些等韵学家就它们发音时与气相遇的地位分为重唇、轻唇、齿头、正齿、舌头、舌上、半舌、牙、喉等九音；是否带有乐音分为清、浊二声；气遇所作之势分为戛、透、拂、轹、揉等五类②。现在把它们列成一个

---

① 唐守温所定三十个字母是：不、芳、并、明、端、透、定、泥、知、彻、澄、日、见、溪、群、来、疑、精、清、从、审、穿、禅、照、心、邪、晓、匣、喻、影，后经宋人增益成为三十六字母。参看罗常培《敦煌写本守温韵学残卷跋》，载中央研究院《历史语言研究所集刊》第三本第二分。

② 劳乃宣《等韵一得》："音之生，由于气。喉音出于喉，无所附丽，自发声至收声，始终如一，直而不曲，纯而不杂，故独为一音，无戛、透、轹、捺之别。鼻、舌、齿、唇诸音（按鼻即牙，实是舌根）皆与气相遇而成。气之遇于鼻、舌、齿、唇也，作戛击之势而得音者谓之戛类，作透出之势而得音者谓之透类，作轹过之势而得音者谓之轹类，作按捺之势而得音者谓之捺类。"这里重唇、轻唇、齿头、正齿、舌头、舌上、半舌、牙、喉九音之分根据刘鉴《切韵指南》和《四声等子》；戛、透、拂、轹、揉五类之分根据劳乃宣《等韵一等》所引邵作舟说。

表如下：

	唇音		齿音		舌音			牙音	喉音
	重唇	轻唇	齿头	正齿	舌头	舌上	半舌		
戛类	帮〇	非〇	精〇	照〇	端〇	知〇		见〇	影喻
透类	滂並	敷奉	清从	穿妆	透定	彻澄		溪群	
拂类			心邪	审禅				晓匣	
轹类							〇来		
揉类	〇明	〇微		〇日	〇泥	〇娘		〇疑	
	清浊	清浊	清浊	清浊	清浊	清浊	清浊	清浊	清浊

4.9 定韵始于隋朝陆法言等所著的《切韵》，共分为193韵，唐朝王仁煦著《刊缪补缺切韵》改为195韵，孙愐《唐韵》改为205韵，宋朝陈彭年等重修《广韵》更增为206韵。这206韵中，平声的占57韵，上声的占55韵，去声的占60韵，入声的占34韵。平、上、去三声的各韵中，韵尾附有鼻音的叫做阳声韵，不附有鼻音的叫做阴声韵，入声韵只与阳声韵相配。宋、元等韵学家把这些韵就它们的开、合、洪、细分成各种等呼，归纳成各种韵摄。宋朝杨中修（俗误为司马光）著《切韵指掌图》分为十三摄，元朝刘鉴《切韵指南》分为果、假、止、蟹、遇、流、效、深、咸、臻、山、江、宕、梗、曾、通等十六摄。现在把它们列成一个表如下：

阴阳声韵摄	阴声韵						阳声韵							
	果	假	止	蟹	遇	流	效	深	咸	臻	山	江	宕	梗	曾	通
平声	歌戈	麻	脂之支微	咍灰佳皆齐	模鱼虞	侯尤幽	豪肴宵萧	侵	覃谈咸衔盐添严凡	痕魂臻真谆欣文	寒桓删山元仙先	江	唐阳	庚耕清青	登蒸	东冬钟
上声	哿果	马	旨止纸尾	海贿蟹骇荠	姥语麌	厚有黝	皓巧小筱	寝	感敢豏槛琰忝俨范	很混[龇]轸准隐吻	旱缓潸产阮狝铣	讲	荡养	梗耿静迥	等拯	董[湩]肿
去声	箇过	祃	至志寘未	代队卦怪霁祭泰夬废	暮御遇	候宥幼	号效笑啸	沁	勘阚陷鉴艳㮇酽梵	恨恩[龀]震稕问	翰换谏裥愿线霰	绛	宕漾	映诤劲径	嶝证	送宋用
入声								缉	合盍洽狎叶帖业乏	[麧]没栉镕质术迄物	曷末黠鎋月薛屑	觉	铎药	陌麦昔锡	德职	屋沃烛

4.10 由上所述我们可以看到，我国古代音韵学家审音的方法已极详密，但是因为汉字不便表音，所以有许多语音的最小单位就没法表示出来。例如一个字音（即音节）我们用汉字只能把它分成声、韵两部分，声母如"帮"、"滂"、"並"、"明"，我们必须把它们的韵除开才能知道所代表的是什么声；韵母如"东"、"董"、"送"、"屋"，也必须把它们的声除开才能知道所代表的是什么韵，并且在这些韵里，除主要的 [u] 之外最后还各有一个 [ŋ] 或 [k]，而用汉字就没法表示出来。

4.11 至于声、韵的分类，声的分类比较合理，其中所谓"喉"、"牙"、"舌"、"齿"、"唇"是就发音部位来分的，"戛"、"透"、"拂"、"轹"、"揉"是就发音方法来分的，"清"、"浊"是就声带的状态来分的，都很合于语音学的原理。韵的分类却很复杂。其中有几个原因：（1）由于平、上、去、入之分；（2）由于阴声和阳声之分；（3）由于等呼之分。其实平、上、去三声的不同只是由于一个声音有高低升降的差别；阳声韵是因为除主要元音之外后面跟着有一个鼻音 [m]、[n] 或 [ŋ]，入声韵是因为除主要元音之外后面跟着有一个破裂音 [p]、[t] 或 [k]；等呼的问题有些涉及主要元音之前有没有介音 [i] 或 [u]，有些涉及主要元音本身的不同。若用语音学的知识加以分析，那么这 206 个韵当中，除声调的差别外，实际上所包含的音素不过 [i][u] 两个介音，[ɑ][o][u][ə][ɔ][a][æ][ɐ] [ɛ][i][e] 11 个元音和 [i] [u] [m] [n] [ŋ] [p] [t] [k] 8 个尾音罢了①。

（二）古代希腊人的分类

4.12 古代希腊人把语言的声音分为三类：（1）元音（phōnēénta），(2)半元音（hēmiphōna）和（3）哑音（áphōna）。元音可以单独发音，并且可以单独构成音节或者跟其他声音组合起来构成音节。半元音和哑音统称辅音（súmphōna），前者可以单独发音，但是必须跟一个元音组合起来才能构成音节；后者不独不能单独发音，并且没有元音和它组合就不能构成音节。元音可以按照它的长短分成：（1）长音（makrà）：ē(η)、ō(ω)，（2）短音（brakhéa）：ĕ(ε)、ŏ(o)，（3）长短不明音（dikhrona）：a(α)、i(ι)、u(ν) 等三种。半元音分：（1）复合半元音（diplā）：ks(ξ)、ps(ψ)、zd(ζ)，（2）单纯半元音（haplā）：s(σ)，（3）流音（húgra）：l(λ)、r(ρ)、m(μ)、n(ν) 三种。哑音也分（1）强音（daséa）：ph(ψ)、kh(χ)、th(θ)，（2）中音（mésa）：b(β)、d(δ)、g(γ)，（3）弱音（psila）：p(π)、k(κ)、t(τ) 三种。现在把它们列成个表如下：

---

① 参看罗常培《汉语音韵学导论》，1956 年，中华书局，71 页。

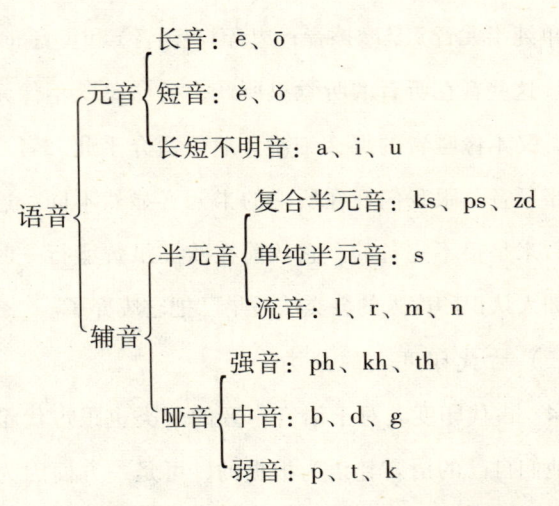

```
              ┌ 长音：ē、ō
        ┌ 元音 ┤ 短音：ĕ、ŏ
        │     └ 长短不明音：a、i、u
        │           ┌ 复合半元音：ks、ps、zd
  语音 ┤     ┌ 半元音 ┤ 单纯半元音：s
        │     │     └ 流音：l、r、m、n
        └ 辅音 ┤     ┌ 强音：ph、kh、th
              └ 哑音 ┤ 中音：b、d、g
                    └ 弱音：p、t、k
```

4.13 这个分类的特点，我们可以看到，是特别着重听觉的印象，按照声音的洪细来加以类别，而忽视了各发音器官的动作。并且所分析的只限于希腊语的声音。例如他们把元音分成长音、短音和长短不明音三种：长音包括 ē、ō 两个元音，短音包括 ĕ、ŏ 两个元音，长短不明音包括 a、i、u 三个元音，这不是说在一般语言里只有 e、o 有长短的分别，而 a、i、u 不能有长短的分别，而实是因为在古希腊语里是这样的，所以分别拟成了 η、ε、ω、ο、α、ι、ν 等七个字母。哑音就是我们现在所说的破裂音，其中所谓强音、中音、弱音是就呼气的强弱来说的，而跟发音器官接触力的强弱无关。这种声音因为在听者的听觉里不能产生任何噪音的印象，所以叫做哑音。半元音包括好几种音，其中复合半元音 ks、ps、zd 是破裂音和摩擦音的结合；单纯半元音 s 是摩擦音；边音 l，颤音 r 和鼻音 m、n 统称为流音。这些音在听者的听觉里所产生的印象既不像元音的那么洪亮，又不像哑音的那么细小，地位适介乎此二者之间，所以叫做半元音，跟我们现在所说的半元音显然不同。这种分类法现在看来是很不完备的。它从前在欧洲虽曾盛行一时，但是自从欧洲人认识印度人的分类法后早已把它废弃了。

（三）古代印度人的分类

4.14 古代印度人对于语言声音的分类也跟古代希腊人一样是以他们自己的语言梵语为根据的，可是一方面因为梵语的声音无比丰富（至少在辅音方面是这样），另一方面由于古代印度人对于人类发音器官的构造和功能有比较深透正确的认识，不像古代希腊人那样只凭听觉的印象来辨别各种语音，所以他们语言声音的分类远远胜于古代希腊人的。

4.15 古代印度人对于语言声音的分类所根据的原则有以下几点：

（1）根据发音时声门的开闭分成无声音（aghoṣa）和有声音（ghoṣavant）两种：无声音发音时声门张开，声带不颤动，所以只有气息；有声音发音时声门紧闭，声带颤动，带有乐音。

（2）根据发音时口腔开合的程度分成元音（svāra）、半元音（antaḥstha）、紧缩音（ūṣman）和闭塞音（sparśa）四种。发元音时口腔张得最开，声音从喉部发出；没有元音就不能构成音节。发半元音时口腔略为闭合，声音仍可以从喉部发出；有一个半元音就有一个元音跟它相当。发紧缩音时口腔略开，只有气息而没有声音。发闭塞音时口腔完全闭合，带有乐音的叫做有声闭塞音，不带有乐音的叫做无声闭塞音；有声音或无声音最后附有一股气息的叫做送气音。有声闭塞音中空气从鼻腔流出的叫做鼻音。

（3）根据发音的部位再分成喉音（kaṇṭhya）、腭音（tālavya）、头音（mūrdhanya）、齿音（dantya）和唇音（oṣṭhya）五种。发音时空气从喉部输出，由舌根和喉（按即软腭）相附而成音的叫做喉音（按即舌根音），由舌面和上腭相附而成音的叫做腭音，把舌尖翘起和上腭的顶点（即最接近头的那部分）相附而成音的叫做头音（按即卷舌音），由舌尖和上齿龈相附而成音的叫做齿音，由上下唇相附而成音的叫做唇音。列表如下：

	唇音	齿音	头音	腭音	喉音
无声闭塞音	p	t	ṭ	c	k
无声送气闭塞音	ph	th	ṭh	ch	kh
有声闭塞音	b	d	ḍ	j	g
有声送气闭塞音	bh	dh	ḍh	jh	gh
鼻音	m	n	ṇ	ñ	ṅ
紧缩音		s	ṣ	ś	
半元音	v	l	r	y	
短元音	u	ḷ	ṛ	i	a
长元音	ū	ḹ	ṝ	ī	ā

这表里所用的符号是根据 1894 年日内瓦东方学者大会所拟定的，其中 c = tʃ，j = dʒ，ñ = ɲ，ṅ = ŋ，v = w，y = j，. 表卷舌音，ˇ表腭化音，ʹ表领音，¯表长音。

这个分类的长处是不只根据听觉的印象，而且能顾到各个声音发音时的生理基础，其中如根据声门的开闭和声带是否颤动而分成无声音和有声音，根据口腔的开合程度而分成元音、半元音、紧缩音和闭塞音，根据发音部位而分成喉音、腭音、头音、齿音和唇音等都极恰当。但是详细分析起来，其中也不是没有缺点的，例如：（1）第一个原则根据声门的开闭和声带是否颤动把各种语音分成无声音和有声音，这本来是很对的，而实际上只有闭塞音有这种分别，而其他声音没有这种分别，这是只就梵语语音来说的。在许多其他语言里，紧缩音也应该有无声音和有声音的分别；（2）有声音、无声音和送气音都是由于声带的作用，闭塞音、紧缩音、半元音和元音是由于口腔开合的程度，二者不能混为一谈，而这里的第一个原则和第二个原则对于送气音的划分就有些纠缠不清；（3）腭音中的 c 是由 [t] 和 [ʃ] 结合而成的破擦音，j 也是由 [d] 和 [ʒ] 结合而成的有声破擦音，不能跟其他闭塞音相混；（4）k、g、r 等音都是舌根音，就梵语的发音来说，它们的发音部位虽然比较后些（接近于小舌音），但是不能与元音 a 同列入喉音；（5）l、r 都是辅音，不是半元音，也不是元音，在梵语里这两个声音虽然可以构成音节，但是也不能把它们跟 v(w)，y，或 u，i，a 等看成一类的东西。此外，梵语其实还有一个长 e 和一个长 o，可是因为是由 ai 和 au 变来的，这里就都没有它们的地位了。

4.16 古代印度人的这个语音的分类虽然有这些缺点，但是谁也不能否认他们所定的几个原则基本上是对的，所以，在历史上它对于我国的音韵学和近代的语音学都曾发生过很大的影响。

（四）一般语音的分类

4.17 近一百年来，随着语音学的发展，大家对于世界上各种语言声音的认识逐渐深刻和全面，现在以音素为基础，参考各方面的意见，拟定一个语音总表（见下页）。

4.18 这个表里所列的当然还不能包括世界上各种语言所有的声音。例如俄语和波兰语等许多辅音都有软音和硬音的分别，如俄语 пятá（脚后跟）的 т 是硬音，пять（五）的 т 是软音，我们可以把硬音的 т 标成 [t]，软音的 т 标成 [tj] 或 [ʨ]；表里的 [l] 只有浊音。但是比方法语 peuple（人民）的 l 发音时声带却不颤动，我们可以把这清音的 l 标成 [l̥]；法语里有许多鼻化元音，如 bon（好）的 on，我们可以把它标成 [ɔ̃]。汉语里的许多收音节的辅音如 sān（三）的 n 和广州话 [pat]（笔）的 [t] 等都是所谓"内破音"（implosive），必要时我们可以把它标成 [n˙] 和 [t˙]。诸如此类的发音上的特点我们都可以用一些附加符号来加以识别。

发音方法		声带状态		双唇音	唇齿音	舌齿音	舌尖音	卷舌音	舌叶音	舌面前音	舌面中音	舌根音	小舌音	喉壁音	喉音
辅音	闭塞音	破裂音	清 不送气	p			t	ʈ		ȶ	c	k	q		ʔ
			清 送气	pʻ			tʻ	ʈʻ		ȶʻ	cʻ	kʻ	qʻ		ʔʻ
			浊 不送气	b			d	ɖ		ȡ	ɟ	g	ɢ		
			浊 送气	bʻ			dʻ	ɖʻ		ȡʻ	ɟʻ	gʻ	ɢʻ		
		鼻音	浊	m	ɱ		n	ɳ		ȵ	ɲ	ŋ	N		
	间隙音	边擦音	清				ɬ								
			浊				ɮ								
		边音	浊				l	ɭ			ʎ	ɫ			
		颤音	浊				r	ɽ					R		
		闪音	浊				ɾ						R		
		摩擦音	清	ɸʍ	f	θ	s	ʂ	ʃ	ɕ	ç	x	χ	ħ	h
			浊	βwɥ	v	ð	z	ʐ	ʒ	ʑ j(ɥ)	ʝ(w)	ʁ	ʕ		ɦ
		半元音	浊	wɥ	ʋ		ɹ				j		ʁ		
元音	闭音		(ɥɥyu)					ɿʅʮʯ		iy	ɨʉ	ɯu			
			(ɤʊ)							ɪʏ		ʊ			
	半闭音		(øeo)							eø	ɘɵ	ɤo			
								ɚ		E	ə				
	半开音		(œɜɔ)							ɛœ	ɜɞ	ʌɔ			
			(ɒ)							æ	ɐ	ɒ			
	开音		(ɑ)							a	A	ɑ			

第五章 元　　音

一、元音的定义

5.1　语言的声音可以大致分成元音和辅音两大类。元音的基础是乐音（复合乐音），发音时声门紧闭，声带为空气所冲击而起颤动，口腔张得比较开，口里的发音器官不致造成任何障碍阻止空气的出路，空气可以自由流出不致跟任何发音器官相接触而产生噪音，这些发音器官自始至终保持着均衡的紧张，气流也比较弱；辅音或者带有乐音，或者不带有乐音，发音时口腔都比较闭，有些甚至全闭，口里的某一部分发音器官造成障碍，空气流出时必须突破这些障碍，因而产生噪音，气流也自然比较强，造成障碍的那一部分发音器官特别紧张，其他部分的都不很紧张。比方［a］是一个元音，我们发这个声音时声门紧闭，声带颤动，口张得很开，空气流出时不致跟口里的任何发音器官发生接触，也没有任何发音器官特别紧张；[p]是一个辅音，发音时声门张开，声带不颤动，双唇闭合起来造成一个障碍，空气流出时必须突破这个障碍，所以这一部分发音器官就特别紧张，气流也比发[a]音时强；[ʐ]也是一个辅音，发音时声门紧闭，声带颤动，舌尖的后部往硬腭的中部翘起来，虽然不是贴得很紧，但是也造成一种障碍，空气从当中流出时，这一部分发音器官也比较紧张。有些人举出汉语"五"、"一"这两个字音做例子来证明元音和辅音没有明显的分界，这其实是一种误会。实际上严格说来，汉语的这两个字音都不是纯粹的元音，而实是w+u和y+i的组合，我们试把它们跟法语的[u][i]或广州话[u-a]（乌鸦）的[u]，广东阳江话[i-ʃaŋ]（医生）的[i]略一比较就可以知道。如果用浪纹计把这两个字音记录下来也可以看到它们前一部分的浪纹比较小，后一部分的浪纹比较大，所以现在《汉语拼音方案》把"五"拼成wu，"一"拼成yi是完全正确的。

5.2 关于元音的定义，各家的说法不同。古代希腊人所下元音的定义是："元音是构成音节所必不可少的要素；有一个音节就有一个元音。"这个定义的特点是只注重元音的功能而忽视了它的性质，并且他们所说的"有一个音节就有一个元音"也是只就古希腊语来说的，现在有些语言或方言，例如捷克语的

prs(胸),krk(脖子),smrt(死亡),vlhky(湿的),汉语广州话的［m̩］(唔=不),［ŋ̍］(五)等音节都是没有元音的。古代印度人所下的元音的定义也说："发元音时口腔张得最开,声音从喉部发出,没有元音就不能构成音节"。这个定义已能略注意到元音的发音,但是对于元音的功能的看法也跟古代希腊人的没有什么差别。

5.3 近年来有些语音学家因为看到古代希腊人和古代印度人的这些关于元音的定义不可靠,很想另找出些划分元音的标准。有些甚至否认发元音时声带一定起颤动,例如我们打喳喳(耳语)的时候,其中的元音就是不带乐音的[①]。其实我们研究语言声音时为什么要找这样的特殊的例子来否定元音的本质呢?

5.4 我们要对元音有一个明确的概念,须先明了这种语音的发音条件。元音的发音条件可以从物理学方面和生理学方面来观察,这两方面之间是有密切关系的。

5.5 从物理学方面观察,一切元音都是乐音(耳语的元音当然除外)。乐音的产生是由于发音时声门闭合,声带为空气所冲击而起颤动(发耳语的元音时声带只互相接近而不颤动)。乐音产生后何以会变成各种不同的声音呢?那就是因为我们的发音器官所构成的共鸣器不同。我们的发音器官通常可以构成两

---

① 参看派克《语音学》,1943年,伦敦,6页。

个共鸣器。一个是在声带以下从肺部到喉头那一部分，它的容积可以随横隔膜、胸腔和喉头的移动而不同。一个是在声带以上，由口腔和鼻腔构成。这个共鸣器也可以因口里各发音器官如软腭、舌头和双唇的活动而改变它的形式。由声带发出的乐音是有一定的高度的，经过各种容积和形式不同的共鸣器就产生出各种不同的音质，决定各个元音的性质。

从生理学方面观察，我们口里的发音器官跟发元音有关的主要有以下三个：

（一）下腭　下腭可以往上下移动。它同上腭的距离或大或小可以使口腔呈出或开或闭的状态。我们的舌头是附在下腭上面的。下腭往上下移动也可以使舌头相应地升高或降低。

（二）舌头　舌头是一个最活动的发音器官。它除可以随着下腭的上下移动而升高或降低外，自己也可以往前伸出或往后收缩，往上鼓起或往下凹落，造成各种不同的形状。

（三）双唇　双唇可以往前突出，敛成圆形，也可以往两边伸展成一个扁形，或不往前突出，也不往两边伸展，保持原有的自然状态。

5.6　以上三种发音器官的任何活动都可以使口腔的形式变得长一点或短一点，大一点或小一点，决定各个元音的音质。我们发元音时，软腭通常是往上抬起，堵住空气由咽头流入鼻腔的通路的；假如软腭往下降低，让空气从鼻腔和口腔同时流出,那就成了鼻元音或鼻化元音。在任何情况下,这些发音器官都是联合起来做出各种动作的。发音器官的活动可以分成三个时期:(一)由静止状态转到发音时状态的时间叫做紧张期,(二)发音时状态延续的时间叫做持续期,(三)由发音时状态转到静止状态的时间叫做缓和期。这三个时期中以持续期为最重要,其他两个都是过渡时期。

5.7 由上面所说的我们可以看到,元音其实是语言声音中的一种乐音,发音时口腔比较开,使空气流过时不致跟口里的任何发音器官发生接触,从而产生噪音。每个元音都有一个确定的音质。元音的音质是由各发音器官所构成的共鸣器决定的。

二、元音的分类

5.8 元音的性质既然是由各发音器官所构成的共鸣器决定的,我们就可以按照各有关的发音器官的活动来给它们以不同的分类。

(一)闭元音、半闭元音、半开元音和开元音

5.9 这是按照口腔的开闭程度来分的。口腔之所以有各种开闭程度的不同,主要是由于下腭往上或往下移动。下腭往上移口腔就闭,往下移口腔就开。我们的舌头是附在下腭上面的。下腭往上移,舌头的部位也跟着提高;下腭往下移,舌头的部

位也就跟着拉低。按照这个标准,我们可以把元音分为以下四个基本类型。

(1) 闭元音或高元音　发音时上下腭的距离很小,上下门齿间的开度大约只有 1 毫米,舌面和上腭也很接近,但是不致造成空气流出时的障碍。例如汉语 yīfu（衣服）的 i[i], wūyā（乌鸦）的 u[u], yūfǔ（迂腐）的 ü[y],壮语 fɔiɯ（蝙蝠）的 ɯ[ɯ],俄语 сын（儿子）的 ы[ɨ],挪威语 hus（房子）的 u[ʉ] 等。

(2) 半闭元音或半高元音　发音时上下腭的距离比发闭元音或高元音时的大一点,上下门齿的开度大约有 3.5 毫米,舌面也比较低一点。例如汉语 fēi（飞）的 e[e], mō（摸）的 o[o], chànggē（唱歌）的 e[ɤ],法语 deux（二）的 eu[ø] 等。

(3) 半开元音或半低元音　发音时上下腭的距离比发半闭元音或半高元音时的更大一点,上下门齿间的开度大约有 6.5 毫米,舌面也更低一点。例如汉语 jiē（街）的 e[ɛ],汉语广州话 [tɔ]（多）的 [ɔ], [hœ]（靴）的 [œ],俄语 отец（父亲）的 o[ʌ],英语 but（但是）的 u[ʌ] 等。

(4) 开元音或低元音　发音时上下腭的距离最大,上下门齿间的开度大约有 10 毫米,舌面也下降到最低限度。例如汉语 ānlè（安乐）的 a[a],广州话 [fa]（花）的 [a],汉语的 ā（啊）的 a [A], āngzāng（肮脏）的 a[ɑ],英语 father（父亲）

第五章 元音

的 a［ɑ］等。

5.10 上面所说元音中的四个基本类型在各具体语言中可能有些差别，所说上下门齿间的开度也不是绝对的，但是在同一种语言或同一个人的发音中，这个比例总是差不多的。并且作为音素，这四个类型还不能包括一切语言或方言的元音。例如广州话［pɪt］（必）的［ɪ］或英语 it（它）的 i［ɪ］就比闭元音或高元音［i］开一点，同时又比半闭元音或半高元音［e］闭一点；广州话［hʏt］（血）的［ʏ］或德语 Hütte（茅舍，复数）的 ü［ʏ］比闭元音或高元音［y］开一点，同时又比半闭元音或半高元音［ø］闭一点；广州话［fʊt］（阔）的［ʊ］或英语 foot（脚）的 oo［ʊ］比闭元音或高元音［u］开一点，同时又比半闭元音或半高元音［o］闭一点；英语 bet（赌注）的 e［ɛ］比半闭元音或半高元音［e］开一点，同时又比半开元音或半低元音［ɛ］闭一点，开度跟汉语 gēge（哥哥）的第二个 e［ə］的相同；英语 hat（帽子）的 a［æ］比半开元音或半低元音［ɛ］开一点，同时又比开元音或低元音［a］闭一点，开度跟广州话［fan］（分）的［a］①的相同。这些开度介乎两个元音之间的一般叫做中介元音。英国语言学家常把它们叫做"松元音"，以示别于［i］、［u］、［e］、［ɛ］等"紧元音"。

---

① 广州话这个短［a］的音值实际上是一个央元音［ɐ］。

（二）前元音、央元音和后元音

5.11 其次，按照发音时舌头部位的前后，我们可以把元音分成前元音、央元音和后元音三个类型。舌头部位的前后同舌头的高低虽然有一定的联系，但是性质不同。舌头的高低是舌头的纵的变化，主要要靠下腭的上下移动，结果造成口腔的开闭；舌头部位的前后却是音头的横的变化，要看发某一个元音时是用舌头的哪一个部位的。这三个类型的元音的发音特点如下：

（1）前元音　发音时都用舌面的前部，随着舌头的高低不同，舌面最高部位也有所不同。例如我们发［i］音时舌面前部抬得最高，靠近硬腭的前部，发［ɪ］、［e］、［E］、［ɛ］、［æ］、［a］等音时不独舌头逐渐降低，口腔逐渐张开，舌面最高部位也逐渐往后移（如下页图14）。［y］同［i］、［Y］同［ɪ］、［ø］同［e］、［œ］同［ɛ］的部位差不多。这些都是前元音。

（2）后元音　发音时都用舌面的后部，最高的是［u］，其次是［ʊ］、［o］、［ɔ］、［ɒ］,［ɑ］最低（如下页图15）。［ɯ］同［u］、［ɤ］同［o］、［ʌ］同［ɔ］的部位差不多，这些都是后元音。

（3）央元音　发音时都用舌面的中央部分。最高的是［ɨ］和［ʉ］，其次是［ə］、［ɚ］,［ʌ］最低。此外，前元音［e］和［ɛ］，后元音［o］和［ɔ］如果发音时用舌面的中央部分而不是

图 14　　　　　　　　　　图 15

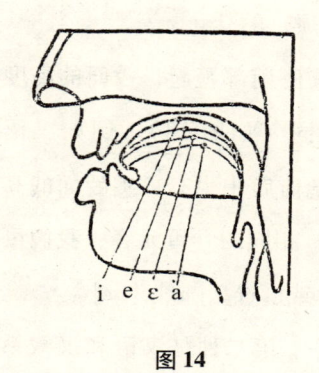

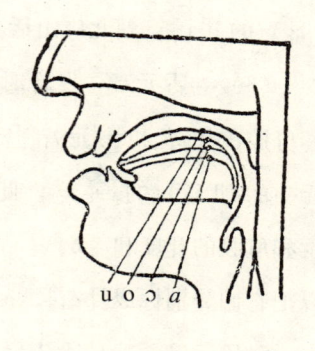

用舌面的前部或后部，也就成了央元音 [ɘ]、[ɵ] 和 [ɜ]、[ə]。

5.12 以上三个类型的元音都是用舌面的前部、后部或中央部分发音的。除此之外，还有一种元音是用舌尖发音的，我们也把它分成以下三个类型：

（1）舌尖前元音　发音时，舌尖前部往上抬起，靠近上齿龈的前部，像发 [s] 音差不多（如下页图16），可是其间的距离较大，声门闭合，声带颤动，空气从舌尖和上齿龈之间流出时不致起摩擦作用。例如汉语 zi（资）、ci（雌）、si（思）的 i [ɿ]，上海话 [sʮ]（书）的 [ʮ] 等。

（2）舌尖后元音　发音时，舌尖后部往后翘起，靠近上齿龈的后部，像发 [ʐ] 音差不多（如下页图17），可是其间的距离也较大，声带颤动，空气流出时不致跟舌尖和上齿龈发生接触而起摩擦作用。例如汉语 zhi（知）、chi（痴）、shi（诗）、ri

（日）的 i[ʅ]，湖北应山话 [sʮ]（须）的 [ʮ] 等。

（3）卷舌元音 发音时舌尖往硬腭前部翘起，舌面的高度和口腔的开度和央元音 [ə] 的相同（如图18）。例如汉语 értóng（儿童）的 er[ɚ]。此外，英语方言中也有一些舌面的高度和口腔的开度和 [e]、[a] 或 [ɔ] 相同的卷舌元音，我们可以把它们分别标成 [eɚ]、[aɚ]、[ɔɚ] 或 [er]、[ar]、[or]①。

5.13 以上三种舌尖元音，第一、第二种是汉语和汉藏系语言所特有的。向来中外语音学家对这些元音的意见极为分歧。高元把 [ɚ] 叫做"尖化的韵"，[ʅ] 和 [ʮ] 叫做"叶化的韵"，统称"声化的韵"，并且认为它们都是"中韵"（按即央元音），[ʅ] 的开度和 [i] 相当。[ʮ] 的开度和 [e] 相当②。这些都是因为不明这些元音的发音特点的原故。

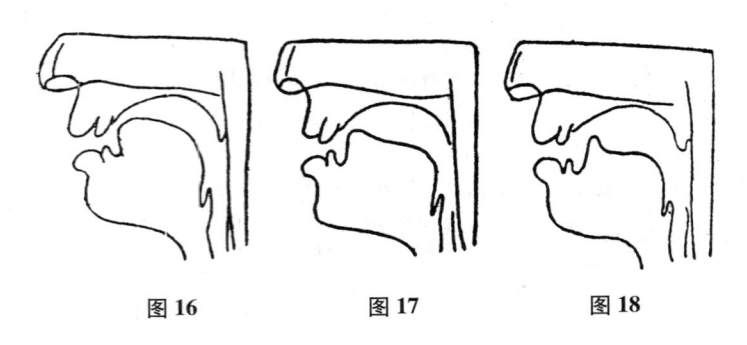

图16　　　　　图17　　　　　图18

---

① 参看琼斯《英语语音学纲要》，200页。
② 参看高元《高元国音学》，上海商务印书馆，1925年重订三版，58—72页。

（三）圆唇元音和不圆唇元音

5.14 我们发各个元音，有时双唇向前突出，敛成小圆形，有时嘴角往两边伸展，成一个扁形，有时双唇保持自然状态，不圆也不扁；根据这一点，我们可以把元音分成以下三个类型：

（1）圆唇元音　发音时双唇敛成小圆形，例如 [y]、[Y]、[ø]、[œ]、[ɑ]、[ɒ]、[ɔ]、[o]、[ɷ]、[u]、[ʉ]、[ɵ]、[ɘ]、[ɥ]、[ɻ] 等。其中有些特别圆的，如 [y]、[u]、[ʉ]，有些只稍微带有一点圆的，如 [ɑ]。一般地说，闭元音最圆，以下递降到半闭元音、半开元音和开元音，唇的圆度就逐渐减少。

（2）不圆唇元音　发音时双唇舒展成扁形，例如 [i]、[ɪ]、[e]、[E]、[ɛ]、[æ]、[a]、[ʌ]、[ɤ]、[ɯ]、[ɨ]、[ɘ]、[ɜ]、[ɿ]、[ʅ] 等。其中以闭元音为最扁，以下递降到半闭元音、半开元音和开元音，双唇舒展的程度也逐渐减少。

（3）自然唇元音　发音时双唇保持原有状态，不舒展也不敛圆，例如 [ə]、[ɚ]、[A]、[ɝ] 等。这些元音因为发音时双唇不圆，也可以归入不圆唇元音一类，但实际上其间是有差别的。

5.15 不圆唇元音和圆唇元音一般都是相对立的，如 [i]∶[y]，[ɪ]∶[Y]，[e]∶[ø]，[ɛ]∶[œ]，[a]∶[ɑ]，[ʌ]∶[ɔ]，[ɤ]∶[o]，[ɯ]∶[u]，[ɨ]∶[ʉ]，[ɘ]∶[ɵ]，[ɜ]∶[ɘ]，[ɿ]∶[ɥ]，[ʅ]∶[ɻ] 等。其间口腔的开度和舌头的部位多相同，差别只在双唇的圆与不圆。圆唇或不圆唇的程度在各具体语言中有明显的差别。法国人发［y］、［u］、［ø］、［œ］等音时双唇常撮敛得很圆，发［i］、［e］、［ɛ］等音时嘴角拉得很扁，许多外国人发这些元音时嘴唇的状态往往不能正确，以致发［i］音时在法国人听来好似有点像［y］，发［y］音时又好似有点像［i］。我国人发圆唇元舌时嘴唇不很圆，发不圆唇元音时嘴唇也不很扁，但是有些相对立的元音如［i］∶［y］等，嘴唇的圆与不圆还是有明显的差别的。

（四）鼻元音和鼻化元音

5.16 以上所说的各种元音，发音时软腭和小舌都往上抬起，堵住由咽头到鼻腔的通路，空气只能从口腔流出，我们可以把它们叫做口元音。除此之外，还有些元音，发音虽然和口元音完全相同，可是发音时软腭和小舌往下降低，让空气从鼻腔和口腔同时流出的叫做鼻元音或鼻化元音。

5.17 一切鼻元音都是因为受鼻音的影响而变成的，可是由于鼻化程度的不同，我们可以把它分成以下两个类型：

（1）纯鼻化元音　发音和口元音相同，只是软腭下垂，空气从鼻腔和口腔同时流出，原来起作用的鼻音已完全融化在元音里，没有半点痕迹。例如法语的 an［ɑ̃］（年，岁），on［ɔ̃］（有人），un［œ̃］（一）和 pain（面包）的 ain［ɛ̃］等。

（2）半鼻化元音　发音也和口元音相同，软腭往往只到发音持续期才降低下来，空气也从鼻腔和口腔同时流出，原来起作用的鼻音没有完全融化，还或多或少留有一些痕迹。例如汉语宝山话［kɛ̃ⁿ］（根）的［ɛ̃ⁿ］，苏州话［kãᵑ］（江）的［ãᵑ］等。

5.18 我们要辨别一个鼻元音是纯鼻化元音还是半鼻化元音须注意那个元音后面是否带有发某个鼻音的倾向。如果一个鼻元音发完后舌尖往上齿龈靠拢，空气从鼻腔流出，那就是带有一个［n］音；舌根往软腭靠拢，空气从鼻腔流出，那就是带有一个［ŋ］音；如果除发鼻元音外舌头没有特别动作，那就是一个纯鼻化元音。

5.19 根据上述各节，我们可以把所有口元音列成个元音表如下：

口腔开合	舌位高低	类别 前后 唇的状态	舌尖元音					舌面元音						
			前		后			前		央			后	
			不圆	圆	不圆	自然	圆	不圆	圆	不圆	自然	圆	不圆	圆
闭	高	最高	ɿ	ʮ	ʅ		ʯ	i	y	ɨ		ʉ	ɯ	u
		次高						ɪ	ʏ					ʊ
半闭	中	高中						e	ø	ɘ		ɵ	ɤ	o
		正中				ɚ		ɛ		ə				
半开		低中						ɛ	œ	ɜ		ɞ	ʌ	ɔ
开	低	次低						æ		ɐ				
		最低						a			ɑ			ɒ

（鼻元音在口元音上面加 ~ 表示，如ɑ̃, ɔ̃, ɛ̃, œ̃等）

除上述音标外，为了表示某种语言或方言的元音发音上的细微特点还可以采用以下各种补助符号：

- ·　特闭的元音，如 o̞ = 很闭的 o。
- ᴄ　特开的元音，如 o̜ = 很开的 o。
- ⊥　舌位较高，如 e⊥ 或 e̝ = 较高的 e。
- ⊤　舌位较低，如 e⊤ 或 e̞ = 较低的 e。
- +　舌位较前，如 u+ 或 u̟ = 较前的 u。
- −　舌位较后，如 i− 或 i̠ = 较后的 i。
- ᴐ　唇较圆，如 oᴐ = 唇较圆的 o。
- ᴄ　唇较不圆，如 oᴄ = 唇较不圆的 o。
- ¨　央元音，如 ï = 央元音 ɨ，ü = 央元音 ʉ。
- ˇ　辅音化的元音，如 ǐ, ǔ。

三、元音音位和音品

5.20　上面所说的各种元音音素是用生理学观点和物理学观点从各种语言中分析出来的。实际上，任何一种语言或方言都不会有这样多的元音。在一种语言或方言的元音系统中又只有为数不多的一些元音音位。每个元音音位各有不同的音品。

5.21　什么叫做元音音位和元音音品呢？大家知道，任何元音都是从语言的声音中分析出来的。例如我们从汉语 bàba ［pApə］（爸爸）这个词里分出一个 ［A］ 和一个 ［ə］ 来，从

bān[pan]（班）这个词里分出一个［a］来，从 bāng[pɑŋ]（邦）这个词里分出一个［ɑ］来，从 biān[piɛn]（边）这个词里分出一个［ɛ］来，［A］、［ə］、［a］、［ɑ］、［ɛ］都是不同的元音，各有各的发音特点，但是我们可以把它们并成一个元音音位/a/。它们之所以不同，有些是由于所处的地位不同，如 bàba[pApə]（爸爸）的第一个 bà[pA]（爸），［a］后面没有其他的声音，在汉语里应念成［A］；在 bān[pan]（班）这个词里，它后面有一个［n］，在汉语里应念成［a］；在 bāng[pɑŋ]（邦）这个词里，后面有一个［ŋ］，应念成［ɑ］；在 biān[piɛn]（边）这个词里，前面有一个［i］，后面有一个［n］，应念成［ɛ］或［æ］；有些是由于受了特殊发音的影响，如 bàba[pApə]（爸爸）的第二个 ba[pə]（爸），它本来是跟第一个 bà[pA]（爸）相同的一个词素，可是因为是轻音节的元音，所以念成了［ə］。这些都叫做音品。从这些音品中找一个最典型的做代表就是音位，其余的音品都是这音位的变体。

5.22　我们再从汉语 bēn[pən]（奔）里分出一个［ə］，从 bēng[pʌŋ]（崩）里分出一个［ʌ］，这两个元音也可以并成一个音位（可以写成 e），但是不能跟 bān[pan]（班）里的［a］和 bāng[pɑŋ]（邦）里的［ɑ］并成一个音位，因为这样一来，"奔"和"班"或"崩"和"邦"就成了相同的形式，不能区别不同的意义了。

5.23 另一方面，我们从广州话的［paːn］（班）里分出一个［aː］，从［pan］（奔）里分出一个［a］，这两个元音的发音本不相同，前一个念最低前元音［a］，后一个念次低央元音［ɐ］，但是我们却可以把它们并成一个音位，因为这两个词主要是靠这个音位长短的对立来区别不同的意义的，不过［a］念短音时变成了［ɐ］罢了①。

5.24 由此可见元音音位是在某一种语言或方言的元音的基础上就整个语言系统整理出来的，其中最重要的关键是能成为区别不同意义的词或词素的不同形式。同一个音位的变体不是毫无条理的，而是因受其他声音或特殊情况的影响而变出来的。促使一个音位发生变化的条件在各种语言或方言中也不尽相同。在汉语里，最重要的条件是因受前后音的影响或所在的音节念成轻音。例如上述/a/这个音位后面没有辅音时念［ʌ］音，在［n］之前念［a］，在［ŋ］之前念［ɑ］，在［i］和［n］之间念［ɛ］或［æ］，在轻音节中念［ə］，这些都是因为受了其他声音或特殊情况的影响。一个元音的特点不外口腔的开闭、舌的前后和唇的圆与不圆等三方面，在某一元音音位的变体中，它保持着其中的一方面或两方面，其他方面都因受特定条件的影响而起了变化。

---

① 参看以下 §11.4、§11.13。

5.25 在俄语里,元音音位变化的条件,除前后音的影响以外,最重要的就是所在的音节是非重读的,例如 домá [dʌˈma]（房子——单数,属格）的 о 念非重读时变成了 [ʌ];如果一个词里重读元音之前有两个非重读的 о,那么离重读音节较远的那个还变成了 [ə],如 хорошó [xərʌˈʃo]（好）或 потомý [pətʌˈmu]（因为）的第一个 о。元音音位/a/在重读音节之后变成 [ə],如 слóва [ˈslovə]（词）的 a,在重读音节之前变成 [ʌ],如 платóк [plʌˈtok]（手绢）的 a;如果一个词里重读元音之前有两个非重读的 a,那么离重读音节较远的也变成了 [ə],如 карандáш [kərʌnˈdaʃ]（铅笔）的第一个 a。这些都是元音音位的变体。

5.26 总之,一种语言或方言的元音系统和元音音位系统是两个不同的概念。元音系统包括这种语言或方言的一切元音,而元音音位系统却只包括它的元音音位。一个元音音位有各种不同的音品。元音音位的改变会影响到区别不同意义的词形,而元音音位其他音品的改变不致影响到区别不同意义的词形,至多使人感到发音不大正确罢了。

第六章 辅　　音

一、辅音的定义

6.1　辅音和元音的区别，主要是在于发音时某部分发音器官靠拢造成障碍，使空气流出时和这些发音器官发生接触，因而产生噪音。其中有些是带有乐音的，即发音时声门闭合，声带颤动的；有些是不带有乐音的，即发音时声门张开，声带不颤动的。空气从喉头流出，因为要突破发音器官所造成的障碍，所以需要较强的气流。在这个时候，那些造成障碍的发音器官就特别紧张，其他部分的发音器官都不很紧张。

6.2　一切辅音都带有噪音，但是其间也有一个区别。有些音如 [l]、[r]、[w]、[ɥ]、[j] 等因为发音时声带颤动，并且发音器官所造成的障碍并不很严，鼻音如 [m]、[n]、[ŋ]

等发音时口里的发音器官虽然完全闭合，但是空气可以从鼻腔流出，所以听起来总比其他辅音较为响亮。因此有些语音学家把这些辅音连同元音叫做响音，而其他辅音叫做嘈音。

二、辅音的分类

6.3 我们发辅音时，空气从肺部输出，首先到达喉头，声门呈现出各种状态，然后流进口腔，遇到各部分发音器官造成的障碍；发音器官造成障碍的方式是各种各样的，哪一部分发音器官造成障碍也各不相同。这些联合起来就决定了各种辅音的性质。因此我们要作辅音的分类必须注意到这几方面。

（一）按发音部位来分

6.4 我们发辅音时至少要有两部分发音器官参加活动才能造成所必需的障碍。这两部分发音器官有一部分是主动的，一部分是被动的；主动的发音器官向被动的发音器官靠拢或靠近，因而造成各种障碍。这就是我们所说的发音部位。

6.5 按发音部位，我们可以把辅音分成以下各种类型：

（1）双唇音　我国旧时音韵学家叫做重唇音，发音时下唇向上唇靠拢或靠近，造成气流的障碍。例如汉语 bàba（爸爸）的 b[p]，hàipà（害怕）的 p[p']，māma（妈妈）的 m [m]，俄语 баба（婆子）的 Б [b]，汉语 wūyā（乌鸦）的 w [w]（舌根同时举起），yuānyāng（鸳鸯）的第一个 y ［ɥ］（舌面中部同时举起），英国南方人念 which（哪一个）的 wh ［ʍ］（舌根同时举起），日本语 Fuji（富士）的 f ［Φ］，西班牙语 saber（知道）的 b ［β］ 等。

（2）唇齿音　我国旧时音韵学家叫做轻唇音，发音时下唇向上齿靠拢或靠近。例如汉语 fùqīn（父亲）的 f ［f］，上海语 ［vu］（勿）的 v ［v］，印地语的 व ［v］，英语 camphor（樟脑）的 m ［ɱ］ 等。

（3）舌齿音　又称齿间音，发音时舌尖向上齿靠近，或夹在上下齿之间。例如英语 thin（薄）的 th ［θ］，they（他们）的 th ［ð］ 等。

（4）舌尖音　又称齿龈音，我国旧时音韵学家叫做舌头音，发音时舌尖向上齿龈靠拢或靠近。例如汉语 dà（大）的 d ［t］，tā（他）的 t ［tʻ］，ná（拿）的 n ［n］，lā（拉）的 l ［l］，俄语 да（是的）的 д ［d］，汉语 sān（三）的 s ［s］，俄语 завод（工厂）的 з ［z］，广东台山话的 ［ɬam］（三）的 ［ɬ］，威宁苗语 ［ʐa］（游）的 ［ʐ］，俄语 работа（工作）的 p ［r］，西班牙语 pero（但是）的 r ［ɾ］，英语 red（红）的 r ［ɹ］ 等。汉语 sān（三），sì（四）等词的 s 发音时舌尖和上齿龈接触的部位较前，或称舌尖前音。

（5）卷舌音　又称舌尖后音，我国旧时音韵学家叫做正齿音,发音时舌尖往上翘起,舌尖的后部向前硬腭靠拢或靠近。例如印地语的 ट [ʈ] 和 ड [ɖ],汉语 shān(山)的 sh [ʂ],rén(人)的 r [ʐ],朝鲜语 [muɭ](水)的 [ɭ],印地语的 ଡ [ɽ],威宁苗语 [ɳu](事情)的 [ɳ] 等。

(6)舌叶音 又称腭龈音,发音时舌尖平放或向下垂低,舌面边缘向上隆起跟两旁臼齿相接触,舌叶凹下成一小槽形,让空气往当中流出摩擦成音。例如英语 shoe(鞋子)的 sh [ʃ],pleasure(愉快)的 s [ʒ],法语 chou(白菜)的 ch [ʃ],jugement(判断)的 j [ʒ] 和 g [ʒ],德语 schuh(鞋子)的 sch [ʃ] 等。广州话 [si](诗)、[sy](书)等的 [s] 前一半像 [ʃ],后一半像 [s],用严式标音应标成 [ʃs]。

(7)舌面前音 又称龈腭音,我国旧时音韵学家叫做舌上音,发音时舌尖抑下,舌面前部往上齿龈和前硬腭的部位抬起。例如三江侗语 [ȶu](九)的 [ȶ],[ȶ'a](上去)的 [ȶ'],广西瑶语 [ȡep](插)的 [ȡ],汉语 xīwàng(希望)的 x [ɕ],南通话 [ʑi](易)的 [ʑ],西安话 [ȵy](女)的 [ȵ] 等。

(8)舌面中音 又称腭音,发音时舌尖抑下,舌面中部往前硬腭抬起。例如匈牙利语 Magyar(匈牙利人)的 g [ɟ],永康话 [ci](鸡)的 [c],法语 agneau(小羔羊)的 gn [ɲ],西班牙语 allá(那儿)的 ll [ʎ],德语 ich(我)的 ch [ç],ja

（是的）的 j [j]，英语 yes（是的）的 y [j] 等。

（9）舌根音　又称舌面后音，我国旧时音韵学家叫做牙音或鼻音，发音时舌根向软腭或软腭和硬腭交界那一部分靠拢或靠近。例如汉语 gāi（该）的 g [k]，kāi（开）的 k [kʻ]，俄语 голос（声音）的 г [g]，广州话 [ŋɔ]（我）的 [ŋ]，汉语 hǎi（海）的 h [x]，壮语 [ɣau]（找）的 [ɣ] 等。

（10）小舌音　发音时舌根向小舌靠拢或靠近。例如阿拉伯语 [qatala]（他从前杀）的 q [q]，[ɢadam]（脚）的 ɢ [ɢ]，威宁苗语 [qʻɑ]（教）的 [qʻ]，湘西苗语 NɢE（挑）的 Nɢ [N]，荔波水语 [χa]（肩膀）的 [χ]，维吾尔语 [baʁʻ]（花园）的 [ʁʻ] 等。

（11）咽头音　又称喉壁音，发音时咽头肌肉紧张起来，舌根的后部向咽头壁靠近。例如阿拉伯语的 [ħikmaħ]（智慧）的 [ħ]，[ʕain]（眼）的 [ʕ] 等。

（12）喉音　发音时声带靠拢或靠近，造成障碍。例如云南玉溪话 [ʔɛ]（街）、[ʔai]（盖）等的 [ʔ]，[ʔʻɛ]（快）、[ʔʻai]（开）等的 [ʔʻ]。吴语方言入声字的韵尾多带有这个声音，例如上海话的 [iʔ]（一）。广州话 [hou][好]的 [h]，上海话 [ɦõŋ]（红）的 [ɦ] 和英语 house（房子）的 h [h]，德语 Haus（房子）的 h [h] 等也用声带发音，但发音部位稍为高一点，有些语音学家叫做下喉壁音。

6.6 这些发音器官的活动我们也可以把它分成三个时期,即(1)由静止状态到发音时状态的时间叫做成阻期(=紧张期);(2)发音时状态延续的时间叫做持阻期(=持续期);(3)由发音时状态到静止状态的时间叫做除阻期(=缓和期)。这三个时期中仍以持阻期为最重要。

(二)按发音方法来分

6.7 发音方法就是指的发音器官造成障碍的方式。我们发辅音时,有些发音器官是完全闭合,阻塞住气流的出路,然后突然张开,让空气向外冲出而成音的,有些发音器官并不完全闭合,而只是互相靠近,当中留一隙缝,让空气继续流出的。根据这一点,我们首先可以把辅音分成闭塞音和间隙音两大类。每一大类中又可因发音方式的不同而分为若干小类。因此我们可以按发音方法把辅音分成以下各种类型。

(甲)闭塞音

6.8 闭塞音的特点就在发音时某部分发音器官完全闭合,阻塞住气流的出路。其中可以分为以下两类:

(1)破裂音 又称爆发音,发音时某部分发音器官完全闭合,然后突然张开,使被阻塞住的空气向外冲出,突破发音器官所造成的障碍而成音。例如双唇音中的 [p]、[p']、[b]、[b'],舌尖音中的 [t]、[t']、[d]、[d'],卷舌音中的 [ṭ]、[ṭ']、[ḍ]、[ḍ'],舌面前音中的 [ȶ]、[ȶ']、[ȡ]、[ȡ'],

舌面中音中的［c］、［cʻ］、［ɟ］、［ɟʻ］，舌根音中的［k］、［kʻ］、［g］、［gʻ］，小舌音中的［q］、［qʻ］、［ɢ］、［ɢʻ］，喉音中的［ʔ］、［ʔʻ］等。

（2）鼻音　发音时发音器官也完全闭合，然后突然张开，但软腭同时下降，让空气从鼻腔流出。例如双唇音中的［m］，唇齿音中的［ɱ］，舌尖音中的［n］，卷舌音中的［ɳ］，舌面前音中的［n̠］，舌面中音中的［ɲ］，舌根音中的［ŋ］，小舌音中的［N］等。

6.9　我们在上面说过，我们发任何辅音，各发音器官的活动都可以分三个时期：（1）由静止状态到发音时状态的时间叫做成阻期，（2）发音时状态延续的时间叫做持阻期，（3）由发音时状态到静止状态的时间叫做除阻期。在发闭塞音时，第一个时期正是发音器官开始闭合的阶段，所以也可以叫做闭合期；第二个时期正是发音器官完全闭塞的阶段，所以也可以叫做闭塞期；第三个时期正是发音器官破裂的阶段，所以也可以叫做破裂期。这三个时期发音器官的活动我们可以用实验法测验出来。比方我们试用记音的器具记录出我

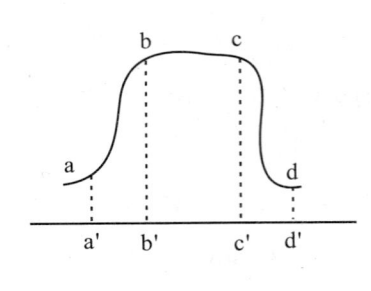

图 19

a—b 闭合期，　b—c 闭塞期，c—d 破裂期。

们在发 apa 这个音组时双唇的活动，那么可以得到这样的一个图形（见上页图 19）。

6.10 在这三个时期中，最重要的是闭塞期，因为有些闭塞音是只有闭塞期和破裂期而没有闭合期的。比方（1）当我们没有发某一闭塞音的时候有关的发音器官已经闭合起来，例如我们通常发双唇闭塞音［b］、［p］、［m］等的时候就是这样；（2）所发的闭塞音的发音部位跟前一个的相同，例如广州话［sap paːt］（十八）的第二个［p］或［saːm ma］（三妈）的第二个［m］就是这样。此外，也有一些闭塞音是只有闭合期和闭塞期而没有破裂期的，比方（1）所发的闭塞音的发音部位跟后一个的相同，例如上述广州话［sap paːt］的第一个［p］或［saːm ma］的第一个［m］就是这样；（2）有些闭塞音按照某一种语言或方言的发音习惯，发音后有关发音器官只闭合起来而不破裂，例如汉语 bān［pan］（班）的［-n］，gāng［kɑŋ］（缸）的［-ŋ］，广州话［saːm］（三）的［-m］，［pin］（边）的［-n］，［tuŋ］（东）的［-ŋ］，［sap］（湿）的［-p］，［jat］（一）的［-t］，［tak］（得）的［-k］等，这种声音我们把它叫做"闭合音"或"唯闭音"。

（乙）间隙音

6.11 间隙音的特点是在发音时发音器官并不完全闭合，而只是互相靠拢到一定程度，使空气往当中流出时跟这些发音器官发生接触,因而产生噪音。它有两个必不可少的条件:(1)有相当分量的空气,(2)有关发音器官靠拢到相当程度,因为,一方面,这种声音发音时发音器官都只是收敛起来的,没有足够分量的空气固然不能成音;另一方面,虽有足够分量的空气,而发音器官没有靠拢到相当程度,那么所发出的也只能是元音,而不会是辅音①。

6.12 闭塞音发音时气流要突破有关发音器官所造成的障碍,障碍突破后发音就已完毕,所以这种声音是不能延长的,间隙音发音时气流可以通过有关发音器官所造成的隙缝继续流出,所以是可以延长的。有些语音学家就根据这一点把闭塞音叫做暂音,间隙音叫做久音。

6.13 间隙音按照它们的发音方式可以分成以下几个类型:

(1)边音 发音时舌头的某一部分跟上腭的某一部分相接触,同时舌面的一边或两边抑下,空气从舌的边缘流出。其中摩擦成分特别重的叫做边擦音,如舌尖音中的 [ɬ] 和 [ɮ];摩擦成分比较轻的叫做边音(又称无边擦音),如舌尖音中的 [l],卷舌音中的 [ɭ],舌面中音中的 [ʎ],舌根音中的

---

① 虽 [l]、[r]、[w]、[ɥ]、[j] 等音也是一样。例如 [l] 音,发音时我们尽管把舌尖抵住上齿龈,但假如舌的边缘跟两旁臼齿接近的程度不够,那么发出的只能是一个 [a] 音,而不是 [l] 音。其他各音发音时有关发音器官也要靠拢到相当程度,否则都变成了与之相近似的元音,而不会是辅音。

[ɬ] 等。

（2）颤音 发音时舌头的某一部分起急促颤动，反复多次地打断气流的通路。例如舌尖音中的 [r]，卷舌音中的 [ɽ]，小舌音中的 [R]。此外，双唇颤动也可以发出一个双唇颤音 [ʙ]，但在语言声音中却不多见。

（3）闪音 发音时舌头的某一部分也起急促颤动，但是只颤弹一次就忽然停止了。例如舌尖音中的 [ɾ]，卷舌音中的 [ɽ]，舌根音中的 [ʀ]（颤音 [R] 的一种变种）等。

（4）摩擦音 又简称擦音，发音时发音器官收敛成一条狭缝，让空气往当中流出跟发音器官摩擦成音。例如双唇音中的 [ɸ]、[β]、[ʍ]、[w]、[ɥ]，唇齿音中的 [f]、[v]，舌齿音中的 [θ]、[ð]，舌尖音中的 [s]、[z]，舌叶音中的 [ʃ]、[ʒ]，舌面前音中的 [ɕ]、[ʑ]，舌面中音中的 [ç]、[j]，舌根音中的 [x]、[ɣ]，小舌音中的 [χ]、[ʁ]，咽头音中的 [ħ]、[ʕ]，喉音中的 [h]、[ɦ] 等。

（5）半元音 发音时声带颤动，口腔的开度比摩擦音的大些，但还没有达到发元音时的那个程度。双唇音如英语 walk（走路）的 w [w]，法语 ouate（绵毛）的 ou [w]，nuit（夜）的 u [ɥ]，唇齿音如印地语的 व [ʋ]，舌尖音如美国人念英语 bird（鸟）的 ir [ɹ]，舌尖中音如英语 you（你）的 y [j]，德语 Jahr（年）的 j [j]，小舌音如法国南方人念法语 rose（玫瑰）的 r［ʁ］。汉语 wū（乌）的 w［w］，yā（鸦）的 y［j］和 yuè（月）的 y［ɥ］实际上也是这种音①。

（三）按声带的状态来分

6.14 我们发辅音时，声带可以有四种状态：（1）声门闭合，声带颤动，因而带有一种乐音；（2）声门张开，声带不颤动，因而不带有乐音；（3）声门半开半闭，声带不颤动，空气流出时跟声带的边缘发生摩擦，因而带有一种喉部摩擦音；（4）声门闭合，声带颤动，带有乐音，但是下面两块杓状软骨之间留一空洞，让空气从当中流出②。这特别是发闭塞音时最为明显，因为发元音时只能有第一种状态而不可能有其他状态（只耳语时有第三种状态），发其他辅音时一般也只有第一种和第二种状态而没有第三、第四种状态，只有闭塞音可以具备这四种状态。

6.15 各种语言或方言的闭塞音同时具备这四种状态的很少。汉语的破裂音只有第二种状态和第三种状态，鼻音只有第一种状态；俄、英、德、法语的破裂音只有第一种状态和第二种状态，鼻音也只有第一种状态；只有梵语的破裂音同时具备

---

① 摩擦音 w̆、ɥ̆、y̆ 和半元音 w、ɥ、j 分别甚微，标音时通常用相同的符号。如要加以区别，那么广州话的 w、ɥ、j 属摩擦音，普通话的 w、ɥ、j 属半元音。半元音实际上也是一种辅音。

② 参看以上 §2.12。

这四种状态。可是或者由于声带活动的时间和其他好音器官活动的时间不能一致，或者因为受其他声音的影响，其中情况相当复杂。根据这一点，我们至少可以把各种语言或方言的辅音分成以下几个类型：

（1）纯浊音　发音时，声带于该音的闭合期或成阻期就开始颤动，直到破裂期或除阻期才停止。例如俄语、法语的［b］、［d］、［g］，各种语言的［m］、［n］、［ŋ］、［l］、［r］、［β］、［w］、［ɥ］、［v］、［ð］、［z］、［ɹ］、［ʐ］、［ʒ］、[ʑ]、［j］、［ɣ］、［ʁ］、［ʕ］、［ɦ］等。

（2）清化浊音　发音时，声带于该音的闭合期或成阻期开始颤动，但是到闭塞期或持阻期的后半或更早一些就已停止，例如英语的［b］、［d］、［g］。俄语和法语的［b］、［d］、［g］、［v］等本属纯浊音，但是如果是在词末或另一清音之前，如俄语куб（立方体）的б，сад（花园）的д，мог（能够）的г，Иванов（伊凡诺夫，人名）的в，法语robe（长袍）的b，longue（长）的gue，chemin de fer（铁路）的d等都已变成了清音。

（3）半浊音　发音时，声带起初不颤动，直到该音闭塞期的后半或甚至破裂期才开始颤动。例如德语的［b］、［d］、［g］等。

（4）纯清音　发音时，声门张开，声带不颤动，例如俄语、法语的［p］、［t］、［k］等。汉语的 b［p］、d［t］、g［k］等也属这种音。鼻音［m］、［n］、［ŋ］和边音［l］等一般都是纯浊音，但是有些语言在特殊情况下也可以念成清音，例如威宁苗语［mau］（炒面）的［m̥］，［nu］（太阳）的［n̥］或法语 peuple（人民）的 l［l̥］等。

（5）送气清音　发音时声门半开半闭，声带不颤动，空气流出时和声带的边缘相摩擦，带有一种轻微的喉部摩擦音，如汉语的 p［p'］，t［t'］，k［k'］等。英语、德语的［p］、［t］、［k］也带有送气成分，但是发音时声带的距离较大，摩擦成分较轻①，并且在其他摩擦音之后，如英语的 stone（石头），德语的 Staat（国家）等，仍念纯清音。

（6）送气浊音　发音时声门闭合，声带颤动，但是下面两块杓状软骨的下部往左右移开，当中留出一个空洞，让空气从这空洞里流出。

（四）强辅音和弱辅音

6.16　我们发辅音时，至少要有两部分发音器官参加活动才能成音，其中有一部分是主动的，一部分是被动的，主动的发音器官向被动的发音器官靠拢或靠近，造成气流的障碍，因

---

①　有人把汉语的 p、t、k 标成［ph］、［th］、［kh］而英、德语的 p、t、k 标成［p'］、［t'］、［k'］。

而产生噪音。这一点我们在上面已经说过①。在发各种不同的辅音时,发音器官接触力的强弱并不相同。其中接触力强的叫做强辅音,接触力弱的叫做弱辅音。例如我们试把 [p]、[b]、[m] 这三个辅音相比较,它们的发音部位都是双唇,可是发 [p] 音时双唇的接触力就比较强,发 [b] 音时次之,发 [m] 音时又次之,但是都比发摩擦音比方 [Φ] 或 [β] 时强些。这是很可以理解的,因为 [p] 是一个清音,发音时声门张开,声带不颤动,从喉头发出的气流比较强,因此和双唇的接触力也比较强;[b] 是一个浊音,发音时声门闭合,声带颤动,从喉头发出的气流比较弱,因此和双唇的接触力也比较弱;[m] 也是一个浊音,从喉头发出的气流本来已经很弱,加以发音时软腭下降,空气从鼻腔流出,因此双唇的接触力更弱;[Φ] 或 [β] 是摩擦音,发音时双唇并没有闭合,因此接触力就更弱了。

6.17 以上是就清破裂音、浊破裂音、鼻音和摩擦音比较来说的。如果一种语言的破裂音除清音、浊音之外还有送气清音和送气浊音,那么应以清音为最强,浊音次之,送气清音又次之,送气浊音最弱。英语和德语没有纯粹的清音和纯粹的浊音,所以它们的 [b]、[d]、[g] 反比 [p]、[t]、[k] 强些。汉语的 [p]、[t]、[k] 本来是清音,发音时声带不颤动,但

---

① 参看以上 §6.4。

是发音器官的接触力特别弱（比广州话的还要弱），所以有些人把这几个声音标成 [b̥]、[d̥]、[g̥]，那就是说它们的强弱和浊音的相同，不过就声带的状态来说却是清音罢了。

6.18 我们发破裂音时，发音器官的接触力必须有相当的强度，如果接触力过弱，那么发音器官不能接合，极易为空气所冲击而变成摩擦音或破擦音。这在语音的历史演变中极为常见，比方古代汉语的 [p]（重唇音）在一定条件下变成了现代汉语的 [f]（轻唇音），古代汉语的 [t]（舌头音）在一定条件下变成了现代汉语的 [tʂ]（<tˇ 舌上音）等都是其中最明显的例子。

（五）软辅音和硬辅音

6.19 各种语言中的辅音，除双唇音、唇齿音和喉音外，其余任何辅音的发音都是跟舌头有关的，例如发 [t] 音时舌尖跟上齿龈相接触，发 [k] 音时舌根跟硬腭的后部相接触等等。舌头跟上腭接触的部位有些是比较窄的，有些却是很宽的。凡舌头跟上腭接触的部位宽的叫做腭化音，又称软音，接触的部位窄的叫做非腭化音，又称硬音。

6.20 舌头跟上腭接触的部位由窄而变宽，方向各不相同。大致说来，破裂音和边音都是由前而后或由后而前扩大的，而摩擦音却由舌头的两边趋向舌头的中央扩大，如下（图20）：

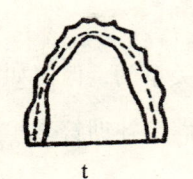

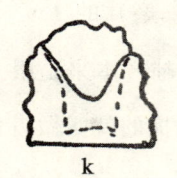

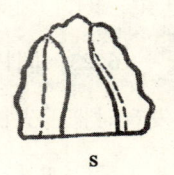

图20　实线表腭化音，虚线表非腭化音

辅音的腭化常可以影响到它的性质的改变，例如由 [t] 或 [k] 变为 [ȶ] 或 [c]，但是也有不致引起辅音性质的改变的，那要看它腭化到什么程度。

6.21　俄语和其他斯拉夫族语言，大多数的辅音都有硬音和软音的分别；双唇音和唇齿音的发音本来跟舌头没有关系，但是也有硬音和软音。软音发音时舌面中部往硬腭抬起，同时舌头略向前移。俄语的硬音和软音的对立往往有辨别词义的作用，例如 мол [mol]（防波堤）：моль [molj]（蠹鱼），вес [vjeːs]（重量）：весь [vjesj]（全部），брат [brat]（兄弟）：брать [braːtj]（拿）等等。汉语里没有这种软音，所以我国人学发俄语的软音特别感到困难。

（六）唇化辅音、齿化辅音和舌根化辅音

6.22　唇化辅音即圆唇辅音。有些辅音本来是跟嘴唇没有关系的，但是假如念成圆唇音就叫做唇化音，例如广州话

[kʷa]（瓜）的［kʷ］，[kʻʷa]（夸）的［kʻʷ］①，壮语[lʷa]（锣）的［lʷ］，[ŋʷa]（磨）的［ŋʷ］等。

6.23 同样，有些辅音本来是跟上齿没有关系的，但假如发音时把舌尖往上齿靠拢的就叫做齿化音，我们用补助符号 ̪ 来表示，如[t̪]、[d̪]、[n̪]等。

6.24 有些辅音本来是跟舌根没有关系的，如果发音时把舌根抬起像发[u]音一样的叫做舌根化音，例如英语little（小）的第二个l[ɫ]。波兰语的ł和俄语的硬音л也属这种音。

6.25 综上所述，我们可以把各种语言的辅音按照它们的发音部位、发音方法和声带状态绘成一个辅音表如下：

发音方法		声带状态	发音部位 简称	双唇音	唇齿音	舌尖齿音	舌尖音	卷舌音	舌叶音	舌面前音	舌面中音	舌根音	小舌音	喉壁音	喉音
			上部	上唇	上齿	上齿	齿龈	硬腭	硬腭	硬腭	硬腭	软腭	小舌	咽头	声带
			下部	下唇	下唇	舌尖	舌尖	舌尖	舌叶	舌前面	舌中面	舌根	舌根	舌根	
闭塞音	破裂音	清	纯	p		t̪	t	ʈ		c		k	q		ʔ
		清	送气	pʻ		t̪ʻ	tʻ	ʈʻ		cʻ		kʻ	qʻ		ʔʻ
		浊	纯	b		d̪	d	ɖ		ɟ		ɡ	G		
		浊	送气	bʻ		d̪ʻ	dʻ	ɖʻ		ɟʻ		ɡʻ	Gʻ		
	鼻音	浊		m	ɱ		n	ɳ			ɲ	ŋ	N		

---

① 广州话[kʷa]（瓜）、[kʻʷa]（夸）和普通话 guā [kuA]（瓜）、kuā [kʻuA]（夸）的发音并不相同。在普通话里，[u]作为一种"介音"还很明显，而在广州话里，这"介音"已不存在，其实只是把[k]、[kʻ]念成圆唇音。

（续表）

发音方法		声带状态	简称	双唇音	唇齿音	舌齿音	舌尖音	卷舌音	舌叶音	舌面前音	舌面中音	舌根音	小舌音	喉壁音	喉音
			上部	上唇	上齿	上齿	齿龈	硬腭	硬腭	硬腭	硬腭	软腭	小舌	咽头	声带
			下部	下唇	下唇	舌尖	舌尖	舌尖	舌叶	舌前面	舌中面	舌根	舌根	舌根	
间隙音	边音	边擦音	清				ɬ								
			浊				ɮ								
		无边擦音	浊				l	ɭ			ʎ	ʟ			
	颤音		浊				r	ɻ					R		
	闪音		浊				ɾ						ʀ		
	摩擦音		清	ɸ ʍ	f	θ	s	ʂ	ʃ	ɕ	ç	x	χ	ħ	h
			浊	β ɥ ɰ	v	ð	z ɿ	ʐ ʅ	ʒ	ʑ	j	ɣ	ʁ	ʕ	ɦ
	半元音		浊	w ɥ	ʋ		ɹ				j		ʁ		

6.26 补助符号

˚　清音化，如 b̥、d̥、ɡ̊、m̥、n̥、l̥ 等。

j　腭化，如 lj、sj、tj、pj 等。

w　唇化，如 kʷ、kʻʷ、nʷ、ŋʷ 等。

ˌ　齿化，如 d̪、t̪、n̪ 等。

~　舌根化，如 ɫ、ɗ、z̃ 等。

<　吸气音，如 b<、d<、f< 等。

'　挤喉音，喉部和其他部位同时造成的破裂音，如 p'、t'、k' 等。

ʻ	轻送气音，如 pʻ、tʻ、kʻ、bʻ、dʻ、gʻ等。
h	重清送气音，如 pʰ、tʰ、kʰ等。
ɦ	重浊送气音，如 bɦ、dɦ、gɦ、mɦ、nɦ等。
ˌ	成音节辅音，如 m̩、n̩、ŋ̍ 等。
°	内破音，如 p°、t°、k°等。

三、辅音音位和音品

6.27 辅音音位和辅音音素不同，正如元音音位和元音音素不同一样，都在于后者把这一语音的最小单位看作一个孤立的状态，只从生理学观点和物理学观点去确定它的性质和特点，而前者却把它当作一个在语言中，即在词和句子中出现的单位看待。这一个单位跟另一个单位组合时，由于互相影响或其他发音上的原因可能发生变化。这从生理学观点和物理学观点来看已成了另外的一个音素，但从语言学观点来看却只是同一个音位的不同音品。

6.28 辅音音位首先要从词或词素中加以分析。例如我们从汉语 dā［tA］（搭），dī［ti］（低），dū［tu］（都）这几个词或词素中可以分出一个辅音音位/t/；从 tā［tʻA］（他），tī［tʻi］（梯），tū［tʻu］（秃）这几个词或词素中也可以分出一个辅音音位/tʻ/。这两个音位是可以构成区别不同意义的词形的。我们既不能把 dā, dī, dū 说成 tā, tī, tū, 也不能把 tā, tī, tū 说成 dā, dī, dū, 否则意义就完全不同了。可是认真考究起来, 无论是 dā, dī, dū 里的 d [t] 或 tā, tī, tū 里的 t [tʻ], 它们的发音部位都不是完全相同的。dī [ti]、tī [tʻi] 里的 d [t]、t [tʻ] 发音部位比较靠前; dū [tu]、tū [tʻu] 里的 d [t]、t [tʻ] 发音部位比较靠后; dā [tA]、tā [tʻA] 里的 d [t]、t [tʻ] 发音部位适介乎前两个之间。这些都是因为受了后一个元音影响的原故。这些差别其实是非常细微的, 一般人不容易觉察得出来, 所以并不致影响到它们是独立的音位。

6.29 汉语/t/、/tʻ/这两个辅音音位的差别在于前一个是纯清音, 后一个是送气清音。英语里也有送气清音的 t, 如 tone [tʻoun] (声调) 里的 t, 但是这送气清音的 [tʻ] 在英语里不能构成一个独立的音位。英语里只有/d/、/t/两个音位, 前一个是半清化浊音, 后一个是纯清音。这纯清音的/t/有两个音品: 一个是纯清音如 stone [stoun] (石头) 里的 [t], 一个是轻送气清音如 tone [tʻoun] (声调) 里的 [tʻ]; [t] 是音位, [tʻ] 只是它的变体。

6.30 我们从广州话 [jin] (烟)、[kin] (肩)、[pin] (边) 这些词或词素里分出一个辅音音位/n/, 从 [jiŋ] (英)、[kiŋ] (京)、[piŋ] (冰) 这些词或词素里分出一个辅音音位/ŋ/。这两个音位也是可以构成区别不同意义的词形的; 我们既

不能把 [jin]、[kin]、[pin] 说成 [jiŋ]、[kiŋ]、[piŋ]，也不能把 [jiŋ]、[kiŋ]、[piŋ] 说成 [jin]、[kin]、[pin]，否则意义就完全不同。可是这些词或词素里的 [n]、[ŋ] 和比方 [nei]（你）里的 [n] 或 [ŋɔ]（我）里的 [ŋ] 并不完全相同。前一个是内破音，只有闭合期、闭塞期而没有破裂期；后一个却三个时期都有。尽管这样，它们还是相同的音位/n/和/ŋ/。这两个音位之所以有不同的音品是由它们在音节中所处的地位不同造成的。

6.31 一个音位在一个词或句子里因受其他音位的影响常可以改变它的性质。例如在现代汉语里，nán [nan] 是"难"的意思，miǎn [miɛn] 是"免"的意思，而 nánmiǎn（难免）却常念成 [nammiɛn]，其中 nan 的 –n 因受后一个 m– 的影响变成了 [m]。尽管这样，它们还是同一个音位/n/。这个音位之所以有不同的音品是因为受了另一个音位影响的原故。

6.32 在俄语里，同一个辅音音位常可因位置和环境的不同而有不同的音品。例如 водá [vʌˈdaː]（水）这个词，其中的 д 念 [d]；但是在 вод [ˈvot]（水，复数，属格）里，同一个 д 却变成了 [t]，在 водé [vʌˈdje]（水，单数，与格和前置格）里又变成了 [dj]，音品虽然不同，它还只是一个音位/d/，[t] 和 [dj] 都是这个音位的变体。

6.33 由此可见辅音音位是从词或词素中分析出来的。同一个辅音音位在不同的地位或环境里可以有不同的音品，但是它们还是同一个音位。音位代表音品中之最基本和最典型的，其他音品都是它的变体。不独元音音位是这样，辅音音位也是这样的。

6.34 音位变体有条件变体和自由变体之分。以上所说的许多因受其他因素而造成的变体都是条件变体。此外，比如汉语南京话发音时往往［n］［l］不分。同一个"南京"的"南"有时念 nan，有时念 lan，毫无分别。这就叫做"自由变体"。

6.35 西方语言中有一种音位和音位变体不单与语音有关，而且涉及形态的问题。例如德语 Rad（车轮）一词的 d 念［t］，Rat（劝告）一词的 t 也念［t］，写法虽然不同，而读音完全相同。这表面上看来似乎是同一个音位。但是如果我们把它们加以变格，Rad 在前置词 zum（在）之后要变成 Rade［radə］，Rat 在比方 mei nen Rate folgen（听从我的劝告）这一短语里要变成 Rate［ratə］，其中就有浊音和清音的不同。这是怎么一回事呢？原来它们在德语里确实是两个音位，不过浊音［d］在词末念成［t］，已与和它相对立的清音［t］中和化（neutralize），但是如果加以变格，那么它们的对立还是很显然的。音位学中研究这一类问题的就叫做"形态音位学"（morphophonemics）。

第七章　语音的结合和组合

7.1　在各种语言中，有些语音的最小单位是单纯的，即没法再加以分析的，有些从某一方面来看虽然也可以说是单一的，但是里面确实包含有两个声音的性质，有些却简直是两个或两个以上的声音的组合，那就不再是语音的最小单位，而是几个语音的最小单位的组合了。

一、复合元音

7.2　复合元音是由两个或三个元音结合构成的。它们必须符合于以下两个条件：

（1）这两个或三个元音同在一个音节里；

（2）它们在发音时共有一个渐升的或渐降的紧张。

7.3　复合元音跟两个或三个独立的元音相连不同，因为按照第一个条件,复合元音的两个或三个成分同在一个音节里,如汉语 gāi [kai](该)的 [ai],guāi [kuai](乖)的 [uai],而两个或三个独立的元音相连却各自构成一个音节,如法语 haïs [a-i](憎恨)的 [a-i] 和 tū haïs [ty a-i](你憎恨)的 [y-a-i];按照第二个条件,复合元音如汉语 [ai] 的两个成分 [a] 和 [i] 共有一个渐降的紧张,[uai] 的三个成分 [u]、[a]、[i] 共有一个渐升和一个渐降的紧张,而两个或三个独立的元音如法语的 [a-i] 或 [y-a-i] 却各有自己的渐升的和渐降的紧张。

7.4 复合元音其实是一个中途改变了音质的长元音,但是既然改变了音质,它就跟单纯的元音有所不同。我们发单纯的元音,例如 [a],有关的发音器官在发音时始终不变,而发复合元音,例如 [ai],有关的发音器官却要由发 [a] 的状态逐渐改变成发 [i] 的状态。一般的情况,在复合元音的两个或三个成分中,常有一个是比较紧张和发音比较清晰的,其他一个或两个却并不那么紧张,发音也不那么清晰。

7.5 复合元音分二合元音和三合元音两种。

7.6 二合元音由两个元音结合而成。其中第一个成分比较紧张和比较清晰的叫做渐降的二合元音,如汉语 gāi [kai](该)的 [ai],bēi [pei](杯)的 [ei],gāo [kɑu](高)的 [ɑu],gōu [kou](钩)的 [ou],广州话 [kaːi](街)的

［aːi］，［kai］（鸡）的［ai］①，［kʻœy］（拘）的［œy］，［tui］（堆）的［ui］，［kiu］（骄）的［iu］等；第二个成分比较紧张和比较清晰的叫做渐升的二合元音，例如汉语 guā ［kuʌ］（瓜）的［uʌ］，jiā ［tɕia］（家）的［ia］，quē ［tɕʻyɛ］（缺）的［yɛ］等等。

7.7 三合元音由三个元音结合而成，其中第二个成分常比较紧张，发音也比较清晰，第一、第三个成分都不那么紧张，也不那么清晰，例如汉语 guāi ［kuai］（乖）的［uai］，guī ［kuei］（龟）的［uei］，piāo ［pʻiɑu］（飘）的［iɑu］，qiū ［tɕʻiou］（秋）的［iou］等。

7.8 复合元音中一个成分之所以比较紧张和发音比较清晰，常是由于它的开口程度比较大，音强比较强，发音时间也比较长②，其他成分都把它当作中心而向它靠拢。在这成分之前或之后的成分通常是开口程度最小的元音［i］、［u］、［y］，但那也只能表示它的起点和终点的方向，实际上有些复合元音的前一个成分或后一个成分并没有达到这样的闭口程度，例如汉

---

① 广州话［ai］的［a］有长短音的分别，短的实际上已变为［ɐ］，参看以下§11.4。
② 开口程度不是必要的条件，例如越南语 cay ［kɐ̌iː］（辛苦），cau ［kɐu:］（槟榔），kia ［kiːɐ̌］（那边），cua ［kuːɐ̌］（蟹）等，其中［ɐ］的开口程度都比［i］、［u］的大，但是因为较弱、较短，所以反而没有［i］、［u］那么紧张和清晰。

语 guāng [kuaŋ]（光）里的 [u] 和 gāo [kɑu]（高）里的 [u] 就都不是真正的 [u]，而只是一个较轻、较短的 [o]①，所以有些人把这两个字拼成 goang 和 gao。但是另一方面，这前一个成分或后一个成分却不能超过这个闭口程度，例如广州话的 [waːi]（歪），[wai]（威），[jai]（孬=坏），法语 pied [pje]（脚）的 [je]，nuit [nɥi]（夜）的 [ɥi]，soleil [sɔlɛːl]（太阳）的 [ɛːi] 等，其中的 [w]、[j]、[ɥ] 都已超过这个限度而变成了辅音，那就不再是复合元音而是辅音和元音的组合了。

二、破擦音②

7.9 破擦音是由一个破裂音和一个摩擦音结合而成的。它们也必须符合于以下的两个条件：

（1）这两个辅音同在一个音节里；

（2）它们的发音部位相同，共有增强或减弱的紧张，并且互相结合得很紧。

7.10 按照这两个条件，在连贯的发音里，虽然有一个破

---

① 或更正确些是较轻、较短的 [ɷ]。
② 又叫塞擦音。

裂音和一个摩擦音连续发出,例如广州话［jatsaːŋ］（一生）的［t］和［s］,并且它们的发音部位是相同的,但是因为它们不属于同一个音节,并且没有共同的增强或减弱的紧张,所以就不能算做破擦音。另外有些破裂音和摩擦音,例如英语 fox［fɔks］（狐狸）的［ks］,法语 psychologie［psikoloʒi］（心理学）的［ps］等,它们虽然在同一个音节里,并且有共同的增强或减弱的紧张,但是因为它们的发音部位不同,所以也不能算做破擦音。甚至有些破裂音和摩擦音,例如法语 tsar［tsaːr］（沙皇）的［ts］,它们同在一个音节里,发音部位相同,并且共同有增强的紧张,但是因为互相结合得不够紧,也不能算做破擦音,而只是两个连续发生的辅音①。

7.11 破擦音,按本质说,其实也是一个中途改变性质的辅音,因为它前一半有破裂音的性质,后一半有摩擦音的性质,所以叫做破擦音。其实破擦音这个名称是不很明确的,因为它不能包括一切破裂音和摩擦音的组合,而必须符合于我们上面所说的两个条件。有些语音学家管它叫半塞音（semiocclusive）似乎比较合适,但是又不能表明这两个成分的性质。

7.12 在各种语言里,真正的破擦音实际上只有［ts］、

---

① 法语里没有破擦音,tsar 是一个外来借词,其中的 ts 在法国人看来只是两个辅音的组合。

第七章 语音的结合和组合

[dʐ]、[tɕ]、[dʑ]、[tʂ]、[dʐ]、[tʃ]、[dʒ] 等几个，每个都有送气和不送气的分别，例如汉语 zài（在）的 z [ts]，cài（菜）的 c [tsʻ]，jīběn（基本）的 j [tɕ]，qìchē（汽车）的 q [tɕʻ]，zhāi（摘）的 zh [tʂ]，chāishi（差事）的 ch [tʂʻ]，俄语 цель（目的）的 ц [ts]，ɥac（钟）的 ɥ [tʃ]，英语 judge（判断）的 j 和 g [dʒ]，church（礼拜堂）的 ch [tʃ] 等等。为了更好地表明它们的发音部位，这些破擦音也可以分别标成 [t͡s]、[d͡z]、[t͡ɕ]、[d͡ʑ]、[t͡ʂ]、[d͡ʐ]、[t͡ʃ]、[d͡ʒ]，并且可以在它们的上面或下面各加上一个补助符号⌒或⌣如 [t͡s]、[ts̪] 等以示别于法语 tsar 的 ts。

7.13 有些破裂音和摩擦音如德语 Pferd（马），Pfand（抵押品）的 pf [pf] 和汉语西安话 [pfu]（猪）的 [pf]，[pfʻu]（出）的 [pfʻ] 等可以有三种念法：（1）[pf] 同念成双唇音，（2）[pf] 同念成唇齿音，（3）[p] 念成双唇音，[f] 念成唇齿音。用第一种和第二种方法发音时是破擦音，用第三种方法发音时却只是两个辅音的组合。

三、复辅音

7.14 复辅音是两个或两个以上的辅音的组合。它们必须在同一个音节里，并且共有增强或减弱的紧张，但是不限于破

125

裂音和摩擦音，发音部位也不一定相同，例如上面所说英语 fox [fɔks]（狐狸）的 [ks]，法语 psychologie [psikoloʒi]（心理学）的 [ps]，tsar [tsaːr]（沙皇）的 [ts] 以至德语 Pferd [pfɛːrd]（马）的 [pf] 的第三种念法都属于这一种音。

7.15 复辅音中最常见的一种是破裂音跟边音或颤音的组合，例如俄语 бла́го [ˈblaːgə]（幸福）的 [bl]，брат [brat]（兄弟）的 [br]，план [plan]（计划）的 [pl]，пра́вда [ˈpraːvdə]（真理）的 [pr]，длина́ [dliˈnaː]（长度）的 [dl]，друг [druːk]（朋友）的 [dr]，тра́ктор [ˈtraːktər]（拖拉机）的 [tr]，глаз [glaːs]（眼睛）的 [gl]，гру́ппа [gruppə]（集团）的 [gr]，класс [klass]（班级）的 [kl]，круг [kruːk]（圆圈）的 [kl]，英语 place [pleis]（地方）的 [pl]，try [trai]（力图）的 [tr]，class [klaːs]（班级）的 [kl]，cry [krai]（喊叫）的 [kr] 等等。现代汉语里没有这种复辅音，但是在其他汉藏系语言里却有许多，如壮语 [pla]（鱼）的 [pl]，黎语 [pluŋ]（家）的 [pl]，四川彝语 [brum]（风）的 [br]，威宁苗语 [dˈli]（河）的 [dˈl]，[tlau]（冰）的 [tl̥]，泰语 [plien]（变）的 [pl]，[kloŋ]（圆筒）的 [kl] 等等。根据我国古代的文献和谐声字的材料，古代汉语里似乎也有这种复辅音。例如《尔雅·释器》："不律谓之笔"，《鸡林类事》："风曰孛缆"，《方言杂录》："蒲为勃卢"；

"剥"属"帮"[p]母字而从"录"('来'[l]母字)得声,"变(變)"属"帮"[p]母字而从"䜌"("来"[l]母字)得声,"禀"属"来"[l]母字而从"稟"("帮"[p]母字)得声,"庞"属"並"[b']母字而从"龙"("来"[l]母字)得声。这可以说明古代汉语里可能有像[pl]、[b'l]这样的复辅音。《语文》:"团:突栾、团栾","螳:突郎,螳螂","隶书"的"隶"属'来'[l]母字,而从"隶"("端"[t]母字)得声。这又可以说明古代汉语里可能有像[tl]、[dl]这样的复辅音。此外,"各"本属"见"[k]母字,而从"各"得声的既有"见"[k]母字的"格","溪"[k']母字的"客",又有"来"[l]母字的"洛"、"路"、"赂"、"略";"监"本属"见"[k]母字,而从"监"得声的既有"见"[k]母字的"监"、"鉴",又有"来"母[l]字的"蓝"、"览";"柬"本属"见"[k]母字,而从"柬"得声的既有"见"[k]母字的"拣"、"谏",又有"来"[l]母字的"练"、"炼"、"楝"等。这似乎又可以说明古代汉语里可能有像[kl]、[gl]这样的复辅音。不过这些究竟是由两个音节演变而成的还是真正的复辅音还有待于进一步去研究。

7.16 复辅音并不只限于上面所说的这一些。此外也有一些是由其他辅音和边音或颤音组合而成的,例如壮语[mlai](唾液)的[ml],贡山独龙语[sla](月)的[sl],[spla](黏住）的［spl］，川南叙永苗语的［mpluŋ］（叶子）的［mpl］，［ntla］（浅）的［ntl］，有一些是由鼻音和破裂音或破擦音组合而成的，如威宁苗语的［mpə］（鱼）的［mp］，［ntau］（打）的［nt］，［ntsa］（洗）的［nts］，［ɳtɕiau］（靠着）的［ɳtɕ］等。另外还有一些是由破裂音和破裂音或破擦音或者摩擦音和破裂音或鼻音组合而成的，如壮语的［ʔba］（肩）的［ʔb］，［ʔda］（骂）的［ʔd］，都安瑶语［ptsie］（房子）的［pts］，［ptsʻie］（走路）的［ptsʻ］，贡山独龙语的［skam］（身）的［sk］，［sna］（鼻子）的［sn］等。关于这些声音，每种语言都有一套有规则的组合法。

7.17 西方语言的复辅音，除大多数是由两个辅音组成的以外，有此并且是由三个以至四个辅音组合而成的，如英语 street［striːt］（街）的［str］，extinct［ɛkstiŋkt］（消灭）的［ŋkt］，俄语 страна́［straˈnaː］（国家）的［str］，вздра́гиватъ［ˈvzdraːgivətj］（战栗）的［vzdr］等。这些都是比较复杂的复辅音。

第八章 音　节

一、音节的定义

8.1　语言声音的最小单位是音素或音位，但是在各种语言中用单音来表示意义的却很少。我们说话总是把各个声音连接起来发出的。如果我们把一句话加以分析，那么所得到的最自然的单位不是词，也不是音素，而是一个个的音节。就一般人的经验，分辨音节比分辨音素容易，所以世界上造字的程序，音节字常先于音素字。

8.2　分辨音节虽然比较容易，但是音节究竟是什么？要给它下一个确切的定义却不是一件很简单的事情。

8.3　古代希腊人给音节下的定义说："音节是一个元音或一个元音和一个或几个辅音联合构成的语音单位。"古代印度人因为把边音［l］和颤音［r］都看作元音，所以他们给音节所下的定义也说："有多少个元音就有多少个音节。"在他们看来，元音都是构成音节所必不可少的要素。

这两个定义其实都是就古代希腊语和梵语来说的。现代有些语言或方言，例如英语 mutton［ˈmʌtn̩］（羊肉）的［tn̩］，德语 Atem［ˈatm̩］（呼吸）的［tm̩］，汉语广州话的［m̩］（唔）、［ŋ̍］（五）以至法语的 pst［ps̩t］（呸）等，这些都是音节，但是里面没有一个元音，甚至没有一个边音或颤音。

8.4 19世纪的语音学家因为看到现代语言中音节构成的方式很复杂，觉得用是否有元音做标准来判定音节已不可靠，很想另外找出一些办法来代替。其中有些是主张呼气说的，有些是主张按照声音的响亮度的，有些是主张按照发音时口腔开闭的程度的，现在分别简单叙述如下。

8.5 主张呼气说的可以奥国斯托尔姆（J. Storm）为代表。他在《英语语文学》（Englische Philologie）一书中说："音节是一组用一次呼气发出的声音，所以我们说话的时候用多少次呼气就有多少个音节。呼气力最弱的地方就是音节的分界线。"[①]他这句话其实是很不明确的。当然，我们说话时有些音节是用一次呼气的，例如我们发［a］这个音，无论怎样把声音拉长，

---

① 见原书第9页。

它还只是一个音节，但是假如在发这个元音的过程中停顿一下，它就变成了两个音节。这样的音节我们管它叫"呼气音节"。可是在平常说话中，我们并不是发一个音节就呼一次气的，反过来，一次呼气常可以连续发出好几个音节。所以按照一般的情况，用一次呼气发出的并不是音节，而是句子或句子中的停顿。

8.6 其次，斯托尔姆所说我们说话的时候，呼气力最弱的地方就是音节的分界线也不见得完全正确。当然，他所说的呼气力是指的由于横隔膜上升，肺部呼气所造成的气压，跟我们发音时口腔里气流的强弱不同。按照一般的习惯，我们发元音时呼气力最强，其次是间隙音，闭塞音的呼气力最弱。例如我们发 [papa]（爸爸）这个词，其中 [a] 是元音，呼气力最强，[p] 是闭塞音，呼气力最弱。在这个词里有两个音节的中心，[p] 是音节的分界线，这是无可怀疑的。但是在比方英语 star [staː]（星），speak [spiːk]（说话）这些词里，[s] 的呼气力比 [t] 和 [p] 的强，那么这两个词就应该各有两个音节了，而实际上它们却都各只有一个音节。由此可见要根据发音呼气力的强弱来划分音节是不可靠的。

8.7 叶斯泊森在《语音学教本》里主张按照语言声音的响亮度（Schallfülle）来划分音节的界限。据他看来，语言的声音，由于它们的本质不同，虽用同一强度发出来，有些我们离得远一些也可以听得见，有些却要近一些才能听得见，或者在相同

的距离上,有些听得清楚些,有些却听得并不那么清楚。他根据这一点把语言中的声音分成以下八级:

(1) 清破裂音 [p]、[t]、[k] 和清摩擦音 [f]、[s]、[ç]、[x];

(2) 浊破裂音 [b]、[d]、[ɡ];

(3) 浊摩擦音 [v]、[z]、[ɤ];

(4) 鼻音 [m]、[n]、[ŋ];

(5) 边音 [l] 和颤音 [r];

(6) 闭元音 [y]、[u]、[i];

(7) 半闭元音 [ø]、[o]、[e];

(8) 半开元音和开元音 [ɔ]、[æ]、[ɑ]。

在连续发出的一连串语音中,各个声音的响亮度是不相等的,其中相对响亮度最高的顶点就是音节的中心,最低的地方就是音节的分界线。例如我们发英语 pit [pit](坑)这个词,其中 [i] 的响亮度属第 6 级,最高,所以是音节的中心,[p] 和 [t] 的响亮度属第 1 级,最低,所以是音节的分界线;发 pity [piti](可怜)这个词,其中 [i] 的响亮度最高,所以是音节的中心,[p] 和 [t] 的响亮度最低,所以是音节的分界线。

8.8 叶斯泊森这个语言声音的分类把清破裂音 [p]、[t]、[k] 和清摩擦音 [s] 等的响亮度同列成第 1 级其实是不正确的。实际上，在无论哪种语言里，[s] 的响亮度都比 [p]、[t]、[k] 的大。但是假如我们按照这一点来划分音节，那么在比方英语 spit [spit]（吐涎沫）这个词里，不也就有两个音节的中心 [s] 和 [i] 了吗？并且一个声音的响亮，除跟它的本质有关外，是常随着它的强度、长度、高度而不同的。例如英语 civil ['sivil]（公民的）这个词里有两个 [i]，第一个念重音，它的响亮度就比第二个的大。在这种情况下，我们更不能按照语音的响亮度的高低来划分音节。

8.9 瑞士德·索绪尔（Ferdinand de Saussure）是主张按照语言声音发音时口腔开度的大小来划分音节的。他在《普通语言学教程》（Cours de linguistique générale）一书中按照开度的大小把各种语言的声音分成以下七类：

（1）开度 0：破裂音 [p]、[b]、[t]、[d]、[k]、[g]；

（2）开度 1：摩擦音 [f]、[v]、[θ]、[ð]、[s]、[z]、[ʃ]、[ʒ]、[ç]、[j]、[x]、[ɣ]；

（3）开度 2：鼻音 [m]、[n]、[ŋ]；

（4）开度 3：流音，包括边音 [l]、[ɫ]、[ɬ] 和颤音 [r]、[R]；

（5）开度 4：闭元音 [i]、[u]、[y]；

（6）开度 5：半闭元音 [e]、[o]、[ø] 和半开元音 [ɛ]、[ɔ]、[œ]、[ɛ̃]、[ɔ̃]、[œ̃]；

(7) 开度6：开元音 [ɑ]、[ɑ̃]。

在连续发出的一连串语音中，凡两个声音相连，如果第一个的开度比第二个的小，如 [pa]，那么我们发音时口先闭然后开，这第一个声音可以叫做"开音"；如果第一个的开度比第二个的大，如 [ap]，那么我们发音时口先开然后闭，这第二个声音可以叫做"闭音"。现在试以 < 表开音，> 表闭音，那么在像 [ap̌pa]、[af̂fa]、[am̌ma]、[al̂la]、[aôoa] 等这样的音组中，哪一个是开音，哪一个是闭音，可以一目了然。在语言的发音中，开音和闭音相连，在理论上有四种可能的方式：（1）开音和闭音的组合（< >），如法语的 [ki̇te]（quitter，离开）；（2）闭音和开音的组合（> <），如法语的 [ak̂tif]（actif，活泼）；（3）开音和开音的组合（< <），如法语的 [p̌ri]（prix，价格）；（4）闭音和闭音的组合（> >），如英语的 [ar̂t]（art，艺术）。在第3种开音和开音的组合里，前一个声音的开度必须比后一个的小；在第4种闭音和闭音的组合里，前一个声音的开度必须比后一个的大，否则都会破坏发音的连贯性。因此有些音组如 [p̌a]、[ťi] 等只能是开音和闭音的组合，另有些音组如元音前的 [ŝk]、[r̂t] 等只能是闭音和开音的组合，因为它们都缺乏发音的连贯性。在一连串的语音中，凡遇到有一个闭音和一个开音相连如 >|< 这样的，那就是音节的分界线，例如法语 [partikylj ɛːrmɑ̃]（particulièrement，特别）

这一个词里的 [r̂t]、[îk]、[ŷl]、[r̂m] 等；闭音或闭音和闭音组合里的第一个声音德·索绪尔叫做"元音点"（point vocalique），那就是音节的中心。

8.10 德·索绪尔这个办法的特点是特别重视每个音在音节构成中的功能，但是不能解决关于音节的划分这个问题。例如法语 ébahi [ebai]（瞠目结舌）的 [ai] 按照发音时口腔开度的大小应该是闭音和闭音的组合 [âi]，而实际上这两个声音却是各自构成音节的；英语 star [staː]（星）的 [st] 应该是闭音和开音的组合 [ŝt]，而实际上它们并不是音节的分界线。诸如此类的问题，德·索绪尔是没法解决的。

8.11 以上所说的三种办法，或者要按照发音时呼气力的强弱来划分音节，或者要根据各个声音的响亮度或口腔开度的大小来判定音节的起讫点，都没法完满地解决这关于音节的问题。法国格拉蒙（Maurice Grammont）于 1895 年在《印欧系语言和罗曼族语言中的辅音异化》（La dissimilation consonantique dans les langues indoeuropéennes et dans les langues romanes）一书中曾用实验法证明凡起音节的辅音都有一个增强的喉部紧张；凡收音节的辅音都有一个减弱的喉部紧张。例如我们试把 [pa]、[ap] 这两个音组用浪纹计记录下来，当可得到如下的一个浪纹图（见下页图 21）。

8.12 在前一个图形里，[p] 是起音节的辅音，所以它的

第二编　描写语音学

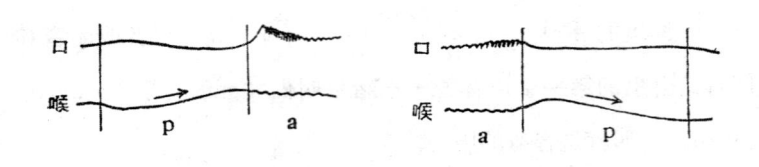

图 21

喉线上有一个逐渐增强的紧张；在后一个图形里，［p］是收音节的辅音，所以它的喉线上有一个逐渐减弱的紧张。这是很可以理解的。因为我们发［pa］这个音组时，声门先开而后闭，声带由不颤动而颤动，所以喉部的紧张是逐渐增强的；反过来，发［ap］这个音组时，声门先闭而后开，声带由颤动而不颤动，所以喉部的紧张是逐渐减弱的①。这里所说的起音节的辅音和收音节的辅音并不只限于一个音。例如汉语［pa］（爸）的［p］固然是起音节的辅音，而壮语［pla］（鱼）的［pl］，贡山独龙语［skam］（身）的［sk］，［spla］（黏住）的［spl］，以至俄语вздрагивать［vzdraːgivətj］（战栗）的［vzdr］也是起音节的辅音，都有一个逐渐增强的喉部紧张；广州话［aːp］（鸭）的［p］固然是一个收音节的辅音，而英语 last［laːst］（最后）的［st］, extinct［ɛkstiŋkt］（消灭）的［ŋkt］也是收音节的辅音，

---

①　有些音组如［ba］、［la］、［ma］等，虽然发起音节的辅音时声门就已闭合，声带颤动，但是颤动的幅度究竟没有发后一个声音时的那么大，所以喉部的紧张还是逐渐增强的；同样，在发收音节的辅音如［ab］、［al］、［am］等时，喉部的紧张也是逐渐减弱的。

都有一个逐渐减弱的喉部紧张。后来格拉蒙在他所著的《语音学概论》(Traité de phonétique，1933年出版) 一书里更用 / 来代表起音节的辅音，\ 来代表收音节的辅音，每一个音节都可以表成 /\ 或 /‾\（第二个图形上的横杠代表第一个有增强紧张的辅音和最后一个有减弱紧张的辅音之间的一切声音）。这样，凡遇到有由一个有减弱紧张的声音转到有增强紧张的声音的地方像 \/ 这样的，那就是音节的分界线，而紧张的最高点就是音节的中心。①

8.13 格拉蒙这样就各个语音发音时喉部紧张的增强或减弱来确定音节的界限是完全正确的；但是认真考究起来，这还只是其中的一种表现。我们在上边说过，任何语言声音的发音都可以分紧张（成阻、闭合）、持续（持阻、闭塞）和缓和（除阻、破裂）等三个时期。这里所谓发音是包括一切跟它有关的发音器官的活动的。这些发音器官的活动力不是在发音的三个时期都始终如一的。就辅音来说，如果是起音节的辅音，它的后一阶段就强于前一阶段，这种辅音谢尔巴叫做后强辅音；如果是收音节的辅音，它的前一阶段就强于后一阶段，这种辅

---

① 虽完全没有起音节辅音和收音节辅音的音节如汉语的 e [ɤ]（鹅），它的喉部紧张也是先略为增强然后减弱的，所以也可以采用这个方法来划分它的分界线。

音谢尔巴叫做前强辅音①。元音一般地说都是前一阶段强于后一阶段。因此我们可以给音节下一个定义:"音节就是由一个前强音或者一个或几个后强音和一个或几个前强音构成的语音单位。凡发音最强的顶点就是音节的中心,最弱的地方就是音节的分界线。"

二、音节的构成

8.14 关于音节的构成,唐钺在《声韵组成字音的通则》一文中说:"每一个字音或音缀(按即音节)总有一领音;没有领音,就不能成音缀"②。这句话说得很对,任何音节都必须具有一个领音,没有领音就不能成为音节。

凡可以做领音的声音必须有相当的响亮度,并且发音器官的开度比较大,在发音时有关发音器官的活动力先强而后弱。元音是语音中响亮度和发音器官的开度最大的,所以元音可以做领音。

8.15 古代梵语和希腊语没有无元音的音节(古代印度人把边音 [l] 和颤音 [r] 看作元音,已如上述),所以当时的语

---

① 参看谢尔巴《法语语音学》,79—80 页。
② 见唐钺《国故新探》,卷二,35 页。

第八章 音节

法学家把元音看成构成音节所必不可少的要素。现代汉语里也没有无元音的音节，但是有些方言如上海话［m̥ma］（姆妈）的［m̥］，广州话和福州话的［m̥］（唔），上海话和广州话的［n̥］（五）等都是拿鼻音做领音的。鼻音发音时口腔里有关的发音器官是完全闭合的，但是空气可以从鼻腔流出，所以也可以说是发音器官的开度比较大，并且声音也比较响亮，在做领音时，有关发音器官的活动力当然也是先强而后弱的。此外有些语言如法语 lettre［lɛtr̥］（书信），捷克语 prst［pr̥st］（手指），vrt［vr̥t］（花园）的［r̥］①，捷克语 vlk［vl̥k］（狼），英语 people［piːpl］（人民）的［l̥］以至法语 pst［ps̥t］（呸）的［s̥］等等，并且是拿颤音、边音以至摩擦音做领音的。这种声音语言学上都叫做"领音辅音"（又称"成音节的辅音"）②。

8.16 领音可以自成音节，也可以跟其他声音组合构成音

---

① 捷克语有一句话："strts prst skrz krk"（把你的手指放在你的脖子上），里面全部都是用［r］做领音的。

② 俄语 слоговой, слъгообразующий согласный, 英语 syllabic consonant, 德语 silbig, sibben bildent, sonantisch Konsonant, 法语 consonne sylla‚bante, syllabique, sonante。苏联语音学家把可以做领音的辅音叫做"响音"（сонанты），不能做领音的辅音叫做"嘈音"（шумные）。德·索绪尔把可以做领音的音叫做"响音"（sonante），不能做领音的音叫做"辅响音"（consonante）。"响音"不一定都是元音，如上边所说的颤音、边音以至法语 pst 的 s 也是"响音"；"辅响音"也不一定都是辅音，如法语 fidèle（忠实的）的 i 是"响音"，而 pied（脚）的 i 却是"辅响音"。

节。在一个音节里面，凡在领音之前的叫做起音，在领音之后的叫做收音。在各种语言中，音节的构成法不外以下四个方式：

（1）领音，

（2）起音+领音，

（3）领音+收音，

（4）起音+领音+收音。

8.17 领音绝大多数是用单元音或复合元音充当的；领音辅音的功能和元音的相同，所以也可以做领音。

8.18 起音和收音绝大多数用单辅音或破擦音充当；复辅音多做起音，一部分也可以做收音。

8.19 现代汉语音节的构成，领音只有单元音或复合元音，如 ā [A]（啊），ài [ai]（爱），guā [kua]（瓜）的 [ua] 等。有些方言也可以用鼻音充当领音，如广州话的 [m̩]（唔），[ŋ]（五），厦门话的 [hŋ]（方）等。起音只有单辅音和破擦音，如 bà [pa]（爸）的 [p]，cài [tsʻai]（菜）的 [tsʻ] 等。收音只有两个，如 nán [nan]（南）的 [n] 和 dōng [tuŋ]（东）的 [ŋ] 等①。广州话有六个收音，如 [sam]（心）的

---

① 有些儿化韵如 huār [xuaɹ]（花儿）的 [ɹ]，有些人认为也是一种收音，其实这不是收音，而是表示前一个元音卷舌化了。

第八章　音节

［m］，［san］（新）的［n］，［saːŋ］（生）的［ŋ］，［sap］（湿）的［p］，［jat］（一）的［t］，［tak］（得）的［k］（以上的 a 实际都是 ɐ）。此外，湖北通城话还有一个［l］，如［sal］（杀），江浙一带方言还有一个［ʔ］，如上海话的［iʔ］（一），这些都是入声字的韵尾。由此可见在现代汉语里，每个音节最多不过四个要素（破擦音当作一个要素），如 duan［t-u-a-n］（端），zhuang［tʂ-u-ɑ-ŋ］（庄）等等。这四个要素唐钺叫做"起"、"舒"、"纵"、"收"①，刘复先生叫做"头"、"颈"、"腹"、"尾"②，罗常培先生叫做"声母"、"介音"、"元音"、"韵尾"③。按照他们的意见，这四个要素不是每一个音节都具备的，例如 wang［u-ɑ-ŋ］④（王）缺第一个要素，an［a-n］（安）缺第一个和第二个要素，a［A］（啊）缺第一个、第二个和第四个要素，而第三个要素是必不可少的。其实第三个要素或第二个要素和第三个要素就是领音，第一个要素就是起音，第四个要素就是收音。一个音节可以没有起音和收音，而领音却是必不可少的。

---

① 见《国故新探》，卷二，37 页。
② 刘复《北京方音析数表》，载《国学季刊》，第 3 卷第 3 号。
③ 罗常培《汉语音韵学导论》，91 页。
④ 这个字音用严式标音应该标成［wuɑŋ］，并不是缺第一个要素，只有广东阳江话的［iɛn］（烟）可以说是没有第一个要素的。

三、音节区分法

8.20 把一句话或一个词分成音节叫做音节区分法。每一个音节必有一个领音。领音的响亮度和发音器官的开度比较大，并且是有关发音器官活动力最强的顶点，所以在它前面和后面的声音都为其所"领"而构成音节。

8.21 分辨音节的领音是比较容易的，但是要划分音节的分界线却比较困难。有些音组，比方 [appa]、[assa] 等，我们很容易辨别前一个辅音是第一个音节的收音，后一个辅音是第二个音节的起音，这两个音节的分界线就在这两辅音之间，那是不成问题的①。但是例如 [apa]、[asa] 等这样的音组，其中的辅音是第一个音节的收音呢？还是第二个音节的起音呢？英语的 at all（完全）和 a tall（一个高的），其间的区别在哪儿呢？诸如此类的问题，我们无论用斯托尔姆的办法，还是叶斯泊森或德·索绪尔的办法都是没法解决的。但是假如我们知道凡起音节的辅音都是由弱趋强的，凡收音节的辅音都是由强趋弱的，那么这个问题就可以迎刃而解了。例如 [apa]、[asa]、[ata] 这样的音组，其中的辅音，如果是前一个音节的收音，

---

① 这种辅音，谢尔巴叫做"双峰辅音"，见所著《法语语音学》，80 页。

它一定是一个前强音，就是说，它的有关的发音器官的活动力是逐渐减弱的；如果是后一个音节的起音，它一定是一个后强音，就是说，它的有关的发音器官的活动力是逐渐增强的。这是绝对不容含糊的。

8.22　在有些语言里，一个辅音是前强音还是后强音，是会随着它跟其他声音的组合或发音情况的不同而起变化的。例如俄语 народ [nʌˈroːt]（人民）这个词，其中的 д [t] 是一个前强音，即音节的收音，但是在 народный [nʌˈrodnɨj] 这个词里，它却和 н [n] 一起变成了后强音，即音节的起音。在 чýткий [ˈtʃuːtkij]（敏感的）和 актёр [aˈktjoːr]（演员）这两个词里都有两个破裂音的组合。在第一个词里，这两个辅音都在重音之后，第一个辅音 [t] 是前强音，即前一个音节的收音，第二个辅音 [k] 是后强音，即后一个音节的起音；在第二个词里，这两个辅音都在重音之前，它们都成了后强音，即后一音节的起音。这在某种语言里是有一定规律的，我们不能只看某一个声音跟某一个声音的组合而忽视了这种变化的规律。

8.23　凡有收音的音节叫做闭音节，相当于我国音韵学家所称的阳声韵和入声韵；没有收音的音节叫做开音节，相当于我国音韵学家所称的阴声韵。在语音的历史演变中，开音节的声音和闭音节的声音是会起不同的变化的。

第九章　声　　调

一、什么叫做声调

9.1　我们说话的时候，同一个音节常有高低升降的不同。音节的这种高低升降就叫做声调。

9.2　声音的高低决定于音波振动次数的多少，而语言声音振动次数的多少却跟声带有关。大致说来，一个人的声带短的，他发出的声音的振动次数就多，声音就高；声带长的，他发出的声音的振动次数就少，声音就低。女人的声带常比男子的短（前者约长19公分，后者约长22公分），所以女人发出的声音常比男子发出的高。如果是同一个人，那就由于声带的松紧：我们把声带拉紧，发出的声音就高；把声带放松，发出的声音就低。不过声带的紧张有自动的和被动的两种不同。如果声带是由于有关肌肉的活动而呈紧张状态的,那叫做自动的紧张;但是假如有关肌肉并没有特殊活动,而只是由于空气的冲击而呈紧张状态的,那就是被动的紧张。我们一般所说的声调是就由声带的自动拉紧或放松所引起的声音的高低来说的,但是因为空气的冲击也可以使声带起一种被动的紧张,所以我们发重音的时候,假如没有其他动作来补偿,那么所发出的声音也相应地高一些,这是我们应该加以注意的。

9.3 语言声音的声调常有人把它跟音乐中的音阶相比。这本来是对的,因为这两样东西都跟声音的高低有关。但是其中也不是没有分别的,譬如:

(1) 音乐中的音阶是有一定的数目的,而语言声音中的声调我们却很难说究竟有多少个;

(2) 每个音阶的振动次数总是始终如一的,而语言声音的声调却或高、或低、或升、或降,往往前后不能一致;

(3) 在一支歌曲里,各个音阶是不相连续的,而在一段说话里,各个不同的声调之间却有许多过渡音把它们联系起来;

(4) 每个音阶常有一定的长度,而声调却常极短促,尤其是那些过渡音不容易分辨。

9.4 根据以上各点,我们研究声调时虽然也常用音阶来表明每一声调的高度,但是其间不是没有差别的。

二、声调的种类

9.5 声调差不多是每种语言都具有的,其中可以大致分为以下两大类:

(1) 表意声调 有些语言,同一个音节,虽然其中的组成部分完全相同,但是因为声调不同就表示不同的意义。例如汉语 ba[pa] 这个音节,因为声调不同可以有"巴"、"拔"、"把"、"霸"等意义。这样的语言一般叫做"声调语言",如汉语、壮语、黎语、苗语、瑶语、越南语、泰语、缅甸语等,以及非洲和北美洲的某些语言都属于这种语言。

(2) 非表意声调 有些语言,如俄语、英语、德语、法语等,它们的有些音节也有声调的分别。例如俄语的 да[da] 或英语的 yes[jes],声调提高时表示疑问,略等于汉语的"是吗?",声调降低时表示肯定,略等于汉语的"是的"。这从某一方面看也可以说是表示意义,但是所表示的不是词汇意义,而只是一些语气或情感上的附加意义。这种语言一般叫做"非声调语言"。

9.6 "声调语言"也好,"非声调语言"也好,一句话中的各个音节都会有一些高低扬抑的不同。这些音节的高低扬抑的变化都属于语调的范围①。

三、声调的研究

9.7 我们要研究声调必须辨别声调。辨别声调可以用耳听法，也可以用实验法。耳听法须经过相当的训练，既能辨别出每个声调的高低升降，升调和降调中又能辨别出它的起讫点。

9.8 用实验法测定声调最好先把声音用浪纹计记录在一张烟熏纸上，同时在旁边记录出一个音叉的振动（须注意这音叉每秒钟的振动次数），然后把音叉的振动浪纹和所记录的声音的振动浪纹互相比较来求出这个声音每秒钟的振动次数。例如有一个声音跟一个每秒钟起 200 次复振动的音叉同时记出，它的振动次数刚好是 100，而长度却只及音叉的 120/200，这就表明音叉的 120 复振动等于这个声音的 100 复振动，音叉的 200 复振动应当等于这个声音的 166.66 复振动，以 2 乘之，就得 333.32 单振动。查音阶 $mi_2 = 325$ 单振动，$fa_2 = 345$ 单振动，由此可以断定这个声音的高度约在 mi_2 和 fa_2 之间。

9.9 这个方法比较简单易行，但是不很准确，因为一个声音的高度很少是前后一致的。要求精确，最好是用显微尺（即

---

① 参看以下 §13.9。

显微镜中装设有尺度的）量出每个振动的长度，然后把它跟音叉振动的长度相比较来求出它每秒钟的振动次数。例如有一个声音，它某一部分的振动每个长 $1\frac{2}{23}$ 毫米，而音叉的振动每 12 个长 1 厘米。现在试以厘米为单位，那么音叉的 12 复振动就等于这一部分声音的 10.87 复振动；音叉的 200 复振动应当等于这一部分声音的 181.12 复振动，再以二乘之，应得 362.32 单振动。查音阶 $fa_2\# = 365$ 单振动，由此可以断定这一部分声音的高度约等于这个音阶低一点。这样继续下去就可以测定这个声音的全部的高度。

9.10 我国刘复从前曾根据这个原理创制有一种"乙二声调推断尺"用小曲尺和扩大镜代替显微尺，用来研究汉语和汉语方言的声调，也很好用。① 近来物理学中有一种声学仪器叫做"声谱仪"，可以用电力记录发音的声谱，对于某些语音特点的描绘当更为精密，但在使用上还不很普遍。

四、声调的标记

9.11 语言中的声调有高低的分别，其中特别高的叫做高

---

① 参看刘复《四声实验录》，群益书局。《声调之推断及声调推断尺之制造》，中央研究院《历史语言研究所集刊》，第一本，第二分；《乙二声调推断尺》，同上，第四本，第二分。

声调，特别低的叫做低声调，不高也不低的叫做中声调。一个声调的高低很少是前后一致的，其中先高后低，先低后高或比较曲折的都有。这些声调我们都要用标调符号把它标记出来。

9.12 标记声调可以有好几种方式。

9.13 首先我们要分辨出某一种语言或方言有多少个声调，这些声调高低的间隔应分几度，每个声调的高低升降的情况如何，然后决定它的基本类型。

9.14 有些语言的声调比较简单，基本类型只有平、升、降三种的，可以用 ‾，ˊ，ˋ 三个符号标记在有关音节的上面，如：

ā（平调），á（升调），à（降调）等等。

有些语言的声调比较复杂，基本类型不只有平、升、降三种，每种而且有高、中、低之别的，可以用 ‾，ˊ，ˋ 三个符号标记在有关音节的左边，如：

‾a（高平调），ˊa（高升调），ˋa（高降调），

₋a（中平调），ˊa（中升调），ˋa（中降调），

₋a（低平调），ˊa（低升调），ˋa（低降调）。

赵元任为了便利于标调起见，曾拟过一种"标调字母"。其法是用一根竖线分成四格五点，自下而上以数字1，2，3，4，5代表"低"、"半低"、"中"、"半高"、"高"等五度，然后在竖线的左边用长短横线、斜线或折线代表声调的高低升降曲折，

如下：

直调	名称	曲调	名称	短调	名称
˩	11：	˧˩˧	131：	˩	1：
˩˧	13：	˩˥˧	153：	˨	2：
˩˥	15：	˨˦˨	242：	˧	3：
˨	22：	˧˩˧	313：	˦	4：
˨˦	24：	˧˩˥	315：	˥	5：
˧˩	31：	˧˥˩	351：		
˧	33：	˧˥˧	353：		
˧˥	35：	˦˨˦	424：		
˦˨	42：	˥˩˧	513：		
˦	44：	˥˧˥	535：		
˥˩	51：				
˥˧	53：				
˥	55：				

9.15 我国近年来大家调查方言和少数民族语言，多用这种字母标记声调。实际上任何语言或方言都不会有这样多的声调。基本类型决定后也可以用数字加在有关音节的右上角来表示。例如某一种语言或方言有五个基本声调，我们就可以把它标成 a^1, a^2, a^3, a^4, a^5 等，但是每一种声调的调值必须加以说明。如果为了比较方便起见，对汉语和汉语方言也可以在每个音节的四角各用一个小半圈或在小半圈下面加一短横来标记它的调类而不计它的调值。如下：

阴平　阴上　阴去　阴入　阳平　阳上　阳去　阳入　中入
ˏpin　ˊpin　pinˋ　pitˎ　₍pin　⌐pin　pin₎　pit₌　pit。

第九章 声调

五、调类和调值

9.16 我国传统习惯上把汉语声调分为平、上、去、入四声。这四声的定名起于齐梁之间，如南齐周颙所作《四声切韵》，梁代沈约所作《四声谱》等都是按照四声编排的，其后《切韵》一系的韵书都采用这种方法，没有改变。

9.17 古代汉语这四个声调的调值怎样，现在还没法确定，但是其中有一点是可以确信无疑的，即入声的字音比较短促，并且都是收［p］、［t］、［k］的。这四个声调因为受清浊声母的影响，在许多方言里各分成了阴阳两类：跟古代清声母相配的成为阴调类，跟古代浊声母相配的成为阳调类，于是四声变成了八声。广州话的声调除平、上、去、入各分阴、阳两类外，入声还多出了一个中入，共九声，如下：

	阴平	阴上	阴去	阴入	中入	阳平	阳上	阳去	阳入
	夫	苦	富			扶	妇	父	
1.	[fu]	[fu]	[fu]	—	—	[fu]	[fu]	[fu]	—
	堪	砍	勘	恰	鮨	含	颔	撼	合
2.	[ham]	[ham]	[ham]	[hap]	[hap]	[ham]	[ham]	[ham]	[hap]
	边	扁	变	必	鳖	○	○	便	别
3.	[pin]	[pin]	[pin]	[pit]	[pit]	[pin]	[pin]	[pin]	[pit]
	东	董	冻	笃	○	○	○	动	读
4.	[tuŋ]	[tuŋ]	[tuŋ]	[tuk]	[tuk]	[tuŋ]	[tuŋ]	[tuŋ]	[tuk]

以上四项中，第一项是"阴声韵"，即开音节，没有入声跟它相配；第二、第三、第四项都是"阳声韵"和"入声韵"，即闭音节，凡"阳声韵"收［m］的，"入声韵"收［p］，如第二项；"阳声韵"收［n］的，"入声韵"收［t］，如第三项；"阳声韵"收［ŋ］的，"入声韵"收［k］，如第四项。其中各个声音都是互相配合得很整齐的。

9.18 广州话的这九个声调，若只论音的高低，不管音的长短和收音的不同，那么阴入实与阴平相同，中入与阴去相同，阳入与阳去相同。所以广州话声调的基本类型实只有阴平、阴上、阴去、阳平、阳上、阳去等六个。这六个声调的调值如下（图22）①：

阴平（阴入）　　阴上　　阴去（中入）　　阳平　　阳上　　阳去（阳入）

图 22

9.19 我们若用标调字母可以把它们标成：

阴平：˥₅₅ 或 ˥˧553，如 fu˥ 或 fu˥˧（夫），ham˥ 或 ham˥˧

---

① 参看琼斯和吴纲堂（D. Jones and Woo Kwing-Tong），《广州话语音读本》（Cantonese Phonetic Reader），伦敦大学出版部，1912年，第9节。他们认为广州话的阴平声的基本调值是一个高降调是不正确的，那其实是一个高平降调。

（堪），pin˧ 或 pin˦（边），tuŋ˧ 或 tuŋ˦（东）；

阴上：˧˥₃₅，如 fu˦（苦），ham˦（砍），pin˦（扁），tuŋ˦（董）；

阴去：˧˧₃₃，如 fu˦（富），ham˦（勘），pin˦（变），tuŋ˦（冻）；

阳平：˩˩₁₁ 或 ˨˩₂₁，如 fu˩ 或 fu˩（扶），ham˩ 或 ham˩（含）；

阳上：˨˧₂₃，如 fu˦（妇），ham˦（颔）；

阳去：˨˨₂₂，如 fu˦（父），ham˦（撼），pin˦（便），tuŋ˦（动）。

9.20 现代汉语只有阴平、阳平、上、去四个声调，平声分阴、阳，上、去都各只有一类，没有入声。这四个声调的调值如下（图23）①。

图 23

9.21 我们若用标调字母可以把它们标成：

阴平：˥˥₅₅，如 fu˥（夫），kʻan˥（堪），piɛn˥（边），

---

① 根据白涤洲用刘复的"乙二声调推断尺"实验的结果，见白涤洲未刊稿《北京话声调及变化》，第四节。

tuŋ˥ (东);

阳平: ˧˥, 如 fu˧˥ (扶), xan˧˥ (含);

上: ˨˩˦, 如 k'u˨˩˦ (苦), k'an˨˩˦ (砍), piɛn˨˩˦ (扁), tuŋ˨˩˦ (董);

去: ˥˩, 如 fu˥˩ (富), k'an˥˩ (勘), piɛn˥˩ (变), tuŋ˥˩ (冻)。

9.22 由此我们可以看到，在汉语中调类和调值并不是一回事。例如"夫"、"堪"、"边"、"东"等字在现代汉语和广州话都属阴平声，而现代汉语的调值是˥˥，广州话的是˥˥或˥˧；"扶"、"含"等字都属阳平声，而现代汉语的调值是˧˥，广州话的是˩˩或˨˩；"苦"、"砍"、"扁"、"董"等字都属上声或阴上，而现代汉语的调值是˨˩˦，广州话的是˧˥；"富"、"勘"、"变"、"冻"等字都属去声或阴去，而现代汉语的调值是˥˩，广州话的是˧˧。现代汉语只有阴平、阳平、上、去四个声调，而广州话有阴平、阳平、阴上、阳上、阴去、阳去、阴入、中入、阳入九个声调，调类的多少也不相同。我们把任何方言和现代汉语——普通话或其他一种方言比较都会有同样的情形。

六、调位和调品

9.23 声调和音素一样在不同的环境或情况下可以有不同

的表现，孤立起来我们都可以把它们看作不同的声调，但是用语言学的观点，即表示不同意义的观点来看，它们其实只是不同的调品，其中最典型和最基本的叫做调位，其余的都是这调位的变体，或称变调。

9.24 例如广州话的阴平声在不同的环境里就有不同的调值。同一个"夫"字单念时或在句末念成高平降调，应标成［fuˇ］，但是如果后面有一个音节跟着却变成了高平调，如［fu˧ jan˨］（夫人）。"边"字单念时或在句末念成高平降调［pinˇ］，后面跟着另一个音节时却念成高平调如［pin˧ kœŋˇ］（边疆）。阴入声的高低和阴平声的相同，但是也念成一个较短的高平调如［pit˧］（必）。因此我们可以说广州话的阴平声和阴入声同一个调位，这个调位有三个调品：单念时或在句末念成高平降调ˇ53，后面跟着另一个音节时念成高平调˧55，阴入声即以 p，t，k 为收音时念成较短的高平调 ˧5，其中高降调ˇ53是这调位的最典型和最基本的调值，高平调˧55和较短的高平调 ˧5都是它的变体①。

9.25 同样，广州话的阳平声也有两个调品：单念时或在句末念成低降调˧21，如［fu˧］（扶），后面跟着另一个音节时念成

---

① 为简便起见，我们可以把它标成˧55，或用数字标成 a^1，其他声调分别标成 a^2，a^3，a^4，a^5，a^6，a^7，a^8，a^9 等。

低平调˩₁₁，如［fu˩ sau˥］（扶手），其中低降调˧˩₂₁是这调位的最典型和最基本的调值，低平调˩₁₁是它的变体。此外，这调位还有一个变体，即在双音节名词词末时念成与阳上声相同的低升调˩˧₂₃，试比较［kin˩˧ sou˧］（件数）：［tsiŋ˧ kin˧］（证件），［man˩˧ tsœɣ˥］（文章）：［saːn˥ man˧］（散文），所以这低升调˩˧₂₃也就是它的一个调品。

9.26 阴去声和中入声同一个调位。这调位有两个调品：阴去声念成中平调˧₃₃，中入声念成较短的中平声˧，其中中平调˧₃₃是它的典型的和基本的调值，较短的中平调˧是它的变体。

9.27 阳去声和阳入声同一个调位。这调位有三个调品：（1）阳去声念成半低平调˨₂₂，如［fu˨］（父）；（2）阳入声念成较短的半低平调˨，如［hap˨］（合）；（3）在双音节名词词末都念成跟阳上声相同的低升调˩˧₂₃，试比较［fu˩˧ tsʻan˥］（父亲）：［si˥ fu˧］（师父），［tsat˧ sai˥］（侄婿）：［a˧ tsat˧］（阿侄）。

9.28 现代汉语的四个声调阴平、阳平、上、去单念时或在句末都各有它们所固有的调值，即高平调˥₅₅（阴平）、高升调˧˥₃₅（阳平）、低降升调˨˩˦₂₁₄（上）和全降调˥˩₅₁（去），这些都是它们的典型的和基本的调品，但是在不同的环境或情况下也各有它们的变体。例如：

（1）上声字和上声字相连，前一个上声字都变成了跟阳平声相同的高升调˧˥₃₅，如 fěn［fan˧˥］（粉），bǐ［pi˧˥］（笔），但是

fěn bǐ［fən˧˩ pi˨˩˦］（粉笔）；jiǔ［tɕiou˨˩˦］（九），biǎo［piau˨˩˦］（表），但是 jiǔ-jiǔ-biǎo［tɕiou˧˥ tɕiou˧˥ piau˨˩˦］（九九表）；

（2）上声字和其他声调字相连，这上声字都变成了低降平调，˨₁₁，即所谓"半上"，如 běi［pei˨˩˦］（北），但是 běi jīng［pei˨˩ tɕiŋ˥˥］（北京）；yǔ［ɥy˨˩˦］（语），但是 yǔ yán［ɥy˨˩ jiɛn˧˥］（语言）；shǔ［ʂu˨˩˦］（暑），但是 shǔ jià［ʂu˨˩ tɕia˥˩］（暑假）等等；

（3）重叠形容词或副词，前面有两个上声字的，第二个上声字变成了跟阴平声相同的高平调˥₅，如 hǎo［xɑu˨˩˦］（好），但是 hǎo hǎor de［xɑu˨˩ xɑɹ˥˥ tə˦］（好好儿的）。

9.29 由此可见同一个上声就有好几个调品：（1）单念时或在句末念成低降升调˨₁₄，（2）在另一上声之前念成高升调˥₅，（3）在其他声字之前念成低降平调˨₁₁，（4）作为重叠形容词或副词的第二个成分时念成高平调˥₅。在这些调品中，低降升调˨₁₄是它的本调，其他调品都是它的变调。

9.30 去声也有三个调品：（1）单念时或在句末念成全降调˥₁；（2）在另一去声字之前念成高降调˥₃，即所谓"半去"，如 zhèng jiàn［tʂəŋ˥˧ tɕiɛn˥˩］（证件）的［tʂəŋ˥˩］（证），zài jiàn［tsai˥˧ tɕiɛn˥˩］（再见）的［tsai˥˧］（再）；（3）作为重叠形容词或副词的第二个成分时念跟阴平声相同的高平调˥₅，如 màn mànr de［man˥˧ mɑɹ˥˥ tə˦］（慢慢儿的）的［mɑɹ˥˩］（慢儿）。其中第一个调品全降调˥₁是它的本调，其他调品都是它的变调。

9.31 阳平声有两个调品：（1）单念时或在句末念高升调 ˧˥；（2）作为重叠形容词或副词的第二个成分时念跟阴平声相同的高平调 ˦˥，如 cháng chángr de [tʂʻɑŋ˧˥ tʂɑ̃˦˥ ɹ tə˧]（常常儿的）的 [tʂʻɑ̃˧˥ɹ]（常儿）。前一个是它的本调，后一个是它的变调。

9.32 阴平声字一般很少变调，但是个别的字如 yī（一）等在一定情况下也有变化。大致说来，在阴平声、阳平声和上声字之前念跟去声相同的全降调 ˥˩，如 yī tiān [ji˥˩ tʻiɛn˥˥]（一天），yī nián [ji˥˩ niɛn˧˥]（一年），yī wǎn [ji˥˩ wuan˨˩˦]（一晚），等，但是在去声字之前却念跟阳平声相同的高升调 ˧˥，如 yī yè [ji˧˥ jiɛ˥˩]（一夜）。

9.33 此外，现代汉语中还有一种轻声。这本来主要是声音的轻重的问题，即音的强弱的问题，但是也跟声调有些关系。按照一般的规则，凡阴平声后的词尾和虚词都念成一个轻而短的半低平调 ˨，如 chū qu [tʂu˥˥ tɕʻy˨]（出去），shuō ba [ʂuo˥˥ pa˨]（说吧）；在阳平声后的念成轻而短的中平调 ˧，如 míng zi [miŋ˧˥ tsɿ˧]（名字），lái ba [lai˧˥ pa˧]（来吧）；在上声后的念成轻而短的半高平调 ˦，如 qǐ lai [tɕʻi˨˩˦ lai˦]（起来），zǒu ba [tsou˨˩˦ pa˦]（走吧）；在去声后的念成轻而短的低平调 ˩，如 huài de [xuai˥˩ tə˩]（坏的），qù ba [tɕʻy˥˩ pa˩]（去吧）等等①。

---

① 参看以下 §10.16。

第十章 重音和轻音

一、什么叫做重音和轻音

10.1 我们说话的时候,不独声音的高低不同,声音的强弱也有不同。声音的高低构成声调,声音的强弱就构成重音和轻音。

10.2 声音的强弱是由音波振幅的大小决定的,而在语言的发音中,音波振幅的大小却跟用力的大小和所呼出空气分量的多少有密切的关系。我们发音的时候,用力大和所呼出空气分量多的,音波的振幅就大,声音就强;反过来,用力小和所呼出空气分量少的,音波的振幅就小,声音就弱。可是这只是就音质相同,高低相同的声音来说的;如果是音质不同或高低不同的声音,那么空气分量的多少和声音强弱的关系却并不那么简单。

10.3 空气分量的多少跟发音的关系大致如下:

（1）我们发一个音质相同、音高相同的元音，空气分量越多，声音就越强，空气分量越少，声音就越弱。

（2）如果那是一个音质相同，音强相同而音高不同的元音，那么空气分量越多，声音就越高，空气分量越少，声音就越低。

（3）如果是一个音强不同，音高不同而只有音质相同的元音，那么空气分量越多，声音就越强，声调也越高，因为空气分量增加常可使声带起一种被动的紧张，所以我们要维持一个元音的高度不变而使它加强，必须把声带预先放松来作补偿。

（4）如果那是音强相同，音高相同而只有音质不同的元音，那么发闭元音时所需要的空气分量常比发开元音时所需要的多些；如果空气分量相同，那么闭元音常比开元音弱。

（5）辅音的强弱一半决定于有关发音器官用力的大小，一半决定于空气分量的多少；如果那是音强相同的辅音，那么发间隙音时所需要的空气分量常比发闭塞音时的多些。

10.4 由此可见我们发音时空气分量的多少虽然跟声音的强弱有密切的关系，但是同时也要顾到它的音质和音高。

二、重音的性质

10.5 我们在上边说过，在一个音节里，如果那音节包含有几种声音，其中总有些声音是比较强的，有些是比较弱的；

同一个声音，又可以由于它在音节里所处的地位不同，有些是前一半比后一半强的，如领音和前强辅音，也有一些是后一半比前一半强的，如后强辅音，另外还有一些是整个声音大部分的强度是比较平均的，如像［ɑppa］、［assa］等音组里的所谓"双峰辅音"［pp］、［ss］等等①。这些都是音强的各种表现，但不是我们所说的重音。

10.6 我们所说的重音是就整个音节的强度比较来说的。在一种语言或方言里，它的各种各样的音节互相比较起来总有一些是比较强的，一些是比较弱的，也有一些是不强也不弱，即强度适介乎上述二者之间的。比较强的我们把它叫做重音，比较弱的叫做轻音，不强也不弱的就是一般适度的音节。

10.7 一个音节之所以比较强，其中起主要作用的是它的领音念得比较强些，但是实际上在一个重读音节里，不独它的领音或领音跟其他的声音念得强些，它的音高也比较高，音长也比较长，并且音节的强弱往往会引起声音的变化，不过这些都不是主要的罢了。

三、重音的种类

10.8 重音和声调一样差不多任何种语言里都有，其中也

---

① 参看以上 §8.21。

可以分为以下两大类：

（1）表意重音　有些语言，例如俄语和英语等，一个多音节的词里通常总有一个音节是念重音的。有些词重音的位置变了就会影响到意义的不同。例如俄语 эамок 这个词，第一个音节念重音时是"城堡"的意思，第二个音节念重音时是"锁"的意思；英语 content 这个词，第一个音节念重音时是"内容"的意思，第二个音节念重音时是"令满足"的意思。这样的语言都叫做"重音语言"。

（2）非表意重音　有些语言虽然也有重音和非重音的分别，但在一个词里重音并没有一定的位置，并且这些重音只表示强调、着重等语气，而没有区别意义的作用。这样的语言就叫做"非重音语言"。

四、重音的研究

10.9　在一句话或一个多音节的词里，哪一个音节念重音，我们不难凭耳朵分辨出来。如果用实验法，我们必须同时注意到有关声音的性质、声调和发音的条件等，不能只凭音波振幅的大小来断定音节的强弱。

10.10　我们在上边说过，声音的强弱决定于音波振幅的大小，而语言声音音波振幅的大小却是跟发音时用力的大小和空

第十章 重音和轻音

气分量的多少有关的。同一个语音，如果声调相同，发音条件相同，它的强度还比较容易就这个声音音波振幅的大小辨认出来；但是由于空气分量的多少常随音质和音高而不同；发音条件不同，所记录下来的音波也有显著的差别，因此我们要研究一个声音的强弱就不能只靠这些音波振幅的大小来断定。

10.11 这里所谓发音条件的相同是指发音人相同，发音时间相同和所用的记音仪器相同。经验证明，虽然是同一个声音，假如发音人不同，或虽然发音人相同，而发音时间或所用的记音仪器不同，那么所记录下来的浪纹是不会相同的，这样一来，我们要就它的音波振幅的大小来判定那个声音的强弱就没有标准了。

10.12 因此之故，我们要用实验法来研究重音，必须由同一个人发音，于同一个时间用相同的仪器把所发出的声音记录下来，按照每个声音的性质和音高等定出一个适当的标准，才能够就它们的振幅的大小来判定它们的强弱。

五、语言中的重音和轻音

10.13 语言中的重音和轻音是就某一种语言或方言一般的平均标准来决定的。凡比一般的平均标准强的我们就把它叫做重音，其余的可以叫做非重音；比一般的平均标准弱的我们把它叫做轻音,其余的可以叫做非轻音。

10.14 汉语里没有表意重音①,但是有一种轻音,其中有些并且是有区别意义的作用的。例如 lǎozi［lau˩ tsɿ］(老子) 这个词,其中的 zi［tsɿ］(子) 念轻音时是"父亲"的意思,念非轻音时却是指我国春秋时代的一个哲学家老聃或他所著的《老子》这部书;又如 mǎi mai［mai˩ mai］(买卖) 这个音组,其中的 mai［mai］(卖) 念轻音时是"生意"的意思,如"做买卖"就是"做生意",念非轻音时却是"买"和"卖"的意思,那是一个词组,而不是词;huǒ shao［xuo˩ ʂau］(火烧) 这个音组,其中的 shao［ʂau］(烧) 念轻音时是指北方的一种饼"火烧",念非轻音时却是"火"和"烧"的意思,那也是一个词组,而不是词;xiǎo péng you［ɕiau˩ pʼəŋ˦ jiou］(小朋友) 这个词,其中的 you［jiou］(友) 念轻音时是指一般的小朋友,念非轻音时却指一种杂志《小朋友》等等。

10.15 汉语的轻音一般认为是声调的问题,把它看作阴平、阳平、上、去四声以外的第五声,但实际上却是一个音强的问题,念得比其他的音节弱些。不过它跟声调、音长和音质都有一定的关系。

10.16 汉语的重叠名词如 bàba［pa˥ pə］(爸爸),māma

---

① 非表意重音如逻辑重音和表情重音还是有的,参看以下§13.19。

[mA˥ mə˦]（妈妈），gēge [kɤ˥ kə˦]（哥哥）等的第二个成分，重叠动词如 kàn kan [kʻan˥ kʻan]（看看），xiǎng xiang [ɕiaŋ˧˩ ɕiaŋ˥]（想想）等的第二个成分，复合词如 mǎi mai [mai˧˩ mai˦]（买卖），shì qing [ʂɭ˥ tɕʻiŋ˦]（事情）等的第二个成分，派生词如 yǐ zi [ji˧˩ tsɿ˥]（椅子），shí tou [ʂl˥ tʻou˦]（石头）等的后缀，shuì zhe [ʂuei˥ tʂə]（睡着），chīle [tʂʻɿ˥ lə˦]（吃了）等的词尾以及一切虚词都念轻音。轻音和音高、音长、音质的关系如下：

fū zi [fu˥ tsɿ˦]（夫子），fū [fu˥] 念阴平声，zi [tsɿ˦] 要念半低短平调˧ ；

lóng zi [luŋ˥ tsɿ˦]（聋子），lóng [luŋ˥] 念阳平声，zi [tsɿ˦] 要念中短平调˧ ；

yǐ zi [ji˧˩ tsɿ˦]（椅子），yǐ [ji˧˩] 念上声，zi [tsɿ˦] 要念半高短平调˦ ；

kù zi [kʻu˥˩ tsɿ˩]（裤子），kù [kʻu˥˩] 念去声，zi [tsɿ˩] 要念低短平调˩ 。

这些都是轻音和音高、音长的关系：凡轻音必念短音，而它的音高却是由前一个音节的声调决定的。至于如 bàba [pA˥˩ pə˦]（爸爸），māma [mA˥ mə˦]（妈妈）的 [ə]，shuì zhe [ʂuei˥ tʂə]（睡着）的 [ə] 和 chīle [tʂʻɿ˥ lə˦]（吃了）的 [ə] 都是由

[a]、[au]①、[iau]② 变来的。

10.17 欧洲的许多种语言都有重音和非重音的分别，并且有些词的重音位置的变动是有区别意义的作用的。例如俄语 мука 这个词念 [ˈmukə] 时是"痛苦"的意思，念 [muˈka] 时是"面粉"的意思，страны（国家）这个词念 [ˈstpanɨ] 时是复数、主格的形式，念 [stpaˈnɨ] 时是复数、属格的形式；英语 import（进口）这个词念 [ˈipɔːt] 时是名词，念 [imˈpɔːt] 时是动词，present 这个词念 [ˈpreznt] 时是"礼物"或"到"的意思，念 [priˈzent] 时是"赠送"或"引见"的意思；德语 wiederholen 这个词念 [viːderˈhoːlen] 时是"拿回来"的意思，念 [ˈviːderhoːlen] 时是"重说"的意思；西班牙语 termino 这个词念 [ˈtermino] 时是"末了"的意思，念 [terˈmino] 时是"我做完"的意思，念 [termiˈno] 时是"他做完了"的意思等等。同一个音节念非重音时，其中的元音往往会起变化。例如俄语 мука 这个词里的 a 在重读音节中念 [a]（[muˈka]），在非重读音节中却念成 [ə]（[ˈmukə]）；英语 contrast 这个词里的 o 在重读音节中念 [ɔ]（[ˈkɔntrɑst]，"对照"、"对比"，名词），在非重读音节中却念成 [ə]（[kənˈtrɑst]，"对照"、"对比"，

---

① 试比较 shuì zháo [ʂueiˋ tʂɑuˊ]（睡着）的 [tʂɑuˊ]。
② 试比较 bàn bu liǎo [panˋ puˌ liɑuˇ]（办不了）的 [liɑuˇ]。

动词）。音长也略有不同：念非重音的要比念重音的短一些。这些都是因为非重读音节念得比较弱，所以其中的成分容易起弱化，不独汉语里的轻音是这样，其他语言里的非重读音也是这样的。

10.18 一个词里的重音，在有些语言中是有一定的位置的。例如捷克语和匈牙利语的重音常落在多音节词的第一个音节，土耳其语和蒙古语的重音常落在最后的一个音节，波兰语和马来语的重音常落在次末的一个音节，在其他许多语言中重音的位置却没有这样严格的规定。

10.19 英语和德语的重音，在原有的词里多落在第一个音节，但是在一些外来的借词中，重音多保持原有的位置，没有改变，例如英语的 hotel［hoˈtɛl］（旅店），balloon［bəˈluːn］（气球），德语的 Maschine［maˈʃin］（机器），Ingenieur［inʒeniˈøːr］（工程师）等等。这两种语言还有一种所谓非重读的前缀，如英语 about［əˈbaut］（大约）的 a-［ə］，begin［biˈgin］（开始）的 be-［bi］，forgive［fɔrˈgiv］（原谅）的 for-［fɔr］，德语 Gehalt［gəˈhalt］（内容）的 ge-［gə］，Verdacht［ferˈdaxt］（嫌疑）的 ver-［fer］，empfinden［empˈfindn̩］（觉得）的 emp-［emp］，entladen［entˈladn̩］（卸下）的 ent-［ent］等等；凡有这些前缀的词的重音都落在第二个音节。有些词是有两个重音的，其中一个是主要的，叫做重音，一个是次要的，叫做次重音。例如英语的 revolution [ˌrevoˈljuːʃən]（革命），德语的 überblicken [ˌyːberˈblikn̩]（总观），其中的 [ˈlju] 和 [ˈbli] 都是重音，[ˌre] 和 [ˌy] 都是次重音。

10.20　古拉丁语有三种重音：(1) 落在词的最后一个音节的叫做词末重音（oxytone）；(2) 落在词末的第二个音节的叫做次末重音（paroxytone）；(3) 落在词末的第三个音节的叫做次次末重音（proparoxytone）。在由拉丁语演变为法语的过程中，因为重音后的音节都已经脱落，所以现代法语的重音都落在最后的一个音节。但是这个重音的位置也不是完全固定的；在一个句子或停顿中，这重音的位置都移到这个句子或停顿的最后一个音节①。

10.21　在欧洲许多种语言中，有些词的重音是可以移动的，有些却是不能移动的。例如英语 admire [ədˈmaiə]（赞美）这个词，重音落在第二个音节，可是在 admiration [ˌædməˈreiʃən]（赞美，名词）这个词里，重音却移到了第三个音节，在 admirable [ˈædmərəbəl]（可赞美的）这个词里，重音又移到了第一个音节。这样的重音叫做可移动的重音。此外也有一些词的重音是不能移动的。例如英语的 use [juːs]（用）这个词，我们无论把它构成怎样的词，如 usage [ˈjuːseidʒ]（用途），usable [ˈjuːzəbl]（可用的），

---

①　参看以下 §13.15。

useful [ˈjuːsful]（有用的），useless [ˈjuːzles]（无用的），misuse [misˈjuːs]（误用），disuse [ˈdisˈjuːs]（停用）等，它的重音的位置都是不能移动的。这样的重音就叫做不可移动的重音。

10.22 俄语的重音在词里没有一定的位置，并且都是可以移动的。例如在 молодой [məlʌˈdoj]（年轻的）这个词里，重音落在第三个音节，在 моложе [mʌˈloʒe]（更年轻的）这个词里却移到了第二个音节，在 молодость [ˈmolədəsjtj]（青年期）里又移到了第一个音节；голова́ [gəlʌˈva]（头）是单数主格的形式，голо́в [gʌˈlof] 是复数属格的形式，го́ловы [ˈgɔləvɨ] 是复数主格的形式；由此可见在这种语言里，重音跟词汇学和形态学都有很密切的关系。

六、重位和轻位及其音品

10.23 声音的强弱在各种语言中有各种不同的表现，我们也可以仿效音位和调位的办法把它们归并成各种类型，这就成了重位、轻位及其各种音品。

10.24 我们在上边说过，重音和轻音本来是比较着说的，但是它在各种语言中的表现不同。有些语言如俄语、英语、德语等，其中有些声音是念得比其他一般的声音强些的，我们只把它们分成重音和非重音，或再加上一种次重音；有些语言，如汉语，其中有些声音是念得比其他一般的声音弱些的，所以我们也只把它们分成轻音和非轻音。这些声音在某些语言中是有区别意义的作用的，我们可以把它们分成各种类型，如俄语的重音和非重音，英语、德语的重音、次重音和非重音，汉语的轻音和非轻音。这些都可以分别叫做重位、非重位、轻位、非轻位。这些音位是不能随便调动的，否则就会影响它们的意义的不同。

10.25 这些重位和非重位，轻位和非轻位有没有它们的不同的音品呢？在俄语、英语和德语里，一个重读音节在句中停顿前往往念得特别重些[1]；虚词一般念非重音，但是在特殊情况下也可以念成重音[2]。这些都是它们的不同音品。汉语的轻音可以随着前一个音节的声调不同而念成半低短平调、中短平调、半高短平调和低短平调。这些虽然跟声调的高低和音的长短有关，但是它的本质实是一个轻重的问题，所以我们不妨把它看作轻音位的不同音品。汉语的非轻音在特殊情况下也常念成重音[3]。这也是它的不同音品。总之，这些音品的改变是不致影响到它的意义不同的，而音位的改变却常跟意义有关。这是我们应该特别注意的。

---

[1] 参看以下 §13.14。
[2] 参看以下 §13.18。
[3] 参看以下 §13.19。

第十一章　长音和短音

一、什么叫做长音和短音

11.1　一个声音必须有相当的长度我们才能够把它分辨得出来。在语言的发音中,有些过渡音因为太短,我们辨别不出来,就不能把它当作一个声音。

声音的长短决定于发音时间的久暂。在一个句子或词里,各个声音的长短是不一致的,有些特别长的我们把它叫做长音,特别短的叫做短音。

11.2　声音的长短有绝对的和相对的分别。例如青年人说话总比老年人说话快些,性子急的人说话总比性子慢的人说话快些,一个人高兴的时候说话总比忧闷的时候说话快些,用本族语言或方言说话总比用一种还没掌握好的外国语说话快些,在家里说话或跟知心的朋友谈天总比在大庭广众中演说快些，快则音短，慢则音长。但是这种音短或音长都是就整句整段的话来说的，我们可以管它叫绝对的长短。

另一方面，在一个句子或一段话里，不管说话人的情况怎样，我们把其中的每一个声音或每一个音节加以比较，也可以发现它们之间有些是长一些的，有些是短一些的。这种声音的长短就叫做相对的长短。绝对的长短好比留声机片旋转的快慢，相对的长短好比乐谱中一个音阶的长短。我们现在所说的长音和短音是就相对的长短来说的，而不是就绝对的长短来说的。

二、元音的长短

11.3 声音的长短是比较容易辨认的，除了用耳朵听以外，还可以用仪器记录下来做比较，例如采用实验法，只要把所发的声音用浪纹计记录下来，比较其长短就可以知道，尤其是元音的长短最容易辨认。

11.4 在有些语言里，某些元音的长短不同是有区别意义的作用的。例如壮语［daːp］是"塔"的意思，［dap］是"肝"的意思；泰语［saːn］是"织布"的意思，［san］是"棱角"的意思；掸语［⁻maːn］是"怀孕"的意思，［⁻man］是"他的"的意思;广州话［saːm˧］是"三"的意思,［sam˧］是"心"的意思;［kaːi˧］是"街"的意思,［kai˧］是"鸡"的意思(短 a 实是 ɐ);法语［koːt］(côte)是"海岸"或"肋骨"的意思,［kot］(cote)是"份额"的意思;［tuːs］(tous)是"大家"的意思,［tus］(tousse)是"咳嗽"的意思;拉丁语［manuːs］(manūs,手)是单数属格的形式,［manus］(manǔs,手)是单数主格的形式等等。

一个元音的长短在有些语言中是跟音质有关的。例如上述壮语、泰语、掸语和广州话的短［a］实际上都已念成了［ɐ］,但是在这些词里,音长的区别是主要的,音质的不同只是因为念短音的结果。

11.5 其次,音的长短同声调和声音的强弱也有关系。汉语四声的长度,根据白涤洲推算的结果,阴平是 0.436 秒,阳平是 0.455 秒,上声是 0.483 秒,去声是 0.425 秒,其中以上声为最长,阳平次之,阴平又次之,去声最短[①]。

有些有入声的方言,这入声的长度一般都是很短的。例如临川方言的入声据推算只有 0.082 秒,只及阳去声 0.386 秒的 1/4 强[②]。

---

① 见白涤洲《北京话声调及变化》,第 4 节。
② 见罗常培《临川音系》,19 页。

汉语轻音的长度也是比较短的。俄语的元音，根据谢尔巴院士的研究，在一切条件相同的情况下，重读元音要比非重读元音约长一倍；如果一个词里有两个非重读元音，那么其中一个的长度大约只及重读元音的1/2，另一个的只及2/3。例如［pətʌˈmu］（потому，所以）这个词，如果把重读元音［u］的长度作为1，那么重读元音前的第一个非重读元音［ʌ］的长度只及它的2/3，第二个非重读元音［ə］的长度只及它的1/2，结果整个词的各个元音长度的比例是［pə1/2tʌ2/3ˈmu1］；在［ˈjaːbləkə］（яблоко，苹果）这个词里，重读元音［a］最长，最短的是重读元音后的第一个非重读元音［ə］，其次是最后的那个非重读元音［ə］，它们的比例是［ja1 blə1/2 kə2/3］。

11.6 此外，元音的长短也可以因受邻音的影响而起变化。例如英语［siː］（see，看见），［siːd］（seed，种子），［siːn］（seen，看见，过去分词），［siːt］（seat，座位，安放），［ˈsiːtiŋ］（seating，安放，现在分词）等词里的［i］都是长元音，而它们的长度据推算的结果是［siː］0.317 秒，［siːd］0.252 秒，［siːn］0.199 秒，［siːt］0.124 秒，［siːtiŋ］的［siː］0.087 秒；另一方面，［lid］（lid，盖子），［sin］（sin，罪过），［sit］（sit，坐），［ˈsitiŋ］（sitting，坐，现在分词）的［i］都是短元音，而它们的长度是［lid］0.135 秒，［sin］0.077 秒，

[sit] 0.085 秒，['sitiŋ] 的 [si] 0.052 秒①。广州话 [kaː˧]（嫁）和 [kaːp˨]（甲）的 [a] 都是长元音，[kap˥]（鸽）的 [a] 是短元音，而 [kaːp˨] 的 [a] 的长度只及 [kaː˧] 的 [a] 的一半，而又长于 [kap˥] 的 [a] 的约一半（短 a 实是 ɐ）。

三、辅音的长短

11.7　辅音的长短比较不大明显。一般地说来，间隙音比闭塞音长些，闭塞音中，鼻音又比破裂音长些，因为间隙音可以延长而闭塞音不能延长，尤其是破裂音是这样。

11.8　汉语的辅音，以广州话的领音辅音 [m̩]（唔）、[ŋ̍]（五）等为最长，入声字的收音如 [sap]（湿）的 [p]、[jat]（一）的 [t] 和 [tak]（得）的 [k] 等为最短，因为这些收音都是只有闭合期和闭塞期而没有破裂期的。

11.9　英语的有些辅音在短元音之后念长音，如 [hil]（hill，小山）的 [l]，在长元音之后念短音，如 [hiːl]（heel，脚跟）的 [l]；有些在浊辅音之前念长音，如 [bjuld]（build，建筑）的 [l]，[spend]（spend，花费）的 [n]，[penz]

---

①　参看琼斯《音位的性质和应用》，1950 年，剑桥，128 页。

（pens，笔，复数）的［n］，在清辅音之前念短音，如［bjult］（built，建筑，过去时）的［l］，［spent］（spent，花费，过去时）的［n］，［pens］（pence，辨士）的［n］等。这些都是因为受了其他声音影响的原故。

四、音节的长短

11.10　音节的长短主要要看其中领音的长短。这就是说，领音长的音节也就长，领音短的音节也就短。可是因为在一个音节里，除领音之外还可能有起音和收音，所以音节的长短和领音的长短往往就不能一致。如果一个音节只有一个短元音，而没有起音和收音，它当然就是一个短音节；同样，假如一个音节只有一个长元音而没有其他的声音，它也当然是一个长音节。但是假如一个音节里除领音之外还有收音或起音和收音，那么哪怕这个领音是一个短音，可是跟收音或起音或收音并在一起，它的长度就可能比一个只由一个长领音构成的音节还要长。

11.11　长音节和短音节的区分在各种语言中没有多大意义，但是在一些所谓"长短音语言"如梵语、希腊语和拉丁语里，因为他们常用长短音的交替来构成声律，所以长短音节的分别对他们说来就显得很重要。

五、时位和时品

11.12 人类语言的声音,从物理学方面看,是由音质、音高、音强和音长等四个要素构成的。在语言学中,由于音质的不同构成了各种语音,其中包括元音和辅音;由于音高的不同构成了各种声调;由于音强的不同构成了重音和轻音;由于音长的不同构成了长音和短音。

从语言学方面,即某种语言或方言表示不同意义的系统方面看,我们可以把它的各种语音归纳成各个音位(其中包括元音音位和辅音音位)及其各种音品;同样,我们也可以把它的各种声调归纳成各个调位和调品;把它的各种重音和轻音归纳成各个重位、轻位及其各种音品;把它的各种长音和短音归纳成各个时位和时品。①

---

① 美国语言学家常把音位分成"音段音位"和"超音段音位"两种。"音段音位"指"元音音位"和"辅音音位";"超音段音位"即指"调位"、"重位"和"时位"。个别语言学家,如史沃德施(M. Swadesh)往往把音位的范围扩展得非常大,其中甚至有所谓"音节音位"和"句子音位"之称。欧洲语言学家多把音位只限于指"元音音位"和"辅音音位"。特鲁别茨柯依在他的著作中给"调位"、"重位"和"时位"一个总的名称叫做"韵律位"(prosodeme)。英国语言学家如琼斯(D. Jones)等多采取这一说,不赞成把音位的范围扩大。

11.13 我们这里所说的时位和时品，是就某一种语言或方言的长音和短音用语言学的观点归纳而成的，因为语言中的长音和短音涉及发音时间的久暂，所以叫做时位和时品。

11.14 一种语言或方言有多少个时位，这主要要看它是否用长音和短音来做区别不同意义的词形。一种语言虽然也有长音和短音的分别，但是假如这种分别没有区别意义的功能，我们就不能说它有不同的时位。并且在一种语言里，声音的长短常是跟音质、音高和音强等牵连在一起的，假如其中不是以音长为主要特点的，我们也不必把它划入时位里面。

例如广州话和壮语、泰语等我们可以说它们有长元音和短元音两个时位，因为它们有许多词，如广州话的［kaːi˥］（街）：［kai˥］（鸡），［kaːu˧］（教）：［kau˧］（救），［saːm˥］（三）：［sam˥］（心），［saːn˥］（山）：［san˥］（身）等都是靠这些长短［a］的分别来区别不同的意义的，虽然其中的短［a］实际上都已念成［ɐ］，但那不是主要的。在现代汉语（普通话）里没有这种分别，我们就不能说它也有不同的时位。

另一方面，广州话的入声字一般也念成短音，但那主要是音高的问题，不是音长的问题，所以把它列入调位里面，而不列入时位里面，只有个别的字，例如［kaːp˧］（甲）：［kaps˧］

（鸽）等还是跟时位有关的。同样，现代汉语里的轻音也都念成短音，但那主要是音强的问题，所以也把它列入轻音位，而不列入时位。同一个时位的音的长短并不是在任何情况下都是一样的，因而有各种时品。

11.15 在外国语里也有这种情况。例如英语里有些元音，我们也可以说它们有长短两个时位，如［siːn］（seen，看见，过去分词）：［sin］（sin，罪过），［siːt］（seat，座位，安放）：［sit］（sit，坐），［ˈsiːtiŋ］（seating，安放，现在分词）：［ˈsitiŋ］（sitting，坐，现在分词）等。俄语里就没有这种不同的时位。英语的辅音虽然也有长短的分别，如［hilː］（hill，小山）的［l］和［hiːl］（heel，脚跟）的［l］等，但是这些词主要是靠长短元音来区别不同的词形的，所以也不必认为这些辅音有不同的时位。

11.16 在各种语言中，有些只有一个时位，如汉语和俄语，有些有两个时位，如壮语、泰语、广州话和英语的某些元音，很少是超过两个时位的，只有爱沙尼亚语的某些元音和辅音有三个时位，其中一个是短时位，如［jama］（jama，胡说）的第一个［a］和［lina］（lina，麻）的［n］，一个是长时位，如［jaːma］（jaama，车站的）和［linːa］（linna，城市的），另一个是特长时位，如［jaːːma］（jaaama，到车站）和［linːːɑ］（linnna，到城市）。

在书写上用单字母表示短时位，双写字母表示长时位，三写字母表示特长时位①。一个时位也好，两个时位也好，三个时位也好，每个时位在特殊情况下的长度的不同都是它的时品。

---

① 例子见琼斯《音位的性质和应用》一书，132—133 页所引。

第十二章　语音的变化

一、什么叫做语音的变化

12.1　我们日常说话,很少是一个声音一个声音单独地发出来的。一句话里总有许多词,一个词里总有许多声音,这些声音互相组合起来构成音节和节拍。声音和声音组合的时候总不免互相影响而起变化。

12.2　语言声音的变化有时会随着我们所用的格调而有程度上的不同。一般人在大庭广众中,在教室里,在舞台上,在无线电广播中,总要把话说得清楚些、缓慢些,这些时候所用的格调叫做全音格调;在家里说话或者跟知心的朋友聊天话往往就说得快些、随便些,有些声音发得不大清楚,有时甚至把个别的声音省掉,这样的格调我们就管它叫做会话格调。大致说来，用会话格调说话的时候声音的变化大些，用全音格调说话的时候声音的变化小些，但是无论如何都会有一些变化。我们这里所说的语音的变化着重于用全音格调说话时语言声音所起的变化。

12.3 语音的变化可以分为两种：一种是发音上的，即我们日常说话中所起的变化；一种是历史性的，即经过长时间的历史发展固定下来的。我们这里所说的只限于发音上的变化。

二、同化

12.4 声音和声音组合因为互相影响而发生变化，假如本来是两个不同的声音，其中一个因受另一个的影响而变成跟它相同或相近的，这种变化就叫做同化。

12.5 声音的同化在各种语言中是一个极常见的现象。语言声音之所以能起同化一定是因为其中一个由于某种原因显得强些，另一个显得比较弱些，弱的因受强的影响而起同化，在这种情况下，发生影响的声音叫做同化音，被影响的声音叫做被同化音。一个声音何以会显得强些或弱些呢？这有种种原因，有的是因为在语音组合中所处的地位不同，例如在一个音节里，起音常比收音强，如果收音里有两个声音，前一个又比后一个强；有的是因为发音的条件不同，例如重元音常比轻元音强；

有的是因为声音本身的性质不同,例如有些声音如 [m]、[l]、[r] 等常比 [ç]、[j] 等强;有的是由于说话者的心理作用,例如有些声音虽然处在劣势的地位,但是因为在语言的结构中跟其他的声音有密切的联系,在说话者的心目中构成一个整体,它不独没有被同化,反而成了同化音。在声音的同化中,原因虽然不同,但是同化音常比被同化音强,那是必然的。

12.6 声音的同化可以有各种不同的分类:

(1) 按方向分　在声音的同化中,有些是同化音在被同化音之前的,如广州话 [kam˥] (今)、[jat˩] (日) 念成 [kam˥ mat˩],[j] 因受 [m] 的影响变成了 [m],福州话 [kʻieŋ] (谦)、[çy] (虚) 念成 [kʻieŋŋy],[ç] 因受 [ŋ] 的影响变成了 [ŋ],这种同化叫做顺同化(又称前进同化);有些是同化音在被同化音之后的,如汉语 miàn [miɛn˥] (面)、bāo [pau˥] (包) 念成 [miɛn˥ pau˥],diàn [tiɛn˥] (电)、bào [pau˥] (报) 念成 [tiɛm˥ pau˥],其中的 [n] 因受 [p] 的影响都变成了 [m],这种同化叫做逆同化(又称后退同化)。

(2) 按程度分　顺同化也好,逆同化也好,其中有些是被同化音变成跟同化音完全相同的,如广州话的 [kam˥ jat˩] (今日) 念成 [kam˥ mat˩],这种同化叫做全部同化(以上的 a 实是 ɐ);有些是只有一部分相同的,如汉语的 [miɛn˥ pau˥] (面包) 念成 [miɛm˥ pau˥],只有发音部位相同,其他方面都不相同，这种同化叫做局部同化。

（3）按距离分　声音的同化绝大多数都是起于相邻的两个声音的，如上面所举的各个例子。这种同化按同化音和被同化音的距离说，叫做邻接同化（又称有机同化）。另外有些是起于相隔较远的两个声音的，例如广州话的 [jat˧] （一）、[ti˧]（啲）、[kam˧]（咁）、[tɔ˧]（多）念成 [jat˧ ti˧ kam˧ tœ˧]（一点点），其中的 [ɔ] 因受 [i] 的影响变成了 [œ]（后元音因受前元音的影响变成了前元音）。这种同化叫做隔离同化（又称和谐同化）。

12.7　声音的同化涉及语音的各个部门，其中有些是全部同化的，即整个声音变成跟另外一个声音完全相同的，但是也有一些是局部同化的，即只有发音的某一方面变成跟另外一个声音相同的。现在我们分开来谈谈。

（一）辅音的同化

12.8　辅音的发音分发音部位、发音方法和声带状态三方面。在全部同化中这三方面都被同化，但是在局部同化中却只有一方面或两方面被同化，其他方面都没有变化。

（1）发音部位的同化　两个发音部位不同的辅音，其中一个因受另一个的影响变成发音部位相同的叫做发音部位的同化。例如汉语 miàn（面）本念作 [miɛn˅]，bāo（包）本念作 [pɑu˧]，而 miàn bāo（面包）念作 [miɛm˅ pɑu˧]，舌尖音

[n] 因受双唇音 [p] 的影响变成了双唇音 [m]；xīn（辛）本念作 [ɕin˥]，kǔ（苦）本念作 [kʻuˇ]，而 xīnkǔ（辛苦）念作 [ɕiŋ˥ kʻuˇ]，舌尖音 [n] 因受舌根音 [kʻ] 的影响变成了舌根音 [ŋ]；厦门话"新"本念作 [sin˥]，"妇"本念作 [pu˦]，而"新妇"念作 [sim˥ pu˦]，舌尖音 [n] 因受双唇音 [p] 的影响变成了双唇音 [m]；广州话称"媳妇"或"新妇"为"心抱"[sam˥ pʻou˦]，其中"抱"[pʻou˦] 实是"妇"[fu˦] 的古音，"心"[sam˥] 由"新"[san˥] 变来，"新"[san˥] 的舌尖音 [n] 因受双唇音 [pʻ] 的影响变成了双唇音 [m]，所以念作"心"[sam˥]。这些都是收音为起音所同化的例子（以上的 a 实是 ɐ）。英语 distinct（不同）念作 [disˈtiŋkt]，舌尖音 [n] 因受舌根音 c [k] 的影响变成了舌根音 [ŋ]，nct [nkt] 本来都是收音，照理收音中靠近领音的最强，但是在这里，c [k] 因为在两个辅音之间，它的发音部位比较强，所以在它前面的 [n] 反为它所同化而变成了 [ŋ]。

（2）发音方法的同化 两个发音方法不同的辅音，其中一个因受另一个的影响变成发音方法相同的叫做发音方法的同化。例如厦门话"黄"本念作 [wɔŋ˦]，"蜂"本念作 [pʻuŋ˥]，而"黄蜂"念作 [wɔŋ˦ muŋ˥]，破裂音 [pʻ] 因受鼻音 [ŋ] 的影响变成了鼻音 [m]；福州话"便"本念作 [pieŋ]，"利"本念作 [lei]，而"便利"念作 [peiŋ nei]，边音 [l] 因受鼻音［ŋ］的影响变成了鼻音［n］。在这两个例子里，［p'］和［l］本来是起音，论地位应该比收音［ŋ］强，但是因为鼻音在本质上不易起变化，所以反成了同化音，只要发完这个声音后软腭不能及时抬起，后面的［p'］和［l］就能为其所同化而变成鼻音了。德语 Magnet（磁石）念作［maŋnet］，破裂音［g］因受鼻音［n］的影响变成了鼻音［ŋ］，法语 deux heures et demie（二点半钟）念作［døzœːrenmi］，破裂音［d］因受鼻音［m］的影响变成了鼻音［n］。这些也都是发音方法的同化。在前一个例子里，收音［g］为起音［n］所同化；在后一个例子里，［d］和［m］都是起音，前一个为后一个所同化。

（3）声带状态的同化　按声带的状态，我们把辅音分成清音和浊音两大类，如果清音因受浊音的影响变成浊音或浊音因受清音的影响变成清音，那就是声带状态的同化。例如俄语 отбор（精选），其中的 т［t］本属清音，б［b］本属浊音，而这个词念成［ʌdboːr］，清音［t］因受浊音［b］的影响变成了浊音［d］；сделать（做）的 с［s］本属清音，д［d］本属浊音，而这个词念成［ˈzdjeːlətj］，其中清音［s］因受浊音［d］的影响变成了浊音［z］。英语 dogs（狗，复数）的［g］本属浊音，［s］本属清音，而这个词念成［dɔgz］，清音［s］因受浊音［g］的影响变成了浊音［z］；looked（看，过去时）的［k］本属清音，［d］本属浊音，而这个词念成［lukt］，浊音［d］

因受清音［k］的影响变成了清音［t］。在这些例子里，收音为起音所同化，如同属起音，则前一个为后一个所同化，同属收音，则后一个为前一个所同化，都是因为它们在音节中所处的地位不同。

（二）元音的同化

12.9 元音发音的特点分口腔的开闭（或舌的高低）、舌的前后和唇的平圆等三方面。在元音的同化中，假如这三方面都变成相同，那就是全部同化，假如只有一方面或两方面变成相同，其他方面保存着不变的，那就是局部同化。

（1）口腔开闭程度的同化　两个口腔开闭程度不同的元音，其中一个因受另一个的影响变成与之相同或相近的叫做口腔开闭程度的同化。例如汉语［an］的［a］本来是一个舌前开音，但是如果它前面有一个舌前闭音［i］或［y］就要变成一个与之相近的舌前半开音［ɛ］，如 tiān（天）念成［tʻiɛn˥］，xuān（宣）念成［ɕyɛn˥］等等。土耳其语的名词和动词常加词尾 – lar 表示复数，如 coban – lar（牧童，复数），seviyor – lar（他们爱，过去时）等等，但是如果它的前一个音节有一个舌前闭音 i 或半闭音 e，那么这个 – lar 就要变成 – ler，如 ev – ler（房子，复数），sevežekdir – ler（他们将爱）等等。这些也都是元音口腔开闭程度的同化。

（2）舌位前后的同化　在元音的同化中，有些口腔开闭的程度不变，嘴唇的状态也不变，只是其中一个因受另一个的影响由前元音变成了后元音或由后元音变成了前元音的，这样的同化叫做舌位前后的同化。例如广州话的 [jat˧ ti˧ kam˦ tɔ˧]（一啲咁多）念成 [jat˧ ti˧ kam˦ tœ˧]，舌后圆唇半开元音 [ɔ] 因受舌前音 [i] 的影响变成了舌前圆唇半开元音 [œ]。河北省定兴话把 [tʂʅ tʂu]（蜘蛛）念成 [tʂu tʂu]，舌尖后元音 [ʅ] 因受后元音 [u] 的影响变成了后元音 [u]。汉语的 a 在舌尖音 [n] 之前念前元音 [a]，如 ān [an˧]（安），在舌根音 [ŋ] 之前念后元音 [ɑ]，如 āng [ɑŋ˧]（肮）也可以说是一种元音舌位前后的同化，不过起作用的不是另一个元音而是它后面的辅音罢了。

（3）唇的同化　一个不圆唇元音因受圆唇元音的影响变成了圆唇元音或一个圆唇元音因受不圆唇元音的影响变成了不圆唇元音叫做唇的同化。例如贵州威宁苗语 [kimy]（皇帝）念作 [kymy]，[ziʐhy]（马铃薯）念作 [ʐyʐhy] 等等。[i] 和 [y] 都是舌前闭元音，其差别只在一个是不圆唇音，一个是圆唇音，不圆唇音 [i] 因受圆唇音 [y] 的影响变成圆唇音，这样一来就成了全部同化了。

12.10　在阿尔泰系语言中有一种所谓"元音和谐"，一个词里的两个元音往往必须一致，例如蒙古语的 čidal > čadal（力量），šidün > šüdün（牙齿），nidün > nüdün（眼睛），ebül > übül

(冬天), olan > olon（许多), üngge > ünggü（颜色), noxai > noxoi（狗）等等，这些其实也都是元音的全部同化。

（三）声调的同化

12.11 声调是汉藏系语言的主要特点之一。在这些语言中，声调常有区别意义的功能。在一个词里面，在不致引起误解的条件下，声调也可能发生变化。如果两个不同的声调，其中一个因受另一个的影响而变成相同的就叫做声调的同化，例如威宁苗语的［ku˧］（角）、［ŋu˦］（牛）念成［ku˧ ŋu˧］（牛角），［ʔau˧］（水）、［ɳtɕau˦］（嘴）念成［ʔau˧ ɳtɕau˧］（口水）等等。可是因为声调有区别意义的功能，这种变化实际上是不多的。

三、异化

12.12 两个相同或相近的声音，其中一个由于某种原因变成跟另一个相异或不相近，声音中的这种变化叫做异化。这两个声音中，不起变化的那个叫做异化音，起变化的那个叫做被异化音。

12.13 声音的异化跟同化一样，也可以分成顺异化（又称前进异化）和逆异化（又称后退异化）两种。顺异化，异化音在被异化音之前，例如越南语"五"叫做nǎm，可是在mu'ờ'i

(十)之后却变成了 lăm，如 mười lăm（十五），hai mươ' lăm①（二十五），năm mươi lăm（五十五）等等。这是因为 năm 的起音是一个鼻音［n］，mươi 的起音也是一个鼻音［m］，năm 的鼻音［n］为它前面的 mười 的鼻音［m］所异化而变成了边音［l］。逆异化，异化音在被异化音之后。例如俄语的 легко（轻），其中的 г［g］本来是破裂音，к［k］也是破裂音，这个词念成［ljex'ko:］，前一个破裂音［g］为后一个破裂音［k］所异化而变成为摩擦音［x］。

12.14 声音的异化，我们也可以按异化音和被异化音距离的远近分成隔离异化和邻接异化两种。上述越南语被异化音［n］和异化音［m］相隔较远，那是隔离异化；俄语 легко 念成［ljex'ko］，被异化音［g］和异化音［k］相邻，那却是邻接异化。

12.15 在声音的异化中，只有一部分发音特点为其他特点所代替的叫做局部异化，全部发音特点都为其他特点所代替的叫做全部异化。声音的异化以局部异化居多；有时两个相同的声音，其中一个由于异化的结果完全消失了，也可以看作全部异化之一种。

12.16 声音的异化和同化一样，也可以分辅音的异化、元

---

① 也可以说成 hai mươi năm。

音的异化和声调的异化三方面来讨论。

（一）辅音的异化

12.17 两个相同或相近的辅音，其中一个由于在音节或其他声音的组合里占着比较优越的地位，或者发音者特别注意，使另一个辅音失去了一些跟它相同或相近的特点，变成了另一个跟它相异或更不相近的辅音，这样的变化就叫做辅音的异化。例如俄语的 мягкий（软的）念作 [ˈmjaːxkij]，лёгкий（轻的）念作 [ˈljoːxkij]，其中的 г [g] 都是前一个音节的收音，к [k] 都是后一个音节的起音，破裂音 г [g] 为破裂音 к [k] 所异化而变成了摩擦音 x [x]；что（什么）念作 [ʃto]，чтобы（为了）念作 [ˈʃtoːbɨ] 也是一种辅音的异化，ч [tʃ] 和 т [t] 都是起音，ч [tʃ] 在前而 т [t] 在后，破擦音 ч [tʃ] 为破裂音 т [t] 所异化而变成了摩擦音 ш [ʃ]。法语的 corridor [kɔriˈdɔr]（走廊）念作 [kɔliˈdɔr]，这个词里有两个颤音 [r]，前一个在两个元音 [ɔ] 和 [i] 之间，并且在非重读音节里，后一个是重读音节的收音，前一个为后一个所异化而变成了边音 [l]。这些也都是因为它们在音节里所处的地位不同。

（二）元音的异化

12.18 两个相同或相近的元音，其中一个为另一个所异化叫做元音的异化。例如威宁苗语的动词和形容词有一种重叠式，即把一个词重复一次，表示"试一"或"有些"的意思，有点像汉语的"想想"、"看看"等。但是这种重叠式有一个规则，即无论原词的元音是什么，把它构成重叠式，其中第一个成分的元音必须改为［u］，例如：

［ntsa］（洗）①：［ntsa ntsa］ > ［ntsu ntsa］（洗洗），

［lie］（红）：［lie lie］ > ［lu lie］（有点红）。

如果原词里已经有个［u］，那么重叠式第一个成分的元音要改为［i］，例如：

［xu］（唱歌）：［xu xu］ > ［xi xu］(唱唱歌)，

［tḷu］（黑）：［tḷu tḷu］ > ［tḷi tḷu］（有点黑）。

这些重叠式里的元音的变化显然都是元音的异化。

12.19　在其他语言中间或也有这种元音异化的例子。比如法语 militaire（军人）一词，其中有两个［i］，现在有些人把这个词念成 mélitaire，前一个［i］已被后一个［i］异化而变成［e］了。

（三）声调的异化

12.20　两个声调相同的音节连在一起，其中一个因受另一个的异化变成了声调不同的音节叫做声调的异化。这在汉语中是一个极常见的现象。例如上边说过的两个上声字相连，前一个变成阳平，如 fěn bǐ（粉笔）念作［fən˧˥ pi˨˩˦］，两个去声字相

---

① 指洗手、洗脸、洗身等。

连，前一个变成半去，如 zhèng jiàn（证件）念作[tʂəŋ˧˩ tɕiɛn˥˩]以及 hǎo hǎo r（好好儿）念作［xau˧˥ xao˨˩˥］，cháng chángr（常常儿）念作［tʂʻɑŋ˧˩ tʂɑɻ˨˩˥］，màn mànr（慢慢儿）念作［man˧˩ mɐɻ˨˩˥］等等都属于这种声调的异化①。

四、弱化

12.21 我们说话的时候，一个句子里的声音有些强些，有些弱些，各不相同。一个声音之所以强，一半决定于它本身的性质，一半决定于它在音节和句子里所处的地位和发音的条件。就声音的性质说，清辅音强于浊辅音，闭塞音强于间隙音，短元音强于长元音，重读元音强于非重读元音，高声调的元音强于低声调的元音。在发音中，一个较强的声音由于某种关系变成了一个较弱的声音，那就叫做声音的弱化。

12.22 声音的弱化在语音的历史发展中起着很大的作用。这种作用我们在日常说话中也可以觉察得出来，其中可以分辅音的弱化、元音的弱化和声调的弱化三方面来讨论。

（一）辅音的弱化

12.23 一个辅音的发音本来包含有成阻、持阻和除阻三个

---

① 参看以上 §9.26。

阶段，可是有些辅音或者由于其他声音的影响，或者由于在语音组合里所处的地位不同，往往缺乏成阻阶段或除阻阶段。这样的声音就常会起弱化。汉语和汉语方言的词末辅音都是一种只有成阻阶段和持阻阶段而没有除阻阶段的内破音①，实际上已经是一种弱化音。这种弱化音在历史发展中最容易起变化。例如现在广州话里还保存有六个这样的收音：［-m］、［-n］、［-ŋ］、［-p］、［-t］、［-k］，这是跟中古汉语的系统相符合的，在有些方言，例如福州话，［-n］、［-t］已归并于［-ŋ］、［-k］，在上海话，［-p］、［-t］、［-k］已变成了［ʔ］，在北方的许多种方言，［-p］、［-t］、［-k］都已消失，［-m］也已归并于［-n］了。

12.24 欧洲有些语言，两个元音间的辅音最容易起变化。例如法语 maison（房子）的 s 念［z］，德语 Wagen（货车）的 g 念［ɣ］，西班牙语 lobo（狼）的 b 念［β］，vida（生命）的 d 念［ð］，amigo（朋友）的 g 念［ɣ］。这些也都是辅音的弱化。

（二）元音的弱化

12.25 元音的弱化跟元音的轻重有关。凡轻音节或非重读音节里的元音都念得比较模糊，不仅音长缩短，有些在音质上也起了变化。

---

① 参看以上 §6.10。

第十二章 语音的变化

12.26 在汉语里，一切轻音节里的元音都是弱化元音，其中有些是改变音质的，如 bàba（爸爸）念成 [pʌ˦ pə˨]，māma（妈妈）念成 [mʌ˧ mə˦]，gēge（哥哥）念成 [kɣ˧ kə˦]，lái la（来啦）念成 [lai˧˩ lə˦] 等等；但是也有一些是没有改变它的基本音质的，如 lǎozi（老子＝父亲）仍念 [lau˧˩ tsɿ˧]，不过念得轻些和短些罢了。

12.27 俄语的非重读音节的元音都是弱化元音，并且在重读音节前的离重音越远就越弱，其中大多数都已改变音质。例如 хорошо（好）念作 [xərʌˈʃo]，потому（所以）念作 [pətʌˈmu]，параэит（寄生虫）念作 [pərʌˈziːt] 等等。在这些词里，弱化分两级：在重音前第一个音节的叫做弱化第一级，在重音前第二个音节的叫做弱化第二级。弱化第二级的元音比弱化第一级的元音还更短、更弱。在重读音节后的元音多念成弱化第二级的元音，例如 caxap（糖）念作 [ˈsaːxər]，колокол（钟）念作 [ˈkoːləkəl] 等等。非重读音节里的 и，у，ы，如 идиóт [idiˈot]（傻瓜）的 и [i]，тумáн [tuˈmaːn]（雾）的 y [u] 和 помыкáть [pəmɨˈkaːtj]（虐待）的 ы [ɨ] 等虽然也念得短些和弱些，但是并没有改变它们的基本音质。

12.28 英语的发音分强式和弱式两种。强式发音主要出现于重读音节，但也有一些出现于非重读音节的；弱式发音却只出现于非重读音节、强式发音的元音在弱式发音里多变成了

[ə]，如 a [ei]（一个）念作 [ə]，at [æt]（在）念作 [ət]，and [ænd]（和）念作 [ənd]，are [ɑː]（是，复数现在时）念作 [ə]，but [bʌt]（但是）念作 [bət]，of [ɔv]（属于）念作 [əv]，should [ʃud]（应该）念作 [ʃəd]，them [ðem]（他们，宾格）念作 [ðəm] 等；但是强式发音里有 [i] 的，如 be [biː]（是，不定式），she [ʃiː]（她，主格），me [miː]（我，宾格）等在弱式发音都没有改变它的基本音质，只是念得短些和轻些。冠词 the [ðiː]（这个）在弱式发音里如果后面有一个辅音念作 [ðə]，如 the man [ðəˈmæn]（这个人），在元音之前却念作 [ði]，如 the eye [ðiˈai]（眼睛）等等。

12.29 由此可见在各种语言中，弱化元音都有变成央元音 [ə] 的倾向，并且音长和音强也有一定变化，只有闭元音如 [i]、[y]、[ɨ]、[ɿ] 等在基本音质上没有什么变化。

（三）声调的弱化

12.30 在"声调语言"里，每个音节都有一定的声调，但是在轻音节里，这原有的声调就起弱化。声调弱化的结果不是完全没有声调，而是一个很轻、很弱、很模糊的声调，并且不管原有的声调是什么，都要跟前一个音节的声调取得联系。例如汉语的 mā（妈）单念时是一个阴平声字，念高平调 [ma˥]，可是在 māma（妈妈）这个词里，第二个 [ma]（妈）字念轻音，它不仅变成了 [mə]，并且要跟前一个阴平声字 mā [ma˥]（妈）

配合念成一个又轻又短的次低平调如 [maˉ məˌ]；jīng（睛）单念时也是一个阴平声字，念高平调 [tɕiŋˉ]，可是在 yǎnjing（眼睛）这个词里却要跟前一个上声字 yǎn（眼）配合念成一个又轻又短的次高平调如 [jiɛnˇ tɕiŋˉ] 等。这种声调的弱化是现代汉语里一个非常突出的特点①。

五、缩减

12.31 我们说话的时候，有时由于话说得快，往往把其中一些不很重要的声音或音节整个儿省去。这种现象叫做声音的缩减。

12.32 声音的缩减大都是由于声音弱化的结果。有些声音因为太弱的原故，在一连串的声音组合中经不起其他声音的挤逼，结果就被挤掉了。这种声音的缩减我们也可以分成辅音的缩减和元音的缩减两方面来讨论。

（一）辅音的缩减

12.33 汉语里收音节的辅音，如 zhū gān [tʂuˉ kanˉ]（竹竿）的 -n [-n]，bāng máng [paŋˉ maŋˊ]（帮忙）的第二个 -ng [-ŋ] 等，因为处于词末，并且在发音上只念一半，

---

① 参看以上 §10.15。

所以本身已经很弱。这种辅音在"儿化韵"里，如 zhū gānr（竹竿儿），bāng mángr（帮忙儿）等，因为妨碍着主要元音的卷舌化，所以都被挤掉了而念成［tʂu˥　kɚ˥］和［pɑŋ˥　mɑ̃ɹ˩］。其他如 mào yānr（冒烟儿）念成［mɑu˥ jiɚ˥］，guǎi wānr（拐弯儿）念成［kuai˩ wuɚ˥］，bǎn dèngr（板凳儿）念成［pan˩ tɤɹ˥］等也都把其中的［n］和［ŋ］缩减了。

12.34 俄语有些辅音在一定的组合里常不发音。例如 шесть（六）这个词本来念作［ʃestj］，而 шестнáдцать（十六）却念成［ʃesˈnaːttsətj］，其中的［t］被缩减了；марксист（马克思主义者）本来念作［markˈsist］，而марксистский（马克思主义的）却念成［marksiskij］，其中的 ст［st］被省略了；Голланд（荷兰）本来念作［gʌˈlant］，而 голландский（荷兰的）却念成［gʌˈlanskij］，其中的 д［d］被减省了。这些都是因为它们由于在声音组合中所处的地位念得太弱的原故。

12.35 英语的 he［hiː］（他，主格），his［hiz］（他的），him［him］（他，宾格），her［hə:］（她的，她，宾格），have［hæv］（助动词），has［hæz］（助动词），had［hæd］（助动词）等在弱式发音中常念成［i］、［iz］、［im］、［ə］、［əv］、［əz］、［əd］，其中的［h］也都被省略了。

12.36 汉语在会话格调中常把一些词里的辅音缩减，例如把 liǎng ge［liaŋ˩ kə˥］（两个）念成 liǎ［lia˩］（俩），sān ge [san˥ kə˩]（三个）念成 sā [sa:˥]（仨），前一个音节的收音和后一个音节的起音都被省略了。广州话的 [sin˥ sa:ŋ˥]（先生）有时念作 [si˥ a:ŋ˥]，[mei˩ ts'a:ŋ˩]（未曾）念作 [mi˩ a:ŋ˩]，[mat˥ jɛ˩]（乜嘢＝什么）念作 [mɛ˩ ɛ˩]，[ji˩ sap˩]（二十）念作 [ji˩ a˩]，[sa:m˥ sap˩]（三十）念作 [sa˥ a˩] 等也有这种情况。

（二）元音的缩减

12.37 汉语里的"儿化韵"不仅把有些音节的收音省略，有些复合元音的第二个成分也被省略，例如把 xiǎo hái r（小孩儿）念成 [ɕiɑu˨˩ xɹ˥˩]，dāobèir（刀背儿）念成 [tɑu˥ pəɹ˥˩]，yī duìr（一对儿）念成 [ji˥ tuəɹ˥˩] 等，其中 [ai]、[ei]、[uei] 等复合元音的最后一个成分 [i] 都已被缩减，并且它们的主要成分也起了变化。有些词尾如 men [mən]（们），mo [mo]（么）等在会话格调中也常把其中的元音省掉，如把 wǒmen（我们）、nǐmen（你们）、tāmen（他们）说成 [wuo˨˩ mn˥˩]、[ni:˨˩ mn˥˩]、[t'a˥ mn˥˩]，shénmo（什么）说成 [ʂɚ:m˥˩] 等等。

12.38 俄语有些名词在不同的变格里有不同的形式，例如 лоб（前额）是主格的形式，лба 是属格的形式；сон（睡眠）是主格的形式，сна 是属格的形式；день（日子）是主格的形式，дни 是属格的形式等等。在这些词里，属格的形式都已把一个元音省掉。这在某一时期是以俄语的发音规律为依据的，但是在现代俄语中这个规律已失效用了。

12.39 在英语里，两个单音词相连，有时把弱式发音的词的元音省去，例如把 I am（我是）说成 I'm, it is（它是）说成 it's, let us（让我们）说成 let's, I will（我要）说成 I'll 等；有些助动词或其他弱式发音的词说得很快的时候也常把其中的元音缩减，如把 shall（将要）说成 [ʃl], should（应该）说成 [ʃd], till（等到）说成 [tl], some（有些）说成 [sm] 等等，但多只用于会话格调。

12.40 法国人不习惯于连续发出两个元音，所以在法语里，凡遇到有两个元音相连，多把其中一个省略，例如 l'or（金）= le or, l'hiver（冬天）= le hiver, j'ai（我有）= je ai, s'il（如果他）= se il, c'est（这是）= ce est 等等。这种元音的缩减法语叫做"省音"（élision）。

12.41 法语里有些词并且是由两个词结合而成的，例如 du（属于某样东西的）= de le, des（属于某些东西的）= de les, 或把 cela（这个）说成 ça。在汉语里也有这种情况，如把 bù yòng（不用）说成 béng [pəŋ˧]（甮），或古代汉语"而已"变成"耳"，"之于"变成"诸"，"之焉"变成"旃"等等。这些也属于声音的缩减之一种，不过所缩减的不只是某一个辅音或元音，而是把两个音节的某些成分缩减成为一个音节。

六、增加

12.42 和声音的缩减相反,我们说话的时候,在一个词或句子里,有时由于强调发出某些声音,其间的过渡音逐渐增长,有时为了避免发音上的困难,在两个声音之间也会增添出一个声音来。这种现象叫做声音的增加。

12.43 声音的增加也可以分为辅音的增加和元音的增加两方面来讨论。

(一)辅音的增加

12.44 一般地说来,闭元音和其他元音相连,或者收音节的辅音之后有一个元音,这些声音和声音之间常会产生出一个过渡音来,如 $[i^j a]$,$[u^w o]$,$[-n^n e]$ 等等,因为我们说话的时候并不是一个声音一个声音单独地发出来的,而是由一个声音滑到另一个声音去的;当我们的发音器官由一种状态转移到另一种状态的时候,很自然的会附带地发出一些很轻很小的过渡音把这两个声音联结起来。这些过渡音一般都是很弱、很短的,我们不容易分辨得出来;但是在某种情况下,这些过渡音发得强些、长些,它们就会变成了独立的声音。

12.45 汉语的语气词 a(啊)在许多情况下,都是用在句尾表示一定的情感的。如果它的前面有一个闭元音或收音节的辅音，那么在这语气词之前常会添出一个跟前一个声音相应的辅音来。例如：

　　lái à（来啊）念成［lai˧ ja˩］（来呀），

　　hǎo à（好啊）念成［xɑu˩ wa˩］（好哇），

　　tiān à（天啊）念成［tʻiɛn˧ na˩］（天呐），

　　chàng à（唱啊）念成［tʂʻɑŋ˧ ŋa˩］（唱呀）等等。

这样一来，在这个［a］之前就多出一个辅音来了。

12.46 俄语动词的变位，多是就不定式的词根加以词尾的变化构成的，如 читáть（读）：читáю（我读），болéть（害病）：болéю（我害病）等等；但是也有一些是要在词根的后面加上一个辅音 л 或 ж 的，如 любить（爱）：люблю（我爱），кормить（喂养）：кормлю（我喂养），насадить（培植）：насажду（我培植）等等。这些都是历史发展所造成的交替。

12.47 有些辅音的增加是为了避免发音上的困难的。例如英语的冠词 a（某一）用在元音之前就要加上一个 n，如 an ass（一头驴），an hour（一个钟头），an old man（一个老头）等等。法语的疑问句常把动词提到主语代名词之前，如 il est（他是），est il?（他是不是?），照例，il a（他有）的疑问句应该是 a il?（他有没有?），elle a（她有）的疑问句也应该是 a elle?（她有没有?），可是因为法国人不习惯于连续发出两个元音，所以最后的这两个形式都要在当中加上一个 –t– 成为 a–t–il 和

a－t－elle。这种辅音的增加法语叫做"插音"(épenthèse)。

（二）元音的增加

12.48 元音的增加多半是为了适应某一种语言的发音习惯的，这特别表现在各种音译的外来借词里面。

12.49 现代汉语没有复辅音，所以在各种音译外来借词中，凡遇到有这种音组的，都要在它们当中加上一个元音，例如把 France 译成［falɑŋçi］（法兰西），Prague 译成［pulakə］（布拉格），Сталин 译成［sʅtalin］（斯大林），Ленинград 译成［liɛniŋkələ］（列宁格勒）等等；汉语的收音只有［n］、［ŋ］两个，遇到其他收音时也要在它们的后面加上一个元音，例如把 Irak 译成［jilak'ə］（伊拉克），Bucarest 译成［putçialəsʅtə］（布加勒斯特），Marx 译成［makəsʅ］（马克思），Павлов 译成［pafuluofu］（巴甫洛夫）等等。

12.50 俄语有一种短尾形容词，是把长尾形容词的词尾 ий，ый 等截去构成的，如果词尾的前面有两个辅音，并且后一个是 к、г 或 н、л 时，那么就要在它们当中加上一个元音 о 或 е，例如 краткий（短的）：краток，долгий（长的）：долог，трудный（困难的）：труден，светлый（明亮的）：светел 等等；但是这只限于阳性单数的，如果是阴性单数、中性单数或复数的，仍然要把这 о 或 е 取消而分别加上词尾 а，о，и 或 ы，例如 кратка，кратко，кратки，трудна，трудно，трудны 等等。这些都是为了避免发音上的困难。

七、代替

12.51 每种语言或方言的语音都是自成系统的。在各种音译借词中，有些声音不是那语言或方言所有的，往往就要用一个相近似的声音来代替它。这种现象叫做声音的代替。例如汉语里没有颤音［r］或［R］，所以在音译借词中，凡遇到以［r］为起音的都用［l］来代替，如把 Roma 译成［luoma］（罗马），Romania 译成［luomanija］（罗马尼亚）等等。法语的 r 是一个舌根或舌根小舌颤音，所以也有人用［x］来代替它，如把 Cyrano 译成［çixano］（西哈诺）。至于现在［ɣluosʅ］（俄罗斯）这个名称却是以前从蒙古语 Oros 转译过来的，古代蒙古语不能用 r 做起音，凡遇到以 r 为起音的都要在这个音之前重叠其后的元音，所以把 Ros 译成（Oros）。以颤音［r］为收音的，汉语通常用［ɚ］来代替，如把 Ruhr 译成［luɚ］（鲁尔），Горький 译成［kɑuətçi］（高尔基），Mapp 译成［maɚ］（马尔）等等。汉语也没有以［l］为收音的，所以在音译借词中也常用［ɚ］来代替，如把 Ural 译成［wulaɚ］（乌拉尔），Balkan 译成［paɚkan］（巴尔干），Pascal 译成［pasʅtçiaɚ］（巴斯加尔）等等。

第十二章 语音的变化

12.52 汉字的读音中没有像 [ka]、[kʻa]、[ki]、[kʻi] 等这样的声音组合，现在有些音译借词虽已逐渐摆脱这种约束，如把"咖啡"念成 [kʻa˥ fɛ˥]，"卡片"念成 [kʻa˩ pʻiɛn˩] 等，但这还是很个别的。一般人还是把"高尔基"念成 [kɑu˥ ɚ˩ tɕi˥]，"加拿大"念成 [tɕia˥ na˥ ta˩]。此外，把收音的 [r] 和收音的 [l] 译成同一个 [ɚ] 也容易引起混乱，使人不知道原文究竟是哪一个音。这些都是因为受了汉字读音限制的原故。如果改用并音文字，将可以不受这种限制。但是有些汉语里没有的音，如浊破裂音等等，我们还不能不用一些近似的声音来代替。

12.53 声音的代替，在各种语言的借词中都会有的。例如俄语里没有 [h] 这个音，所以俄语的借词中常用 г 来代替，如把 Himalaya（喜马拉雅）译成 Гималáи，Hongkong（香港）译成 Гонконг，Holland（荷兰）译成 Голлáндия，等等。在原则上，凡一种语言所没有的声音，译音时用一个近似的声音来代替它，那是完全合理的。可是在用同一种字母（例如拉丁字母）书写的各种语言中，有些字母的念法并不是完全相同的。例如德国哲学家 Leibniz（莱伯尼兹）的 z 德语念成 [ts]，英语、法语念成 [z]。英、法语借用这个名词的时候应当按照它的念法改为 Leibnitz 呢？还是按照它的写法仍然写作 Leibniz 而把 z 念成 [z] 呢？大家对这一点的意见就很不一致。比较妥善的办法是应该把语音和字母以及拼法分开来处理。某一种语言没有某一个声音,那么借词时用一个近似的声音来代替它,如果所用的是相同的字母,那么就把原来的写法照抄过来,而按照自己的习惯去念它,都是可以的。例如汉语里没有 [r] 这个声音,但是汉语拼音方案里有 r 这个字母,做起音用时念作 [ẓ],做收音用时念作 [ɚ],这样,Romania 这个词,我们的拼音文字就可以把它仍然写作 Romania,念成 [ẓomanija],用 [ẓ] 来代替 [r],而写法不变;Mapp 我们也可以把它写作 Marr,念成 [maɚ],用 [ɚ] 来代替 [r],写法也可以照译。汉字的读音里虽然没有像 [ka]、[ki]、[kʻa]、[kʻi] 这样的声音组合,但是汉语里并不是没有 [k]、[kʻ] 这两个声音,这些音组由汉族人民念起来不会发生什么困难,因此 Горький 我们的拼音文字就可以把它写作 Gorki,念成 [kɔɚkʻi],不必照汉字写作 Gaoerji(高尔基)。英、法文的 c 有两种念法:在 a、o、u 之前念作 [k],i、e 之前念作 [s];汉语拼音方案的 c 却只念作 [tsʻ],在任何情况下都不能跟 [k] 或 [s] 相混,因此 Canada(加拿大)我们的拼音文字就应该把它写作 Kanada,念成 [kʻanata],Cyrano(西哈诺)写作 Sirano,念成 [siẓano],不要仍然写作 Canada 和 Cyrano,以致念起来相差太远。

八、换位

12.54 在言语发音中，有时把两个声音的位置互相调换。这种现象叫做声音的换位。

12.55 声音的换位有些是为了避免发音上的困难或适应某一种语言的发音习惯的，有些却只是一种发音上的错误，后来以讹传讹，竟成了语音的规范。

12.56 避免发音困难的可以举江西临川话把［ŋu］（蜈），［kuŋ］（蚣），［tʻuŋ］（虫）说成［ŋuŋ ku tʻuŋ］为例①。在这个词里，［kuŋ］（蚣）和［tʻuŋ］（虫）都有［uŋ］这个音组，连念起来有些困难，于是把［ŋu］（蜈）里的［u］和［kuŋ］（蚣）里的［uŋ］互相易位，让它们离得远一些，说起来比较顺口。俄语的тарéлка（盘子）本来是从德语 Teller 借来加上后缀 ka 构成的，但是为了适应俄语的发音习惯，却把 л（l）和 p（r）的位置调换了。英语的 third（第三）在古英语里本来是 pridda，跟 three（三）同一个词根，现在变成 third，也把 r 和 i 的位置调换了。

12.57 声音的换位在印欧系语言里是一个极常见的现象。

---

① 引自罗常培《临川音系》，1958 年，科学出版社，201 页。

汉语和汉藏系语言音节的组成比较简单,这种声音的变化却很少见。汉语里有些由两个意义相近的词素构成的复合词,其中两个成分的位置常不很确定,例如"代替"有些人说成"替代","缓和"有些人说成"和缓",在各种方言中更为分歧,比方"介绍"上海人就说成"绍介","折磨"广东人就说成"磨折",这样的例子很不少。这些从某一方面来看也可以说是音节的换位。

第十三章　句子语调的变化

一、什么叫做语调

13.1　我们说话总是以句子为单位的。在一个句子里，不只各个声音有变化，各个音节的高低、强弱、长短也有变化。句子中各个音节的高低、强弱和长短的变化就叫做语调。

13.2　绝少的句子是由一个单词构成的。一个句子里总有许多词。这些词往往由于意义上和句法上的结合构成若干句段。句段一般包括词组和分句，在个别情况下，也有由一个单词构成一个句段的。把句子分成句段是句子分析的重要工作。把句段分得不对，有时会改变整个句子的意义或者使人听了莫名其妙。

13.3　我国流行着这么一个故事。从前有一家人家住在一条死胡同里,有些过路的人不知道,跑进去看见路走不通,常常在他们的门口旁边撒尿,日子久了弄得臭气熏天,那家的主人很是苦恼。有一天,他想出了一个办法,就在那胡同的进口处贴上一张标贴说:"路不通行不得在此小便"。第二天,他看见一个人就在那标贴下面小便。他责备他说:"你不认得字吗?你看见这个标贴怎么还在这儿小便?"那个人说:"怎么不认得字?你这标贴不是明明写着:'路不通,行不得,在此小便'吗?"说得那主人哑口无言。这虽然是一个笑话,但也可以表明我们把句段分得不对有时会造成怎样不同的意义。

13.4　句子的语调常是跟句子的结构有关的;哪些是主语,哪些是谓语,哪些是单成分句,哪些是双成分句,哪些是句段,这些都是我们应该弄清楚的概念。我们现在试分以下几部分来加以说明。

二、停顿和节拍

13.5　我们说话的时候,时常说到某一个地方就要停顿一下,换一口气,这停顿的地方就叫做停顿。

13.6　停顿有长的也有短的。一般地说,每个句子后的停顿是比较长的。假如一个句子有的不止一个句段,那么每个句段的后面也要停顿一下,不过这样的停顿是比较短的,一般叫做暂顿。试比较以下几个句子：

今儿是星期六［tɕiəɹ ʂʅ ɕiŋtɕˈiliəu ‖］。

外边来了一个人［wuaipiɛn lailə jikə zən ‖］。

今天晚上，很好的月光［tɕintˈiɛn wuanʂaŋ | xən xautə ɥyɛkuaŋ ‖］。（鲁迅）

临河的土场上，太阳渐渐的收了他通黄的光线了［linxɤ tə tˈutʂˈaŋ ʂaŋ | tˈaijaŋ tɕientɕientə ʂoulə tˈa tˈuŋxuaŋtə kuaŋɕien lə ‖］。（鲁迅）

在上边四个句子里，头两个都是比较短的，每个只有一个比较长的停顿，我们用双直线‖来表示；后两个的头上都各有一个句段"今天晚上"和"临河的土场上"，每个句段的后面都各有一个暂顿，我们用单直线｜来表示，其余的都是比较长的停顿。

13.7 停顿是就句段和句子来分的。在一个句段里不能再有其他的停顿。但是就在一个句段里，各个声音的轻重还是不能一致的。例如"今儿是星期六"这个句子只有一个停顿，但是就各个声音的轻重来说，"今儿"结成一个单位，"是星期六"结成一个单位；"外边来了一个人"这个句子也只有一个停顿，但是"外边"结成一个单位，"来了"结成一个单位，"一个人"又结成一个单位。这种由轻重音结合起来的语音单位，我们管它叫节拍。一个节拍里的语音跟语言单位的词有密切的关系，所以又叫做语音词。

13.8 语音词跟语言单位的词虽然有密切的关系，但不是一回事。有的时候，一个语音词就是一个语言单位的词，如"今儿"；有的时候，一个语音词可能就等于不止一个语言单位的词，如"是星期六"。总之，语音词是就语言的轻重音的结合来分的，它是一个语音单位；语言单位的词是就意义上和语法上来分的，它是一个意义单位和语法单位。许多句子语调的变化都是跟停顿和语音词这些语音单位有关的。

三、句子声调

13.9 在像汉语这样的"声调语言"里，每个字（音节）都各有一定的声调表示它的不同意义，这样的声调我们习惯上管它叫做字调。字和字结合成词，这些字调常会发生一定变化①，词和词结合成节拍、句段和句子又会发生一定变化。这样的声调就叫做句子声调。

13.10 句子声调的变化首先可以决定各种句子的类型。一般的情况，陈述句、感叹句和命令句多用降调，疑问句多用升调。试比较以下几个句子：

---

① 参看以上§9.20。

第十三章 句子语调的变化

这个好 [tʂəkə xɑu ↘]。　　　　——陈述句
这个好 [tʂəkə xɑu ↗]?　　　　——疑问句
这个多好 [tʂəkə tuo xɑu ↘]!　　——感叹句
来 [lai ↘]!　　　　　　　　——命令句

如果句子的末尾有个语气词,那么声调的升降多仍落在原有的音节。例如:

这个好吗 [tʂəkə xɑu ↗ mə]?　　　——疑问句
这个多好啊 [tʂəkə tuo xɑu ↘ wa]!　——感叹句
来吧 [lai ↘ pə]!　　　　　　　　——命令句

疑问句中,如果有特殊疑问词或者是选择疑问句,那么多用降调。例如:

他什么时候来 [tʻa ʂəm ʂʐxəu lai ↘]?
他来不来 [tʻa lai pu lai ↘]?
他什么时候来呢 [tʻa ʂəm ʂʐxəu lai ↘ nə]?
他来不来呢 [tʻa lai pu lai ↘ nə]? 等等

这里有须注意的,就是汉语的每个字都各有它的字调,字和字相连又有它的变调,这些字调和变调跟句子声调的关系怎样呢?这就要看字调或变调和句子所要求的调形是否相一致。例如"好"是一个上声字,它原来的声调是$\sqrt{}_{214}$,即降升调,用在疑问句如"这个好?"或"这个好吗?"里,它原来的后一半的升调和疑问句所要求的升调是一致的,只把它略为提高成为

213

˩₂₁₅就行①；但是用在陈述句如"这个好"或感叹句如"这个多好！"里，它原来的降升调和这两种句子所要求的降调就不一致，在这种情况下，我们不能把它后一半的升调随便截去，而是要在它的升调之后再来一个降调成为˩₂₁₄₁。同样，"来"是一个阳平声字，它原来的声调是˧₃₅，即高升调，如果用在疑问句如"他不来？"里，它原来的升调跟疑问句所要求的升调相一致，我们也只把它略为提高成为˧₃₆就行；但是用在陈述句如"他今天不来"，命令句如"来！"，含有特殊疑问词的疑问句如"他什么时候来？"或选择疑问句如"他来不来？"里就要在它的升调之后再来一个降调成为˩₃₅₁。

13.11 以上所说的是上声字和阳平声字的情况。如果是阴平声字用在疑问句里就要把它由高平调˥₅₅改成特高升调˧₅₆，如"是他？"；用在陈述句里就要改成高平降调˥₅₅₁，如"不是他"。去声字本来是全降调˩₅₁，用在疑问句里要改成˩₅₁₃，如"你去？"；用在陈述句里可以不变，但是如果带有情感的成分也可以改成ʍ₅₁₂₁，如"我不去"。这些声调都是比较曲折的。

13.12 在双成分句或复句里，每个句子都可以分成前后两部分，前一部分照例要用升调，后一部分要用降调。例如：

---

① 在"这个好吗？"这个句子里，因为后面有了一个语气词"吗"，"好"字的声调可以不再提高，只念成˩₂₁₄就行。

第十三章 句子语调的变化

这个好，那个坏 [tʂəkə xɑu ↗ | nɑkə xuai ↘ ‖]。

今天晚上，很好的月光 [tɕin t'iɛn wuanʂaŋ ↗ | xən xɑu tə ɥɛkuaŋ ↘ ‖]。

你去，我就不去 [ni tɕ'y ↗ | wuo tɕiəu pu tɕ'y ↘ ‖]。

在这些句子里，句中暂顿的升调和句尾停顿的降调都要把原有的字调略为改变。例如第一句"这个好"的"好"是上声字，即降升调˯214，跟句中暂顿所要求的升调相一致，只把它略提高成为˯215就行；"那个坏"的"坏"是去声字，即全降调˯51，跟句尾停顿所要求的降调完全一致，如果没有特别情感的成分，就可以不必改变。第二句"今天晚上"的"上"是去声字，即全降调˯51，跟句中暂顿所要求的升调完全相反，但是又不能把它完全改变，而要把它改成一个不很降的降调˯53；"很好的月光"的"光"是阴平声字，即高平调˥55，跟句尾停顿所要求的降调也不一致，要把它改成高平降调˯551。第三句"你去"的"去"是去声字，即全降调˯51，跟句中暂顿所要求的升调完全相反，要改成不很降的降调˯53；"我就不去"的"去"是去声字，即全降调˯51，跟句尾停顿所要求的降调相一致，如果没有特别情感的成分也就不必改变。

13.13 "非声调语言"如俄语、英语等没有表意声调，但是也有句子声调。它们也常用降调来表示陈述句、命令句和感叹句，升调来表示疑问句，例如：

俄语——

это правда [ˈetəˈpraːvdə ↘] （这是真的。） ——陈述句

это правда [ˈetəˈpraːvdə ↗] （这是真的吗？） ——疑问句

войдите [vʌjˈdjitje ↘] （进来！） ——命令句

как это красиво [kakˈetə kpaˈsiːvə ↘] （这多美啊！）
——感叹句

英语——

It all happened yesterday [itˈɔːlˈhæpndˈjestədi ↘] （都是昨天发生的。） ——陈述句

Did it all happen yesterday [ˈdid itˈɔːl hæpn ˈjestədi ↗] （都是昨天发生的吗？） ——疑问句

Come on [ˈkʌmˈɔn ↘] （来！） ——命令句

What an extraordinary thing [ˈwɔtən iksˈtrɔːdnri ˈθiŋ ↘] （多怪的东西！） ——感叹句

疑问句中如果含有特殊疑问词或者是选择疑问句，那么句尾就不用升调而用降调，例如：

俄语——

Где он живёт [ˈgdjeːˈon ʒiˈvjot ↘] （他住在哪儿？）

Вы придёте в пятницу или в субботу [ˈvɨ priˈdjotje f ˈpjaːtnitsu ↗ iːli f subˈboːtu ↘] （你是星期五到的还是星期六到的？）

第十三章 句子语调的变化

英语——

Where's he [ˈwɛə z hiː ↘] (他在哪儿?)

Do you like tea or coffee [ˈdjuːlaikˈtiː ↗ ɔːˈkɔfi ↘] (你爱喝茶还是咖啡?)

如果一个句子里有两部分,那么前一部分用升调,后一部分用降调。例如:

俄语——

В нашем городе есть хорошие школы [v naːʃemˈgɔːrədje ↗ | jestj xʌˈroʃije ʃˈkoːlɨ ↘ ‖] (在我们的城市里,有很好的学校。)

英语——

When we get home, I'll show you it [ˈwen wiː getˈhoum ↗ | ai l ʃou juː it ↘ ‖] (等我们回到家里,我给你看。)

这些升降调的调形和汉语的基本上是相同的。所不同的,汉语的每个字因为都有一个字调,字和字互相结合又可能有变调,所以句子声调只能在这些字调或变调的基础上略为提高或降低,或者于原有的字调或变调之后再来一个句调。俄语或英语的句调没有这种限制,所以需要升调的就把全部声调提高,需要降调的就把全部声调降低,但是变化得最显著的还是每个句子或每一部分的最后一个音节。

四、句子重音

13.14 在"重音语言"里,每个多音节的词都有一个重音。这样的重音叫做词重音。词和词结合成词组或句子,这些词重音可能发生变化,有的念得比其他的更重些,有的会丧失了原有的重音。这样的重音就叫做句子重音。

13.15 词重音和句子重音的不同,以法语表现得最突出。在这种语言里,虽然每个词都有一个重音,但是如果由两个或两个以上的词构成一个词组,那末这个重音就移到这个词组的最后一个音节,在这音节之前的各个音节都变成了非重音。例如在 un homme [œ̃ˈnom] (一个人) 这个组合里 homme [ɔm] 念重音,而在 un homme bon [œ̃ nomˈbɔ̃] (一个好人) 这个组合里,重音却移到了 bon [bɔ̃],homme [ɔm] 变成了非重音。在较短的句子如 Nous irons vous voir [nuziʀɔ̃ vuˈvwaːʀ] (我们就去看你) 里,全句只有最后一个音节 voir [vwaːʀ] 念重音,其他的音节都念成了非重音。双成分句有两个成分,每个成分只有最后一个音节念重音,其他的音节都念成了非重音。例如在 Ce chien est très méchant [səˈʃjɛ̃ ɛ tʀɛmeˈʃɑ̃] (这只狗很凶) 这个句子里,ce chien [səˈʃjɛ̃] 是一个成分,最后一个音节 chien [ˈʃjɛ̃] 念重音,est très méchant [ɛ tʀɛ meˈʃɑ̃] 是另一个成分,也只有最后一个音节 chant［'ʃɑ̃］念重音，其他的音节都念成了非重音。所以在法语里，只有句段或句子的最后一个音节念重音，其他的音节，不管原来有没有重音，都念成了非重音。

13.16 俄语和英语的每个句段的最后一个重读音节通常也念得特别重些，其他的音节虽然没有像法语的那样都变了非重读音节，但是比较起来也念得比较轻些。这些念得特别重些的重音都是句子重音。

13.17 句子重音多出于发音上的一种自然节奏，所以又叫做节奏重音。此外还有一些重音是出于或明或暗的对比、反衬等或者含有强烈的情感的，分别叫做逻辑重音和表情重音。

13.18 就本质上说，逻辑重音和表情重音都是为了加强句子中某些词的情意的，所以有些语音学家把它都叫做强调重音。其中不同之点是逻辑重音是由于对比、反衬、肯定等而把句子中某些词的某个音节念得特别重些的；表情重音却含有特别强烈的情感。一个句子中的任何一个词都可以带上逻辑重音。例如俄语 птицалетит［'pti:tsəlje'tit］是"鸟飞"的意思，如果把 птица 念得特别重些，那就是说"是鸟飞"，而不是别的东西飞；如果把 летит 念得特别重些，那就是说"鸟在飞"而不是在做什么。俄语的前置词通常是不带重音的，但是为了引起听者的注意，前置词也可以带上重音，例如 магазин находится не зá углóм, a нá углý［məgʌ'zi:n nʌ'xoditsə nje''za u'glom | a''na u'glu ‖]（商店不是在拐角外面，而是在拐角里面）。英语 Do you say you have put my hat in or on the wardrobe? ［djuː'sei ǀ ju hæv'put mai'hæt ''in ɔː''ɔn ðe'wɔːdroub ‖]（你说你把我的帽子放在衣橱的里面还是上面?）的 in 和 on 也是一样。这些都是逻辑重音。至于表情重音却只限于一些可以加上"很"、"十分"、"非常"、"真"、"好"等有强烈情感的词，略等于汉语的"好得很"、"坏极了"、"好家伙"、"真坏蛋"等等，但是一个句子既带有表情重音有时就可以不用这些带有强烈情感的字眼，那就是说，表情重音就等于这些字眼。例如英语 It's enormous ［it'ˢ i'nɔːməs] 这个句子本来是"它很大"的意思，但是如果把其中［'nɔ] 这个音节念得特别重些说成 ［its i''nɔːməs] 就成了"它大得很"或"它大极了"的意思，含有强烈的情感。在法语里，表情重音常把原有重音的位置移动。例如 épouvantable ［epuvɑ̃'tabl]是"可怕"的意思，把重音移到第一个音节说成 ['epuvɑ̃tabl] 却成了"可怕得很"的意思；beaucoup ［bo'ku] 是"许多"的意思，把重音移到第一个音节说成 ['boku] 却成了"许许多多"的意思。其中都含有强烈的情感。

13.19 汉语没有表意重音，但是有逻辑重音和表情重音。例如"他要你明天去"这个句子，如果把"他"念得重一些就是说"是他要你明天去"而不是别人；把"要"念得重一些就有你非去不可的意思；把"你"念得重一些，就是说他要

"你"明天去而不是要别人;把"明天"念得重一些就是说他要你"明天"去而不是今天或别的时候去;把"去"念得重一些就是说他要你明天"去"而不是要你做别的事情。这些都是逻辑重音。此外,有些词语如"翻来覆去"、"胡思乱想"等常把其中互相对称的字眼"翻"和"覆","胡"和"乱"念得重一些。这也是一种逻辑重音。至于说"你这个人糊涂",把"糊涂"念得特别重一些就等于说"你这个人真糊涂"或"你这个人糊涂极了",其中含有强烈的情感,这就是一种表情重音。

13.20 逻辑重音和表情重音是任何种语言里都有的,并且都是一种强调重音;可是逻辑重音是跟着说话者的思想走的,表情重音却含有很强烈的情感,这就是其间的差别。

五、声音长短的变化

13.21 在一个句子里,语言声音的长短也可能起一定程度上的变化。一般地说,每一个句子的停顿处,那最后一个音节都拉得比较长些,例如"今天晚上,很好的月光"中的"上"和"光",尤以句尾停顿最后的那个音节拉得更长一些。可是那也只限于一般的音节。就汉语来说,轻音的语气词是不能拉长的。所以如果停顿处有一个轻音的语气词,那么拉长的就不是最后的一个音节,而是这音节前的那个音节。例如在"你去,我就不去了"这个句子里，拉长的不是"了"，而是这个音节前的"去"。

13.22 声音的拉长大多数都是跟重音有关的。凡带有重音的音节，发音时不仅要念得重一些，同时也要拉得长一些。例如"他要你明天去"这个句子，不管逻辑重音落在哪个音节，它都要拉得比较长些。可是在比方"翻来覆去"、"胡思乱想"这一类对称的词语里，拉长的却不是带有逻辑重音的"翻"和"覆"或"胡"和"乱"，而是跟它们相连的"来"和"去"或"思"和"想"，因为它们在意义上是紧密地联系着的。

13.23 在一些带有特殊情感的句子里，常把那表示情感的词儿拉得长一些，同时改变它的重音或声调。例如"这个多好"，"多"拉得长一些，同时也念得重一些；"好家伙"，"好"拉得长一些，同时把它由上声改成去声。由此可见声音长短的变化，在大多数情况下，都是跟重音或声调的变化连在一起的。

13.24 在其他语言里，声音的长短也常跟重音有密切的关系，那就是说，重读音节常比非重读音节长一些。因此之故，同一个声音，在重读音节里和在非重读音节里，它的长度就显然有些不同，例如俄语 пи́сарь ['piːsərj]（书记）的 и [i] 比писа́ние [piˈsaːnije]（书信）的 и [i] 要长得多。

13.25 在英语里，同一个音节，后面跟着一个重读音节或非重读音节，它的长度往往不同，例如 There's no time [ðɛə z'nou'taim]（没有时间）的 no [nou] 比 There's nobody [ðɛə z'noubədi]（没有人）的 no [nou] 长；并且后面跟着的非重读音节越多，这个音节也就越缩短，例如 rapid ['ræpid]（快）的 ra ['ræ] 比 rapidly ['ræpidli]（快快地）的 ra ['ræ] 短。这些都是因为受了其他音节的影响。

13.26 法语的重读音节常随词的结构和句子的结构而变成非重读音节；同一个音节，它后面跟着的非重读音节越多，它的长度就越缩短。例如 pâte [pɑːt]（糖果）的 pâ [pɑː] 本来是一个长音，但是在比方 pâté [pɑ'te]（肉饼），pâtisserie [pɑtis'ri]（糖果商店），pâtisserie Saint-Germain [pɑtisri sɛ̃ ʒɛr'mɛ̃]（圣日耳曼糖果商店）等词或词的组合里，它的长度就一截一截变短了。

六、语调在语言中的作用

13.27 语调在语言发音中是一个非常重要的因素。我们无论是说话、演说、广播或朗诵诗文，一个句子里哪些是节拍，哪些是停顿，哪些音节应该念得高些或低些，重些或轻些，长些或短些，都要分别清楚，充分掌握，才能把其中的思想感情恰如其分地表现出来，发挥它应有的效果，不致使人听了好像和尚诵经一样,索然寡味。

13.28 语调在诗歌语言中尤其具有巨大的作用,因为诗歌是要讲究韵律和节奏的。所谓韵律就是一种语音上往返有序的节奏,其中固然跟声音的配合有关,但是主要的还是语调的问题。

13.29 汉语是一种"声调语音",它的特点是每个字各有一个字调。古代作诗的就利用这个特点来构成一种韵律。他们把汉语的声调分成平仄两类,平声属平,上、去、入声属仄。古典诗词中对于平仄常有极严格的规定,不能混乱。诗歌的格式虽然很多,但基本上是五言和七言的形式。五个字一句的常把头两个字分成一截,后三个字分成一截;七个字一句的分成"二、二、三"三截。直到现在,许多民间口头创作如民歌、快板等还是采取的这种形式。例如,有一首民歌是:

干劲　真正大,

碰天　天要破,

跺地　地要塌,

海洋　能驯服,

大山　能搬家,

天塌　社员补,

地裂　社员衲,

党的　好领导,

第十三章　句子语调的变化

　　集体　力量大。

这就是一个五言的形式。此外也有一些是七言的。例如：

　　太阳　太阳　我问你，

　　敢不　敢来　比一比？

　　我们　出工　老半天，

　　你睡　懒觉　迟迟起；

　　我们　摸黑　才回来，

　　你早　收工　进地里。

　　太阳　太阳　我问你，

　　敢不　敢来　比一比？

其他许多变式都是就这两个基本形式增加或减少字数变成的。

13.30　在其他"重音语言"如英语、法语中，多利用重音来构成一种律度（metre），轻音重音相间，也往往不能混乱。其中由一个轻音和一个重音构成的叫做轻重律（iambus），由一个重音和一个轻音构成的叫做重轻率（trochee），由两个轻音和一个重音构成的叫做轻轻重律（anapaest），由一个重音和两个轻音构成的叫做重轻轻律（dactyl）。每一行诗音节的多少不一样，但是也有一些有严格规定的。此外当然也有各种各样的变式。

13.31　梵语和希腊语的诗语多利用长短音节构成它们的节

律，因为这是它们的主要特点。每一行诗中，长短音节相间不能混乱。拉丁语的诗歌也曾一度模仿希腊语诗歌采用长短律，但是自中世纪以后已经改用重轻律了。

第三编　历史语音学

第十四章 语音的演变

一、语音演变的意义

14.1 语言是流动的,不是固定的。语言演变的结果可以分三方面来研究:一、词汇的演变,包括语义的演变;二、语法的演变,包括形态的演变和句法的演变;三、语言发音的演变,即语音演变。历史语音学所要研究的就是这些语音的演变。

14.2 语音的演变一般都是很缓慢的,要经过相当的时候才能看得出来,所以我们要研究语音的演变必须把各种不同时期的文献加以比较。世界上各种语言的历史文献是各种各样的:有些自很早的时候起就有了书面文献,有些直到现在还没有书面文献;书面文献中有些是拼音的,有些不是拼音的。拼音的历史文献所反映的语音演变比较明显，非拼音的却并不那么明显。

14.3 我国汉字不是拼音文字，有许多字光从字体上是看不出它们的读音的，例如"天"、"人"、"日"、"月"、"上"、"下"等等。因此我们要明了各个不同时期的发音就不能不用一些特殊的方法。向来大家用来考明各个时期汉字读音的方法大致有以下几个：

14.4 第一，利用谐声偏旁 我国汉字虽然不是拼音的，但是从很早的时候起就有了一种形声字。这些形声字包含有两部分：一部分是表示"形"的，即表示这个字的意义范畴的；一部分是表示"声"的，即表示这个字的声音的。例如"江"字从水、工声，"河"字从水、可声，"氵"旁表示这两个字的意义属于"水"的范畴，"工"和"可"分别表示这两个字的声音。这些表示声音的偏旁就叫做谐声偏旁。

14.5 汉字发展的倾向是形声字逐渐增多，其后变成了形声字占汉字的最大多数。可是这些形声字并不是同一个时期出现的；许多古代的形声字，如"松"、"柏"、"悲"、"盼"、"特"、"堵"等等，我们现在念起来，它所从得声的偏旁跟实际的读音已经相差很远。但是它们既然是形声字，就可以表明这些谐声偏旁跟这些字的读音在某一个时期总是相同或相近的。由这些谐声偏旁我们可以求出各个有关的字的一种谐声系统。

14.6 第二，根据各时代诗文中的韵语 我国自很早的时期起就有了一些关于古代民歌、民谣等的记载，例如《诗经》一书大部分都是周朝时代民歌的选集。其他如《楚辞》以及各朝代的诗词都是用诗歌体裁的。有些虽然不是诗歌体裁的书，里面也包含有一些韵语如《老子》、《史记》等等。所谓韵语就是说里面有些字是互相押韵的。例如《诗经·国风·终风》三章：

爱居爱处，爱丧其马。于以求之？于林之下。

"处"、"马"、"下"押韵。《老子》九章：

金玉满堂，莫之能守。富贵而骄，自遗其咎。功遂身退，天之道。

"守"、"咎"、"道"押韵。《史记·滑稽列传》：

此鸟不蜚则已，一蜚冲天；不鸣则已，一鸣惊人。

"天"、"人"押韵。其他如唐诗、宋词和其他有韵之文都有许多字是互相押韵的。这些互相押韵的字都是韵母相同或相近的，可以帮助我们整理出各个时代的韵类。

14.7 第三，根据古书中的"异文"和"声训" 所谓"异文"是指同一个词，这本书用这些字书写，而另外一些书却用了另外一些同音字来代替。例如《诗经》里的"匍匐"，另一些书把它写成"扶伏"，"蒲伏"或"蒲服"；《易经》里的"包羲"，另一些书把它写成"伏羲"；《左传》里的"陈完"，

《史记》里把它写成"田完"等等。这些"异文"的古代读音都是相同或相近的。古人好用读音相同或相近的字来解释另一个字的意义,例如《说文》:"马,怒也,武也";"邦,封也";"法,逼也";《释名》:"古者曰车,声如居,所以居人也"。这就是所谓"声训"。古代声训的字都是读音相同或相近的。

14.8 第四,根据古书中的注音　我国古代没有注音的符号,古书中遇有需要注音时多用"读若某"或"读与某同"等直音法。例如《说文》:"珣,读若宣";"朕,读与跌同";"丝,音司"等等。到了东汉才有用反切法的,用两个字来注一个字的音,上字与所切之字双声,下字与所切之字叠韵,如"当,都郎切"。这些注音的字各个时代不是全都相同的,因此我们就可以根据它来考明各个时期的读音。

14.9 第五,根据韵书和各种有关音韵学的书　我国自魏、晋时代起开始有韵书,其中有许多种现在已经丧失,保存得最好的有《广韵》、《集韵》和以后的《中原音韵》、《洪武正韵》等等。《广韵》一书对我国音韵学的影响很大,我们现在所用的"东"、"冬"、"钟"、"江"等韵目都是依照它所定的,甚至后代的《中原音韵》等也摆脱不了这些韵目的名称。这些韵书对于我们考明各个时期的汉语发音都有很大的帮助。除韵书外,我们自宋、元时代起并且有了一种等韵学,根据守温三十六字母或五音清浊等和《广韵》等韵书所列的韵部以及反切上下字,辨别其开合正副,绘成各种等韵图,对于审辨各个声音的性质也曾起很大作用。

14.10 我们音韵学家习惯上把周秦两汉的语音叫做古音。这一个时期还没有韵书,主要要靠各种诗文中的韵语和汉字的谐声偏旁,参以古书中的"异文"和"声训"等,把三十六字母和《广韵》一系韵书的韵目加以归并,大致整理出了一个古音的声韵系统。隋、唐以后的语音叫做今音,主要以《切韵》、《广韵》等韵书为根据,并参考各个时代诗文中的韵语,也大致拟出了一个系统。元、明以后的语音叫做北音,《中原音韵》就是一个很好的根据,跟现代汉语的语音有直接的联系。可是因为汉字不便标音,他们所拟定的每个声类和韵类究竟应该怎样念法,每个声类和韵类里面实际上包括着哪些声音,大家往往就答不出来。

14.11 其实我国自很早的时候起就有了一些外来借词,佛教传入中国后,更翻译了许多佛经,其中有一些是纯粹译音的,我们的邻国如日本、朝鲜、越南等,它们的语言中也都有一些汉语借词。这些都可以用来做我们考究汉字古代读音的参考。

14.12 其次,汉语有许多方言。这些方言相互间和汉语普通话间都有一种亲属关系,其中有些是比较保守的,即发展得比较慢的,里面有许多字音就可以给我们做研究古音的印证。例如我国音韵学家早已知道古代汉语轻唇(唇齿音)重唇(双唇音）不分，舌头（舌尖音）舌上（舌面音）不分，我们在福建方言里就可以找到许多例证。中古汉语的音节有[-m]、[-n]、[-ŋ]、[-p]、[-t]、[-k]六个收音，在《切韵》、《广韵》里分别得很清楚，现代汉语只剩下[-n]、[-ŋ]两个，而这六个收音在广东方言里都保存得很齐全。这些在我们确定古代汉语的语音时都可以给我们以很大的帮助。又汉语和藏语、缅甸语、泰语、壮语等都属汉藏系语言，如果我们把它们间的对应关系研究清楚，这对于我们研究汉语古音将会有很大的作用。

14.13 以上两种方法都是历史语音学所不可缺少的；前一种叫做历史法，后一种叫做历史比较法。由于汉字结构的特殊，我们利用历史法只能整理出一个大致不差的声韵系统，要构拟出各个时期的语音系统必须兼用历史比较法把各个汉字的读音重建起来。这种工作是近几十年来才开始的。

14.14 西洋语言多用拼音文字，虽然文字的拼写法自16、17世纪以后已渐固定，很少改变，可是语音的演变还可以从里面辨认出来。自19世纪以来，历史比较法大为发展，利用不同语言的语音对应关系研究语音演变规律，使历史语音学研究有了很大的进展。我们现在知道有所谓印欧系语言、斯拉夫族语言、罗曼族语言、日耳曼族语言等等都是依靠这种方法得来的。

14.15 此外，有些没有历史文献的语言，我们要研究它们的语音演变就比较困难。虽然我们也可以就它们所有的方言和它们跟其他亲属语言的语音加以比较,但是比起其他有悠久的历史文献的语言来却要困难得多了。

二、语音演变的种类

14.16 语音演变表现的方式繁多,其中有些是只涉及个别的词的发音的,有些是涉及整个语音系统的,我们须要分别看待。

14.17 只涉及个别的词的发音的语音演变多出于某种特殊的原因。例如我国古代传说中的月神本叫做"姮娥"。《淮南子》:"羿请不死之药于西王母,姮娥窃之,奔月宫"。"姮娥"又作"嫦娥",如《搜神记》:"羿请不死之药于西王母,嫦娥窃之以奔月"。"姮"本音"恒",现在"嫦娥"的"嫦"却多读若"常"。"纠纷"的"纠"本"纪酉切",读与"赳"同,但因"丩"与"斗"相似,现在广州人多读若"斗","赳赳武夫"的"赳"也念作"斗"。这些都使到某一个词的读音发生了变化。西方语言中有一种所谓"流俗语源"。例如德语的 Abendteuey(冒险)一词本来是由法语 aventure 变来的,其中的 Aben 因为跟 Abend(夜)相似,后来竟变成了 Abendteuer;法语的 choucroute(酸菜)本源出于德语的 Sauerkraut,照理应该是 sourcroute，后来因为 sour 和 chou（白菜）相似，后来竟也变成了 choucroute。这些语音的演变都只涉及个别的词的发音，而没有影响到整个语音系统的变化。

14.18 此外，有些语音的演变却是牵涉到整个语音系统的。这又有两种情况。第一种情况是由某一个声音变成了另外的一个声音，而这两个声音都是原来就有了的，所以并不影响到整个音位系统成分的变化。例如古代汉语收［-m］的字音，现代汉语里都变成了收［-n］，如"林"［*ljiěm > lin］，"心"［*siěm > ɕin］，"音"［*ʔjiěm > jin］，"南"［*nam > nan］，"甘"［*kɑm > kan］等等，毫无例外。可是这收音［-n］是原来就有了的，并且作为一个音位系统成分的［m］也并不因此而全部消失。古代德语的长元音 ī 和 ū 在一定条件下变成了复合元音 ei［ai］和 au［au］，如 Wīn > Wein（酒），Hūs > Haus（房子）等等。可是这些复合元音 ei 和 au 是德语原来就有了的，作为音位系统成分的 ī 和 ū 也不因此而就全都没有了。这些语音的演变并没有影响到整个音位系统成分的变化。

14.19 第二种情况是牵涉到整个音位系统成分的变化的。例如古代汉语的"微"母字在某一个时期应该是一个唇齿鼻音［*ɱ］，现代汉语里都变成了（w），如"文"　　［*ɱiuən > wuən］，"微"［*ɱuei > wuei］，"武"［*ɱiu > wu］等等。这样一来，这个声音在整个汉语音位系统中就不存在了。古代汉语的"並"、"定"、"群"母字在某一个时期应该是送气浊塞音[*b']、[*d']、[*g'j],现代汉语里平声变成了送气清破裂音[*p']、[*t']、[*tɕ'],如"平"[*b'ji^{w}ɐŋ > p'iŋ],"同"[*d'uŋ > t'uŋ],"群"[*g'jiuɐn > tɕ'yn]等等,仄声变成了不送气清破裂音[p]、[t]、[tɕ],如"病"[*b'ji^{w}ɐŋ > piŋ],"洞"[*d'uŋ > tuŋ],"郡"[*g'jiuɐn > tɕyn]等等,结果这些浊破裂音也就全都消失了。反过来,古代汉语开口呼的"支"[*-ɪe]、"脂"[*-i]、"之"[*ɪə]韵字,在"知"[*ʈ-]、"彻"[*ʈ'-]、"澄"[*ɖ'-]、"精"[*ts-]、"清"[*ts'-]、"从"[*dz'-]、"心"[*s-]、"邪"[*z-]、"照"[*tɕ-]、"穿"[*tɕ'-]、"床"[*dʑ'-]、"审"[*ɕ-]、"禅"[*ʑ-]等母后现代汉语都变成了舌尖前元音[ɿ]或舌尖后元音[ʅ],如"知"[*ʈɪe > tʂʅ]、"池"[*ɖ'ɪe > tʂ'ʅ]、"雌"[*ts'ɪe > ts'ɿ]、"资"[*tsi > tsɿ]、"瓷"[*dz'i > ts'ɿ]、"私"[*si > sɿ]、"之"[*tɕɪə > tʂʅ]、"兹"[*tsɪə > tsɿ]、"慈"[*dz'îə > ts'ɿ]、"时"[*ʑîə > ʂʅ]、"诗"[*ɕɪə > ʂʅ]等等,而这些舌尖元音却是汉语原来所没有的。大家知道,现代俄语里有一种软辅音如[bj]、[pj]、[mj]等等,它们是古代俄语里所没有的,而古代俄语里有些音位在现代俄语里却已经消失了。这样的语音的演变就不只涉及各个词的读音的变化,而且牵涉到旧音位的消亡和新音位的产生。新音位的产生可以

使音位的数目增加，旧音位的消亡可以使音位的数目减少。这些都是跟整个音位系统有关的。

14.20 除以上所说的语音的演变外，声调、轻重音和长短音也可能发生变化。古代汉语里在某一时期本来有平、上、去、入四个声调，后来平声因受浊辅音的影响分出了一个阳平声，如"南"［*nam > nan ˧］，"平"［*bʻjiʷeŋ > pʻiŋ ˧］，"时"［*ziɛ > ʂɿ ˧］等等。这就是一种声调的演变。现代汉语的许多念轻音的后缀，如"指头"的"头"，"椅子"的"子"等等都是不很久以前产生的①。这就是一个轻重音的变化。古代汉语的入声字，除收［-p］、［-t］、［-k］外，一般都念短音。现代汉语里已没有入声字。古代的入声字都已分别派入平、上、去三声，不独收音已经脱落，音的长短也已没有什么分别，如"笔"［pi ˇ］之与"比"［pi ˇ］。这就是一种长短音的变化。这些也都是语音演变的不同表现。

14.21 在各种语音的演变中，有些是突然发生的，如个别词的发音的变化。这种变化是不需要很长时间的酝酿的，我们可以管它叫突然的变化。另外有些却是经过很长的时期逐渐起变化的，如一般涉及整个语音系统的，尤以新音位的产生和旧音位的消亡来得更慢。这种变化，我们管它叫做逐渐的变化。

---

① 现在许多方言里都没有这种轻音的念法。

14.22 有些语音的演变是在一定的发音条件下实现的,如古代汉语的送气浊破裂音在现代汉语里平声变成了送气清音,仄声变成了不送气清音;有些却是没有任何发音条件的,如古代汉语的 [*ɱ-] ("微"母)变成了现代汉语的 [w-]。前者叫做有条件的语音演变,后者叫做"自发的"语音演变①。

三、语音演变的条件

14.23 任何语音都是在一定的条件下发生变化的。语音演变的条件可以分以下三方面来说明:

14.24 第一,发音上的条件 语音的演变,除"自发的"演变外,绝大多数都是在一定的发音条件下起变化的。语音演变的发音条件有好几种。有些是因为受了邻音的影响而起变化的,例如古代汉语的"见"[*k] 母字在齐齿呼 [i] 或撮口呼 [y＜iu] 的韵母前变成了现代汉语的 [tɕ],如"见"[*kien＞tɕiɛn],"鸡"[*kiei＞tɕi],"居"[*kjiwo＞*kjy＞tɕy],"绢"[*kjiʷæn＞*kjyn＞tɕyn] 等等,但是在开口呼或合口呼 [u] 的韵母前却不起变化,如"古"[*kuo＞ku],"干"[*kān＞kan],"官"[*kuan＞kuan],"公"[*kuŋ＞kuŋ] 等等。有些

---

① 所谓"自发的"语音演变也有一定的条件,不过不是发音条件罢了。

239

是因为受了声调或重音的影响而起不同的变化的。例如古代汉语的"并"[*b']母字在现代汉语平声变了[p'],如"皮"[*b'jiɛ > p'i],"蒲"[*b'uo > p'u],"牌"[*b'ai > p'ai],"盘"[*b'uɑn > p'an]等等,仄声变成了[p],如"倍"[*b'ɑi > pei],"伴"[*b'uɑn > pan],"扁"[*b'iʷen > piɛn],"抱"[*b'ɑu > pɑu]等等。这些都是语音演变的发音条件。

14.25 第二,时间上的条件 在一种语言里,某个声音变成某个声音常有一定时间上的限制,在这个时期以前,那个声音固然没有起变化,过了这个时期,它也可能不再起这样的变化。例如我们说由古代汉语的[*m]("明"母)在某种条件下分出了一个[*ɱ]("微"母),这大约是公元3世纪到11世纪(魏晋到宋代)之间发生的,自12世纪(南宋)以后这个[*ɱ]音已逐渐变为[*v],最后连这个[*v]也消失了,却由跟在后面的元音发展成了现代汉语的[w]。这其间是曾经过几度变化的。大家知道古盎格鲁·萨克逊语的长 ā 到12世纪变成了长 ō,其后再变成了现代英语的[ou],例如 fā > foe > [fou](敌人),rāp > rope > [roup](绳子),hām > home > [houm](房子),stān > stone > [stoun](石头)等等。可是过了这个时期,声音已起了另外的一种变化,所以15世纪以后英语向法语借来的许多词如 place(地方),cage(鸟笼)和从北

方方言借来的 hale（壮健）等等，其中的长 ā 都已变成了 [ei]
而不再是 ō 和 [ou] 了。在由拉丁语发展为法语的过程中，凡 a
前的 c [k] 都变成了 ch [ʃ]，如 campum > champ（田），cattum > chat（猫）等等。但是这种变化大约只到 13 世纪为止，其
后许多由意大利语或其他语言借来的词，在相同的条件下也已
不再起同样的变化，例如 camp（野营），cavalier（骑士）等等。
由此可见语音的演变是有一定的时间性的。

14.26　我们怎样知道某一个声音在哪一个时期变成另外的
一个声音呢？这除有关的历史文献外往往需要依靠一些借词来
确定，例如上面所举英语和法语的例子就是这样。总之，这两
样东西是互相为用的。我们知道某一种语言的某一个声音在什
么时候变成另外的一个声音固然可以帮助我们确定某一个词是
不是外来借词，另一方面，我们知道某一个外来词是什么时候
怎样借来的，如果它在相同的条件下有不同的发音，我们也就
可以根据它来确定那个语音的演变大约到什么时候为止。

14.27　**第三，地理上的条件**　语音的演变不仅受时间上的
限制，而且要受地理上的限制，那就是说，某一个声音在某一
个地区这样起变化，但是在另外的一个地区却并不一定这样起
变化，或者根本不起变化。例如我们上面所说的由古代汉语的
[ˇm]（"明"母）在一定的条件下分出了一个 [ˇɱ]（"微"
母），其后复由 [ˇɱ] 变成了 [ˇv]，再由 [ˇv] 变成了现代

汉语的［w］，这是就现代汉语普通话和一些北方方言来说的，现在这一类字如"文"、"武"、"微"、"务"等等广东方言中仍然念作［m］，吴语区许多方言中仍然念作［v］，在不同的方言中就有了不同的变化。又如我们说现代汉语中已经没有入声字，这也是只就以北京音为标准音的普通话和北方的一些方言来说的，现在广东方言中却还很完整地保存着这些收［-p］、［-t］、［-k］并且念得比较短的入声字，如"急"［kɐp］、"吉"［kɐt］、"屋"［uk］等等，吴语区的方言中也还保存有这些入声字，不过它们的收音［-p］、［-t］、［-k］都已变成喉门塞音［ʔ］了。这些同一语言声音在不同地区的不同演变，我们甚至可以用线条把它们的界限绘成各种方言地图，那就是语言地理学或方言地理学的主要任务。

四、语音定律

14.28 一种语言的语音演变的倾向，我们可以把它列成许多不同的公式。这些语音演变的不同公式就叫做语音定律。

14.29 我们在上边说过，语音的演变是有它的时间上和地理上的限制的，因此语音定律也就有它的时间性和区域性。在同一种语言里，某一个语音定律在一定的时期内发生作用，过了这个期间就不再发生作用，因此或者由于借用外来词，或者由于语音的结合,虽然有着相同的发音条件,它也已不再发生变化,或者发生了另外的一种变化。

14.30 一切语音的演变一般都是很有规则的,因为它所涉及的不只限于个别的词,而常牵涉到整个的语音系统,在相同的时期和相同的地区,一个语音起变化,在相同的发音条件下,它在任何的词里都同样起变化。并且一个语言的声音在发音上是跟其他许多声音紧密地联系着的。例如一个 [b],作为双唇音,它固然跟 [p] 有联系,作为浊破裂音,它也跟 [d]、[g] 等有联系。语音的演变常不是孤立的。一个声音起变化常会牵连到其他许多跟它在某方面有联系的声音也同样起变化。例如古代汉语里本来有好几个浊破裂音和破擦音如"並"[*b']、"定"[*d']、"群"[*g'j]、"澄"[*ɖ']、"从"[*dz']、"床"[*dʐ'] 等母,现代汉语里都已经消失了。

14.31 在任何语言或方言里,语音定律都是绝对的,不容许有什么例外的。关于这一点,常有些人提出相反的意见。他们认为在我们所能看到的许多语音定律中都或多或少有一些例外。例如古代汉语"溪"[k'] 母字在广州话一般变成了 [h],如"可"[*k'a > hɔ],"看"[*k'ɑn > hɔn],"开"[*k'ɑi > hɔi],"轻"[*k'jiaŋ > hiŋ],"去"[*k'ji^{w}o > hœy] 等等;但是也有一些是变成 [f] 的,如"枯"[*k'uo > fu],"科"[*k'uɑ > fɔ],"快"[*k'uai > fai] 等等;另外有一些根本就没有变，如"坤"[*k'uən > kwʻan]，"亏"[*kʻjʷiɛ > kwʻai]，"谿"[*kʻiei > kʻai]，"区"[*kʻjiu > kʻœy]等等，可见语音定律不是没有例外的。这其实是不明白语音定律有它的时间性和区域性的说法。实际上，任何语音的演变都是缓慢的、逐渐的和有规律地进行的，所以我们可以把它列成许多有规则的公式，从这一方面看，语音定律是不可能有任何例外的。但是因为语音定律有时间上的限制，过了这一个时期，它的演变就可能有不同的方向。并且任何语言或方言都或多或少有一些外来借词，这些外来借词输入的时间有先有后，因此它们在语音形式上就不免有些参差。此外，语音的演变还有各种发音上的条件，我们不把这些发音条件研究清楚也将没法解释同一个语音何以会有不同的变化。所有这些因素都可能使一种语言或方言的语音演变从表面上看来似乎有一些跟一般倾向不相一致的例外。其实这些例外都是可以用发音的条件和历史上的事实来加以解释的。例如广州话的"枯"、"科"、"快"等"溪"母字之所以跟"可"、"看"、"开"、"轻"、"去"等有不同的变化，那是因为它们都是"合口呼"字，发音条件不同，而"坤"、"亏"、"谿"、"区"等字却是由"文言"的发音保存下来的。

第十五章　元音的演变

一、元音演变的发音条件

15.1　元音的演变，除极少数是"自发"变化的以外，大多数都各有它们自己的发音条件。元音演变的发音条件可以分以下几方面来说明。

15.2　第一，邻音的影响　绝少的元音是单独构成音节的。元音常跟其他声音组合起来构成各种不同的音节，这些跟元音相邻的声音就可以影响到它们的变化。例如古代汉语的"麻"韵，主要元音都是一个 [*a]，在现代汉语里有些还保持着不变，如"巴"[*pa>pa]，"钯"[*pʻa>pʻa]，"杷"[*bʻa>pʻa]，"麻"[*ma>ma]，"渣"[*tṣa>tṣa]，"叉"[*tṣʻa>tṣʻa]，"查"[*dẓʻa>tṣʻa]，"沙"[*ṣa>ṣa]（这里的 a 实际是 A）等等；有些前面有个 [ʷw] 的（即合口呼）也保持着不变，如"瓜"[ʷkʷa > kua]，"夸"[ʷkʰʷa > kʰua]，"花"[ʷxʷa > xua]，"华"[ʷɣʷa > xua] 等等；有些本来只有一个 [ʷa] 音的，前面却多出了一个 [ʷi]，如"家"[ʷka > tɕia]，"霞"[ʷɣa > ɕia] 等等；前面有个 [i] 的（即三等开口呼）有些变成了 [ə]，如"遮"[ʷtɕia > tʂə]，"车"[ʷtɕʰia > tʂʰə]，"奢"[ʷɕia > ʂə] 等等，有些变成了 [ɛ]，如"爹"[ʷtia > tiɛ]，"些"[ʷsia > ɕiɛ]，"斜"[ʷzia > ɕiɛ] 等等。一个 [a] 音之所以有各种不同的变化都是因为受了它的邻音的影响。

15.3 第二，音高、音强和音长的影响　除领音外，一个音节的高低、强弱和长短也可能影响元音的变化。汉语"湫隘"的"湫"有两个读音：一个念 jiū [tɕiou˥]，阴平声，一个念 jiǎo [tɕiɑu˧˩]，上声，其中元音的不同显然是因为受了不同声调的影响。"着力"的"着"念 zhuó [tʂuo˧˥]，"着忙"的"着"念 zhāo [tʂau˥]，而"看着"的"着"念 zhe [tʂə]，其中 zhao 是口语音，而 zhe 却是轻音；"轻轻地"、"快快地"的"地"唐宋时代念 [ʷti]，现在念 [tə]，也因为它是轻音。广州话的"里"念 [lei]，"列"念 [lit]，在古代应该都是 [ʷi]；前者是长 [ʷi]，现在变成了 [ei]，后者是短 [ʷi]，所以没有变。这些都是音高、音强和音长对于元音演变的影响。

二、元音音质的演变

15.4 元音演变的倾向可以从音质的变化、复合元音化和单元音化、元音的脱落和增加三方面来观察。现在先谈元音音质的变化。

15.5 元音音质的不同决定于发音时舌位的前后、口腔的开闭（或舌位的高低）、唇的平圆和软腭的上举或下降。在元音的发音中，不论是由于"自发"的演变，或者由于其他声音或音高、音强、音长等的影响，假如其中一方面或两方面发生变化就会影响元音音质的变化。

15.6 根据发音时舌位的前后，我们把元音分成前元音、央元音和后元音三种。在元音的演变中，一个后元音由于某种原因变成了前元音叫做前元音化，例如古代英语 fōti（脚，复数）＞fēti，后元音 ō 因受前元音 i 的影响变成了前元音 ē；古德语 Huti（帽子，复数）＞Hüte，后元音 u 因受前元音 i 的影响变成了前元音 ü [y]。这就是一种语音的同化。反过来，一个前元音由于某种原因变成了后元音叫做后元音化。例如古代法语 damage（损害）＞domage，前元音 a 为后一个 a 所异化而变成后元音 o。不论前元音或后元音由于某种原因变成了央元音叫做央元音化，例如汉语的 *tɕia＞tʂə（遮），*tɕ'ia＞tʂ'ə（车）等等。现代汉语 [ɿ]、[ʅ] 这两个舌尖元音源出于中古汉语的 [*i]，如 *tsi > tsɿ（资），*dzʻi > *tsʻi > tsʻɿ（瓷），*si > sɿ（私），*ȶie > *tʂi > tʂʅ（知），*dʻie > *tʂʻi > tʂʻʅ（池），*ɕie > *ʂi > ʂʅ（诗）等等，这叫做舌尖元音化；卷舌元音 [ɚ] 也是由中古 [*i] 音变来的，如 *ȵzi > *zʅ > ɚ（二），这叫做卷舌元音化。所有这些都是跟舌位前后的变化有关的。

15.7 根据口腔的开闭（或舌位的高低），我们把元音大致分成开元音（或低元音）、半开元音（或半低元音）、半闭元音（或半高元音）和闭元音（或高元音）等四类。如果一个较开的元音由于某种关系变成了一个较闭的元音叫做闭元音化，例如古代汉语的 *kɑ（歌）变成了广州话的 [kɔ]；古代汉语的 *kɐŋ（庚）变成了现代汉语的 kəŋ 等等。反过来，如果一个较闭的元音由于某种原因变成了一个较开的元音叫做开元音化，例如古代汉语的 *kʻəŋ（肯）变成了广州话的 [haŋ]，古代法语的 merché（市场）变成了现代法语的 marché 等等。闭元音化和开元音化往往跟前元音化和后元音化有连带关系，因为一个开元音变为闭元音，它的舌位往往也跟着由后而移前；一个闭元音变为开元音，它的舌位往往也跟着由前而移后。但是这只限于前元音；央元音和后元音却没有这种情况。

15.8 根据唇的平圆，我们把元音分成圆唇元音和不圆唇元音（包括自然唇元音）两类。如果一个不圆唇元音由于某种原因变成了圆唇元音叫做圆唇元音化，例如古代汉语的 *ləu（楼）变成了苏州话的 løy；古代汉语的 *kan（干）变成了上海话的 kø（参考"谈"[*d'ɑm > d'ɛ]）；如果一个圆唇元音由于某种原因变成了不圆唇元音叫做不圆唇元音化，例如英语的 come（来）现在念成 [kʌm]。

15.9 我们通常发元音时，软腭总是往上抬起，阻塞住由咽头到鼻腔的通路的。如果元音后面有个鼻音，这元音受后面鼻音的影响，一开始时软腭就往下降低，使空气同时从鼻腔和口腔流出，这种元音叫做鼻化元音，结果可能使到后面的鼻音完全丢失，整个溶化在这元音里面，这种变化就叫做鼻元音化。例如西安话"谈"[*d'ɑm > t'æ̃]，"唐"[*d'ɑŋ > t'ã] 等等。现代法语有四个鼻化元音也都是因为受了后面的鼻音的影响变成的，如 an（年）> ã，bon（好）> bɔ̃，vin（酒）> vɛ̃，un（一）> œ̃ 等等。在法语里，假如鼻化元音后面还有一个鼻音，那么这鼻化元音又再变成非鼻化元音，如 bonheur（幸福）> bɔ̃nœːr > bɔnœːr，connaissance（认识）> kɔ̃nɛsã:s > kɔnɛsã:s 等等。这种变化叫做口元音化。

三、复合元音化和单元音化

15.10 一个单元音由于某种关系变成了复合元音叫做复合

元音化。复合元音化的原因不外两个：一个是由于邻音的影响，一个是由于元音的"自发"变化。

15.11 汉语的"家"在中古时代的读音是[ˇka]（"见"母"麻"韵二等开口呼），舌根音[k]之后跟上一个前元音[a]，这两个声音之间就很容易逐渐长出一个过渡音[i]来，结果变成了[ˇkia]，再变成现代汉语的[tɕia]，可见其中由一个单元音[ˇa]变成渐升的复合元音[ˇia]是因为受了邻音[ˇk]的影响。

15.12 另外有些复合元音是由于单元音的"自发"变化的，例如我们上面说过的英语的 foe [foː]（敌人）变成[fou]，rope [roːp]（绳子）变成[roup]；德语的 Win [wiːn]（酒）变成 Wein [vain]，Hus [huːs]（房子）变成 Haus [haus]，以至广州话的[ˇli]（里）变成[lei]，[ˇmu]（模）变成[mou]等等都属于这一个类型。这些元音何以会变成复合元音呢？因为它们都是长元音。在一个音节里，凡主要元音的后一半都有一个逐渐减弱的紧张。这逐渐减弱的紧张能够维持到一定程度，那么这个元音可以不致发生变化；但是假如其中一部分降到这个最低限度以下，那么这一部分的音质就会逐渐变成跟前一部分的不同，而这一单元音就变成复合元音了。

15.13 一个长元音变成复合元音，改变音质的往往是它的最后的一部分。这一部分跟前一部分比较起来不独念得较短、

第十五章 元音的演变

较弱，开口程度也比较小。如果那是一个开口程度比较大的元音，那么最后一部分变出来的往往是一个跟它相近似的开口程度较小的元音，如英语的 foe（敌人）变成 [fou]，rope（绳子）变成 [roup] 等等。但是假如那是一个开口程度已经很小的元音如 [i] 或 [u]，那么最先变出来的可能是一个开口程度更小的元音如 [iị]、[uụ]，然后前一部分起异化作用变成了 [ei]、[ou] 以至 [ai] 或 [au]。例如英语的 time [tiːm]（时间）变成 [taim]，德语的 Win [wiːn]（酒）变成 Wein [vain]，Hus [huːs]（房子）变成 Haus [haus]，以至广州话的 [*liː]（里）变成 [lei]，[*muː]（模）变成 [mou] 等等都可能经过这样的过程。

15.14 另一方面，一个复合元音由于某种原因变成了单元音，我们管它叫做单元音化，例如上海话的"开"[*k'ai > k'ɛ]，"海"[*xɑi > hɛ]，"交"[*kiɑu > kɔ]，"敲"[*k'iɑu > k'ɔ]，厦门话的"高"[*kɑu > ko]，"宝"[*pɑu > po] 等等。现代法语里没有复合元音，许多来源不同的复合元音如 fait（事实，< 拉丁语 factum），aube（黎明，< 拉丁语 alba）等都已经变成单元音 [fɛ] 和 [oːb] 了。

四、元音的脱落和增加

15.15 在元音的演变中，常有某些元音因弱化而脱落的，这叫做元音的脱落。例如汉语的"五",古属"姥"韵字,应读作[ˇŋuo],现在广州话念[ŋ̍],其中的元音已脱落了;"姆妈"的"姆"古也属"姥"韵字,应读作[ˇmuo],现在苏州话念[m̩],其中的元音也已脱落了。古代汉语里有一些合音字,如"何不"变成"盍","而已"变成"耳","之于"变成"诸","之焉"变成"旃","奈何"变成"那"等等,有些甚至连当中的辅音也脱落了。①

15.16 俄语里有些词,由于语音演变的结果,在变词法中常把其中某个元音省掉,例如 сон [son] —сна [sna]（睡眠）,лоб [loːp] —лба [lba]（额）, цветóк [tsvjetoːk] —цветка [tsvjetka]（小花儿）, день [djeːnj] —дни [djnji]（日子）, конец [kʌnjeːts] —конца [kʌntsa]（结尾）等等,构成了一种历史性的交替,这也是一个元音脱落的现象。

15.17 另外有一种现象跟这相反的,那就是元音的增加。

15.18 元音增加的原因主要是为了适应某一民族的发音习惯。例如古代法兰西人不能发起音破裂音前的 s,所以凡遇到有像 sp-, st-, sc- [sk-] 等这样的音组时都要在它的前面加上一个 e,如由拉丁语 species（品种）变成法语的 espèce;其他如 stabula > estable > étable（牛房）, scribere > escrire > écrire

---

① 参看以上 §13.3。

第十五章　元音的演变

（写）等等都曾经过这样的过程。古代西班牙人也不能发这种音组，所以上面所说的几个拉丁语的词在西班牙语变成了 especie, establo, escripir，也都在 s 的前面加上了一个元音 e。

第十六章 辅音的演变

一、辅音演变的发音条件

16.1 辅音的演变和元音的演变一样,虽然也有一些是出于"自发"变化的,但是大多数都有它们自己的发音条件。辅音演变的发音条件可以分以下几方面来说明。

(一)在音节中的位置

一个辅音在音节中占着什么位置,这跟辅音的演变有很大的关系。一般地说,收音常比起音容易起变化,两个元音间的辅音又比词首的辅音容易起变化。这是很容易理解的,因为在任何语言里,收音都是前强音,后一半发音很弱,弱则容易起变化;同是起音,而一个在词首,一个在两个元音之间,那个在两个元音之间的会受前后两个元音的影响,所以也容易起变化。

（二）邻音的影响

辅音之所以起变化，大多数都是因为受了邻音的影响。其中有些是因为受了后一个元音的影响的，例如古代汉语的[ˇk]（"见"母字），[ˇkʻ]（"溪"母字），[ˇx]（"晓"母字）在[ˇi]（齐齿呼）、[ˇy]（撮口呼）之前变成了现代汉语的[tɕ]、[tɕʻ]、[ɕ]，如"见"[ˇkien > tɕiɛn]，"器"[ˇkʻji > tɕʻi]，"希"[ˇxjei > ˇxji > ɕi]，"居"[ˇkjiʷo > kjy > tɕy]，"去"[ˇkʻjiʷo > ˇkʻjy > tɕʻy]，"虚"[ˇxjiʷo > ˇxjy > ɕy]等等；有些是因为受了另一个辅音的影响的，例如古代汉语的"凡"[ˇbʻjiʷɐm]现在广州话念成[faːn]，古代汉语的"乏"[ˇbʻjiʷɐp]现在广州话念成[fat]，就因为最后的[-m]、[-p]为起音[bj]所异化而变成了[-n]、[-t]。

（三）声调或重音的影响

在辅音的演变中，有时声调或重音也可能影响辅音的变化。例如古代汉语的[ˇbʻ]["並"母字]、[ˇdʻ]（"定"母字）、[ˇgʻj]（"群"母字）平声变成了现代汉语的[pʻ]、[tʻ]、[tʻ]，仄声变成了[p]、[t]、[tɕ]就是一个很好的例子。

二、辅音音质的变化

16.2 辅音演变的倾向可以分辅音音质的变化、辅音的脱落和增加两方面来研究。

16.3 辅音的音质主要决定于发音部位、发音方法和声带状态三方面，在辅音演变的过程中，无论由于什么原因，这三方面有任何一方面发生变化就会引起辅音音质的变化。

16.4 与发音部位的变化有关的，我们可以举现代汉语的所谓"尖团音"不分来做例子。所谓"尖音"就是说古代汉语的［*ts］（"精"母字）、［*tsʻ］（"清"母字）、［*s］（"心"母字）在［*i］（齐齿呼）、［*y］（撮口呼）之前仍念［ts］、［tsʻ］、［s］，如"精"仍念［tsiŋ］，"清"仍念［tsʻiŋ］，"心"仍念［sin］，这在《中原音韵》里分别得很清楚，现在有些方言也还是这样念的。可是在普通话里，［*ts］、［*tsʻ］、［*s］因受［*i］或［*y］的影响已变成了［tɕ］、［tɕʻ］、［ɕ］，如"精"念［tɕʻiŋ］，"清"念［tɕʻiŋ］，"心"念［ɕin］，这样一来，就跟由古代汉语［*k］（"见"母字），［*kʻ］（"溪"母字），［*x］（"晓"母字）在相同的条件下变来的［tɕ］、［tɕʻ］、［ɕ］，如"京"［*kiŋ > tɕiŋ］、"倾"［*kʻiŋ > tɕʻiŋ］、"欣"［*xin > ɕin］没有什么分别了。这就是所谓"团音"。这种由［ts］、［tsʻ］、［s］变成［tɕ］、［tɕʻ］、［ɕ］的过程就是一种发音部位发生变化的过程，其结果我们可以把它叫做舌尖辅音的舌面化。

16.5 至于古代汉语的［*k］（"见"母字），［*kʻ］

("溪"母字）在［*i］（齐齿呼）或［*y］（撮口呼）之前变成现代汉语的［tɕ］、［tɕʻ］，那就不仅是发音部位的变化，同时而且是发音方法的变化，因为［*k］和［*kʻ］是破裂音，而［tɕ］和［tɕʻ］是破擦音，发音方法是不同的。这种例子，我们在西洋语言里可以找到许多。例如俄语 друr（朋友）的收音是一个破裂音 r（现在念成［k］），而在 дружба（友谊）里，这个 r［g］却变成了摩擦音 ж［ʒ］；英语的 c, g 在 a, o, u 之前念破裂音［k］,［g］,如 car［kaː］（车），come［kʌm］（来），cup［kʌp］（杯子），garden［gɑːdn̩］（花园），go［gou］（去），gun［gʌn］（大炮），而在 i, e 之前多念成摩擦音［s］或破擦音［dʒ］，如 city［siti］（城市），center［sentə］（中心），gin［dʒin］（起重机，计策），gem［dʒem］（宝石）等等，其中都曾经过一种发音方法变化的过程。

16.6 发音部位的变化和发音方法的变化往往是同时发生的。例如由古代汉语的［*p］（"帮"母字），［*pʻ］（"滂"母字），［*bʻ］（"並"母字），［*m］（"明"母字）在一定的条件下变成了后来的［*f］（"非"、"敷"母字），［*v］（"奉"母字），［*m̥］（"微"母字），其中有些不仅是发音部位的变化（由双唇音变成唇齿音），而同时也就是发音方法的变化（由破裂音变成摩擦音）。

16.7 根据声带状态，我们一般把辅音分成清、浊两类

(各有送气和不送气的分别)。浊音在一定的条件下变成清音在各种语言中是一个极常见的现象,例如古代汉语的 [ˇbʻ]("並"母字)、[ˇdʻ]("定"母字)、[ˇgʻj]("群"母字)、[ˇdʻ]("澄"母字)、[ˇdzʻ]("从"母字)、[ˇdʐʻ]("床"母字)在一定的条件下变成了后来的 [ˇp]、[ˇpʻ]、[ˇt]、[ˇtʻ]、[ˇtɕ]、[ˇtɕʻ]、[ˇts]、[ˇtsʻ]、[ˇtʂ]、[ˇtʂʻ] 等等。这种变化我们把它叫做清音化。在有些语言里,清音也可以变成浊音。例如在由古印欧系语言变成古日耳曼族语言和现代德语的过程中,德国格里木(Jacob Grimm)曾发现有一个很有规则的变化,他叫做"语音变化"(Lautverschiebung)。这种变化的公式是:

梵语、希腊语、拉丁语 p、t、k > 古日耳曼族语 f、Þ、h > 现代德语 b、d、g;

梵语、希腊语、拉丁语 b、d、g > 古日耳曼族语 p、t、k > 现代德语 f、z、ch;

梵语、希腊语、拉丁语 f、th、ch > 古日耳曼族语 b、d、g > 现代德语 p、t、k。

从这里我们可以看到,其中 p、t、k > f、Þ [θ]、h 或 f、z [ts]、ch [x] 是发音方法的变化,b、d、g > p、t、k 是浊音变清音,而 f、Þ [θ]、h 或 f、th [tʻ]、ch [kʻ] > b、d、g 则不仅是发音方法的变化,同时也已由清音变成了浊音。这种变化我们把它叫做浊音化。

16.8 在由拉丁语变成西班牙语的过程中，凡两个元音间的清辅音都变成了相应的浊辅音，例如 profectu > provecho（利益），lupu > lobo（狼），vita > vida（生命），amicu > amigo（朋友）等等。这是因为我们发元音时声带必然起颤动，影响所及，其间的清音都变成了浊音。现代西班牙语里，这些 b、d、g 都已念成 [β]、[ð]、[ɣ]，已经又由破裂音变成摩擦音了。

三、辅音的脱落和增加

16.9 在辅音的演变中，有些声音由于在音节中所处的地位，极易因为发音比较弱而起变化。例如中古汉语里本来有六个收音 [*-m]、[*-n]、[*-ŋ]、[*-p]、[*-t]、[*-k]，现在广州话中还全部保存着，可是在普通话里，[*-m] 已变成了 [-n]，如"南"[*nam > nan]，而 [*-p]、[*-t]、[*-k] 都已消失了。这种现象我们把它叫做辅音的脱落。

16.10 另一方面，由于某种原因，在两个声音之间也可能长出一个新的辅音来。例如希腊语的 anēr（男人）是主格的形式，而 andros 是属格的形式，andros 是由 anros 变来的，在 n 和 r 之间长出了一个 d；法语的 chambre（屋子）源出于拉丁语的 camera，其中的 e 脱落后在 m 和 r 之间也长出了一个 b。这些都是因为前一个鼻音的发音受了后一个非鼻音的影响,过早地把软腭往上抬起,阻塞住空气通到鼻腔去而变成的。这种现象我们把它叫做辅音的增加。现代俄语里有些词形变化,如 любить [lju'biːtj]（爱,不定式）—люблю [lju'blju]（我爱）,обновить [ʌbnʌ'vitj]（革新,不定式）—обновлю [ʌbnʌ'vlju]（我革新）等等,后一个形式的词根和词尾之间都多出了一个 л [l],这些也都是由于辅音演变遗留下来的历史性交替。

第十七章　声调、轻重音和长短音的演变

一、声调的演变

17.1　语音的演变不仅牵涉到元音和辅音的变化，并且牵涉到声调、轻重音和长短音的变化，这就成了声调的演变、轻重音的演变和长短音的演变。

17.2　一种语言或方言之所以有不同的声调，是由于发音时声带放松或拉紧，因而造成声音高低升降的不同。中古汉语有平、上、去、入四个声调，每个声调的调值如何，现在还没有考明，但是可以确定的是平、上、去三个声调的声音比较长，入声的声音比较短，并且都是收 [-p]，[-t]，[-k] 的。

17.3　这四个声调中，在现代汉语里，平声由于前面辅音

清浊的不同分成了阴平和阳平二声：前面是清辅音的成为阴平声，如"东"［*tuŋ > tuŋ˧˧］，"通"［*tʻuŋ > tʻuŋ˧˧］，"公"［*kuŋ > kuŋ˧˧］，"山"［*ʂan > ʂan˧˧］等等；前面是浊辅音的成为阳平声，如"同"［*dʻuŋ > tʻuŋ˧˥］，"蒙"［*muŋ > muŋ˧˥］，"笼"［*luŋ > luŋ˧˥］，"坛"［*dʻɑn > tʻan˧˥］等等。上声跟所谓"全浊音"相配变成去声，如"抱"［*bʻɑu > pau˥˩］，"道"［*dʻɑu > tau˥˩］，"禁"［*gʻiəm > tɕin˥˩］，"罪"［*dzʻnɑi > tsuei˥˩］，"户"［*ɣuo > xu˥˩］，"上"［*ʑiaŋ > ʂaŋ˥˩］等等，其余的都仍念上声，如"宝"［*pɑu > pau˨˩˦］，"讨"［*tʻɑu > tʻau˨˩˦］，"考"［*kʻɑu < kʻau˨˩˦］，"早"［*tsɑu > tsau˨˩˦］，"嫂"［*sɑu > sau˨˩˦］，"马"［*ma > ma˨˩˦］，"老"［*lɑu > lau˨˩˦］等等①。这样一来，同一个平声，在不同的条件下就分成了阴平、阳平二声；同一个上声，在不同的条件下也分成了去、上二声。这些都是声调高低升降程度上的变化。

17.4 古印欧系语言也有高、低两种声调，并且都是可以用来区别意义的。例如梵语 varaḥ 这个词，第一个音节念高声时是"选择"的意思，第二个音节念高声时是"求婚者"的意

---

① 古代去声字，不论跟清浊音相配，现代汉语里都仍念去声，调值是˧˧₃₃，这里不必举例。

第十七章 声调、轻重音和长短音的演变

思；rājaputraḥ这个词，第二个音节念高声时是"王父"的意思，第四个音节念高声时是"王子"的意思；希腊语 trokhos 这个词，第一个音节念高声时是"赶车"的意思，第二个音节念高声时是"车轮"的意思；patroktonos 这个词，第二个音节念高声时是"给父亲杀死的"的意思，第三个音节念高声时是"杀死父亲的"的意思。希腊语的这种声调到纪元时已逐渐消失而代之以重音。古拉丁语也有声调，但是后来已为重音所代替。这种由声调转变为重音的变化叫做声调的质的变化。

17.5 声调何以会有这种质的变化呢？我们在上边说过，我们发元音的时候，如果声调相同而音的强度不同，那么所用空气的分量越多，那个声音就越强；如果音的强度相同而声调不同，那么声调越高，所用空气的分量就越少；如果空气分量相同，而声调和音的强度都不同，那么声调越高，那个声音也就越强①，可见声调和重音之间本来有极密切的关系，那就是说，我们把声调提高，那个声音往往也跟着增强。就发音上说，我们把声调提高要牵涉及喉部和肺部两部分筋肉的动作，在语音的演变中，假如由于某种原因，喉部筋肉的动作逐渐减缩，只剩下肺部筋肉的动作，那么声调就变成重音了。

---

① 参看以上 §10.3。

二、轻重音的演变

17.6 轻重音的分别来自发音时用力的大小和空气分量的多少，在语音的演变中，这些方面如有变化就会引起轻重音的变化。

17.7 轻重音的演变没有声调的演变那么易于确定，因为在各种历史文献中很少关于轻重音的记载，所以我们只能于语词的结合或其他旁证中去寻求它们的痕迹。

17.8 就汉语来说，我们知道自很早的时候起就已经有了轻重音的分别，这可以于古代的一些合音词中看得出来，例如"何不"变成"盍"，"而已"变成"耳"，"之于"变成"诸"，"之焉"变成"旃"等等。这些合音字之所以能够产生，必然是因为其中某一个字音念得较轻、较弱，结果里面的某一个成分脱落了，另一个成分跟其他字音结合起来构成了另外的一个字音。例如"何"古属"匣"母"歌"韵字，应念 [*ɣɑ]，"不"古属"帮"母"物"韵字，应念 [*pjiuət]，"不"念得很轻，结果它的后一部分声音 [-iuət] 脱落了，前一部分声音 [p-] 跟"何"结合起来构成了另外一个"匣"母"盍"韵字的"盍"[*ɣɑp]。

17.9 汉语构词法发展的倾向是复合词增多，并且出现了更多的后缀和词尾。复合词本来都是由两个或更多的实词结合起来构成的，如"栽培"、"事情"、"买卖"、"客气"、"共和国"等等，后缀如"舌头"的"头"，词尾如"着"、"了"、"过"等，就词源方面说也都是由实词变来的。实词本来都不念轻音，而在现代汉语里，后缀和词尾都要念成轻音，复合词也有一部分念成轻音的，那就是由非轻音变成轻音了。

17.10 在西方语言中，每一个实词和多音节的虚词都有一个重音，有些比较长的词还可能有两个重音，重音位置的转变常可以引起语音的变化。现代俄语里有些词根有不同的元音交替，如 сон［son］（睡眠，主格）—сна［sna］（睡眠，属格），лоб［lo:p］（额，主格）—лба［lba］（额，属格），оконный［ʌ'konnɨj］（窗的）—окнс［ʌk'no:］（窗）等等，都是这种变化的结果。在日耳曼族语言中，前一个重读音节是短音的时候，常可以使后一个音节也念重音，因而保存着它的元音使不致起变化，如古英语的 strěcu（严格的）；但是假如前一个重读是长音，那么后一个音节就念非重音，因而失去了它原有的元音，如由 *ōrfu 变成了后来的 orf（羊群）。这些都是由轻重音不同所引起的后果。

三、长短音的演变

17.11 在语音的演变中，长短音也可能起变化。长短音的分别是由于发音时间的久暂，在语音的演变中，假如由于某种原因，长音变成了短音或短音变成了长音，那就是长短音的演变。

17.12 在古代汉语中，入声字的声音比较短，其他声调的声音比较长，这是一个无可争辩的事实。自唐宋以后，入声字的收音［-p］、［-t］、［-k］已逐渐消失，原来的入声字跟"次浊音"相配的变成了去声，如"木"［*muk > muV］，"纳"［*nɑp > nɑV］，"业"［*ŋjɐp > jiɛV］，"力"［*ljiət > liV］，"热"［*ȵziæt > zʅV］等等；跟"全浊音"相配的变成了阳平声，如"白"［*b'ɐk > pai˥］，"独"［*d'uk > tu˥］，"局"［*g'jiʷok > tɕy˥］，"集"［dz'iəp > tɕi˥］等等；跟清音相配的有些变成了阴平，如"屋"［*ʔuk > wu˥］，"哭"［*k'uk > k'u˥］，有些变成了阳平，如"菊"［*kjĭuk > tɕy˥］，"竹"［*ȶĭuk > tʂu˥］，有些变成了上声，如"卜"［*puk > puV］，"笃"［*tuok > tuV］，有些变成了去声，如"客"［*k'ɐk > k'əV］，"粟"［*siʷok > suV］。这些固然是声调的变化，但同时也是长短音的变化，因为这样一来，一个原属短音的比方"屋"韵字的"哭"［*k'uk > k'u˥］跟一个原属长音的比方"模"韵字的"枯"［*k'uo > k'u˥］在音的长短上已毫无区别，也就是说，这些原是短音的入声字都已经变成非入声的长音了。

第十七章 声调、轻重音和长短音的演变

17.13 广州话现在有三个入声：阴入、中入、阳入，如"不"[pat˥]、"八"[paːt˧]、"弼"[pat˩]，一般地说，中入声字的声音都比阴入和阳入的长些。从历史来源方面看，古代汉语的入声跟清音相配变成了广州话的阴入，跟浊音相配变成了广州话的阳入；广州话的中入声字也都是由古代汉语的入声跟清音相配变来的。因为它的声音念得比较长，我们可以说它们都由短音变成长音了。

17.14 短音变成长音，在西方语言中可以找到许多例子，其中有一种是由于辅音的脱落变成的，如拉丁语的 equŏns 变成了后来的 equōs（马）。这种变化一般叫做"补偿的延长"①。

17.15 总而言之，语音的演变有它的一般的规律，也有它的特殊的规律。一般的规律是许多语言所共有的，特殊的规律却是个别的语言所特有的。我们研究语音的演变固然不可忽视一般的演变规律，但同时也要顾到特殊的演变规律。任何语音演变的规律都不可能是普遍的，即适合于一切语言和一切时代的。研究语音的演变对于分析语言事实有极其重大的意义；我们忽略了语言演变的规律，那么对于一种语言的词源方面的、语法方面的和语义方面的事实的分析就缺乏了科学的基础。列

---

① 德语 Ersatzdehnung，法语 allongement compensatoire。

宁说过:"规律是现象中巩固的(保存着的)东西"①,"现象比规律丰富"②,又说:"规律把握住平静的东西——因此,规律,任何规律都是狭隘的、不完全的、近似的"③。语音演变的规律也是一样,很难是十分完备的。但是只要我们把握住其中相对固定的,主要的东西,那么对于理解所研究的对象,理解语言发展的倾向就可以有很大的帮助。

---

① 列宁《哲学笔记》,1956 年,人民出版社,132 页。
② 同上,124 页。
③ 同上,133 页。

第十八章 语音的对应

一、什么叫做语音的对应

18.1 无论在哪一种语言里，语音的演变总是有规律地进行的。由古代的某一个声音变为后来的某一个声音，所牵涉到的不仅是某一个个别的词或词素，而常是许许多多同类的词或词素，我们根据这些词或词素就可以说明这种语音演变的倾向。例如我们说古代汉语的 [ˇa]（"歌"韵）变成了后来的[ˇo]，如"歌"[ˇkɑ > ˇko]，"何"[ˇɣɑ > ˇxo]，"可"[ˇk'ɑ > ˇk'o]，"多"[ˇt'ɑ > ˇto]，"驼"[ˇd'ɑ > ˇt'o]，"罗"[ˇlɑ > ˇlo]，"娑"[ˇsɑ > ˇso] 等等，我们可以根据这些字音把这个语音演变的倾向列成一个很严格的规律：ˇa > ˇo。但是我们知道，语音演变的规律是有它的时间性的。上面所说古代汉语ˇa > ˇo这个语音演变的倾向大约是隋唐时代（10 世纪）到元明时代（14 世纪）之间发生的，过了这个时期，同这个 [*o] 由于前面的辅音不同又已起了不同的变化，即在舌根音之后变成了现代汉语的 [ɤ]，如"歌" [*ko > kɤ]，"何" [*xo > xɤ]，"可" [*k'o > k'ɤ]；在舌尖音之后变成了 [uo]，如"多" [*to > tuo]，"驼" [*t'o > t'uo]，"罗" [*lo > luo]，"娑" [*so > suo] 等等。这种语音演变的结果，我们都把它叫做语音对应，就是说，隋唐时代的 [*ɑ] 跟元明时代的 [*o] 相对应，元明时代的 [*o] 又跟现代的 [ɤ] 或 [uo] 相对应。

18.2 语音的演变不仅有它的时间性，而且有它的区域性。例如我们上面所说古代汉语的 [*ɑ] 变成了后来的 [*o]，再变成现代汉语的 [ɤ] 或 [uo]，这是就普通话来说的，在其他方言就不一定是这样。例如广州话的"歌"现在还念 [kɔ]，"河"还念 [hɔ]，"可"还念 [hɔ]，"多"念 [tɔ]，"驼"念 [t'ɔ]，"罗"念 [lɔ]，可是在广州话里，汉语这个语音的演变只有 ɑ > o 这个阶段，而没有 o > ɤ 或 uo 这个阶段。如果我们把广州话跟普通话相比较，那么广州话的 [ɔ] 一部分就跟普通话的 [ɤ] 相当，如 kɔ = kɤ（歌），hɔ = xɤ（何），hɔ = k'ɤ（可）等等，另一部分跟普通话的 [uo] 相当，如 tɔ = tuo（多），t'ɔ = t'uo（驼），lɔ = luo（罗）等等。这些都是语言中的语音对应。

18.3 无论从时间方面看还是从空间方面看,凡一个声音跟另一个声音相当的都叫做语音的对应,这些语音之间的关系叫做对应关系,而其中的规律就叫做对应规律。

二、语音对应的范围

18.4 语音对应的范围涉及语音的一切部分。我们习惯上把一个字音(音节)分成声、韵、调三部分:"声"指字音的头一部分(没有这一部分的叫做零声母),"韵"指除声以外的其余部分,"调"指字音的高低升降。不论声、韵、调都可以有语音的对应。

18.5 语音的对应分时间上的和空间上的两种。时间上的语音对应属历史语音学的范围,空间上的语音对应属描写语音学或更正确些说属比较语音学的范围。通常所说的语音对应多指空间上的语音对应,即把有亲属关系的语言或方言相比较以求出其间语音上的对应,但是我们如要了解其间的对应关系却不能不用历史事实来加以解释。

18.6 两种语言或方言间的语音对应有些比较简单,有些却很复杂。我们试把广州话和普通话相比较就可以看到广州话的一个 [h] 就跟普通话的好几个声相对应。例如:

对应规律	例		字	
h = x	hɔ = xɤ	（河）	hou = xɑu	（好）
	hɔi = xai	（海）	hɔn = xan	（寒）
	hak = xei	（黑）	hɔk = xɤ	（鹤）
h = ɕ	ha = ɕia	（虾）	haːi = ɕiɛ	（鞋）
	hai = ɕi	（系）	hei = ɕi	（希）
	hiŋ = ɕiuŋ	（兄）	hɔk = ɕyɛ	（学）
h = k'	hɔ = k'ɤ	（可）	hɔi = k'ai	（开）
	haːu = k'ɑu	（考）	hau = k'ou	（口）
	hɔn = k'an	（看）	hɔŋ = k'ɑŋ	（康）
h = tɕ'	hei = tɕ'i	（起）	haːu = tɕ'iau	（巧）
	hiŋ = tɕ'iŋ	（轻）	hat = tɕ'i	（乞）
	hœy = tɕ'y	（去）	hyn = tɕ'yn	（圈）

为什么这样呢？因为广州话的［h］有两个来源：一个是古代的［*x］（"晓"母）或［*ɣ］（"匣"母），如"河"、"好"、"海"、"寒"、"黑"、"鹤"、"虾"、"鞋"、"系"、"希"、"兄"、"学"等等，这些字的声母广州话都变成了［h］，普通话开口呼变成了［x］，齐齿呼和撮口呼变成了［ɕ］；一个是［*k'］（"溪"母），如"可"、"开"、"考"、"口"、"看"、"康"、"起"、"巧"、"轻"、"乞"、"去"、"圈"等等，这些字的声母广州话都变成了［h］，普通话开口呼仍念作［k'］，齐

第十八章 语音的对应

齿呼和撮口呼却变成了 [tɕ'], 于是广州话的一个 [h] 就跟普通话的 [x]、[ɕ]、[k']、[tɕ'] 四个声母相对应，但是如果不知道这些历史事实是无从了解的。

18.7 在韵的方面也有这种情况。例如广州话的一个 [i] 就跟普通话的 [i]、[ɿ]、[ʅ]、[ɚ] 等四个韵相对应：

对应规律	例		字	
i = i	ji = ji	（衣）	ji = ji	（医）
	ji = ji	（椅）	ji = ji	（意）
	ji = ji	（宜）	ji = ji	（疑）
i = ɿ	tsi = tsɿ	（资）	tsi = tsɿ	（子）
	ts'i = ts'ɿ	（雌）	ts'i = ts'ɿ	（此）
	si = sɿ	（思）	si = sɿ	（死）
i = ʅ	tsi = tʂʅ	（知）	tsi = tʂʅ	（至）
	ts'i = tʂ'ʅ	（痴）	ts'i = tʂ'ʅ	（池）
	si = ʂʅ	（诗）	si = ʂʅ	（始）
i = ɚ	ji = ɚ	（儿）	ji = ɚ	（而）
	ji = ɚ	（耳）	ji = ɚ	（尔）
	ji = ɚ	（二）	ji = ɚ	（刵）

为什么这样呢？因为这些都是古开口三等"支"、"脂"、"之"、"微"韵字（举平以赅上、去），广州话都变成了 [i]，而普通话跟"影"、"喻"、"疑"母相配变成了 [i]，跟"精"、

"清"、"从"、"心"、"邪"等母相配变成了[ɿ]，跟"知"、"彻"、"澄"等母相配变成了[ʅ]，跟"日"母相配变成了[ɚ]，如果不知道这些历史事实也是没法解释的。

18.8 广州话有九个声调，平、上、去各分阴、阳二类，入声分阴、中、阳三类，若不管它们的长短和收音实得阴平、阳平、阴上、阳上、阴去、阳去六个基本调类①，而普通话只有阴平、阳平、上、去四个声调。它们对应的规律如下：

对应规律	例		字	
阴平＝阴平	ji˥②＝ji˥（衣）		fu˥＝fu˥（夫）	
	ku˥＝ku˥（姑）		pɔ˥＝p'o˥（波）	
	fei˥＝fei˥（非）		fan˥＝fən˥（分）	
阳平＝阳平	ji˩③＝ji˧˥（移）		fu˩＝fu˧˥（扶）	
	p'ɔ˩＝p'o˧˥（婆）		t'ɔ˩＝t'uo˧˥（驼）	
	fei˩＝fei˧˥（肥）		fan˩＝fən˧˥（焚）	
阴上＝上	ji˧˥＝ji˨˩˦（椅）		fu˧˥＝fu˨˩˦（府）	
	sy˧˥＝ʂu˨˩˦（暑）		paːi˧˥＝pai˨˩˦（摆）	
	fei˧˥＝fei˨˩˦（匪）		fan˧˥＝fən˨˩˦（粉）	
阳上＝上	ji˨˦＝ji˨˩˦（以）		mou˨˦＝mu˨˩˦（母）	
	ma˨˦＝ma˨˩˦（马）		ŋɔ˨˦＝wuo˨˩˦（我）	
	maːi˨˦＝mai˨˩˦（买）		mei˨˦＝wuei˨˩˦（尾）	

---

① 参看以上§9.18。
② 更正确些应该是˥53，参看以上§9.19。
③ 更正确些应该是˨₁，参看以上§9.19。

第十八章　语音的对应

对应规律	例		字	
阳上 = 去	fu ˧ = fu ˅ （妇）		hɔn ˧ = xan ˅ （旱）	
	k'au ˧ = tɕiou ˅ （舅）		sɛ ˧ = ʂə ˅ （社）	
	ha:i ˧ = ɕiɛ ˅ （蟹）		fan ˧ = fən ˅ （愤）	
阴去 = 去	ji ˧ = ji ˅ （意）		fu ˧ = fu ˅ （富）	
	pa ˧ = pa ˅ （霸）		p'ɔ ˧ = p'o ˅ （破）	
	fai ˧ = fei ˅ （肺）		fan ˧ = fən ˅ （粪）	
阳去 = 去	ji ˧ = ji ˅ （义）		fu ˧ = fu ˅ （父）	
	ma ˧ = ma ˅ （骂）		mɔ ˧ = mo ˅ （磨）	
	ma:i ˧ = mai ˅ （卖）		fan ˧ = fən ˅ （份）	
阴入 = 阴平	jat ˥ = ji ˥ （一）		pik ˥ = pi ˥ （逼）	
	tik ˥ = ti ˥ （滴）		p'at ˥ = p'i ˥ （匹）	
	uk ˥ = wu ˥ （屋）		huk ˥ = k'u ˥ （哭）	
阴入 = 阳平	sik ˥ = ɕi ˧˥ （昔）		kat ˥ = tɕi ˧˥ （吉）	
	suk ˥ = ʂu ˧˥ （叔）		kuk ˥ = tɕy ˧˥ （菊）	
	tsat ˥ = tʂʅ ˧˥ （质）		tsu ˥ = tʂu ˧˥ （竹）	
阴入 = 上	pat ˥ = pi ˨˩˦ （笔）		k'ap ˥ = tɕi ˨˩˦ （给）	
	puk ˥ = pu ˨˩˦ （卜）		tuk ˥ = tu ˨˩˦ （笃）	
	tsuk ˥ = tʂu ˨˩˦ （嘱）		kwat ˥ = ku ˨˩˦ （骨）	
阴入 = 去	jap ˥ = ji ˅ （邑）		p'ik ˥ = p'i ˅ （辟）	
	nik ˥ = ni ˅ （匿）		sik ˥ = ʂʅ ˅ （式）	
	pat ˥ = pu ˅ （不）		tsuk ˥ = tʂu ˅ （祝）	
中入 = 阴平	pa:t ˧ = pa ˥ （八）		ta:p ˧ = ta ˥ （答）	

对应规律	例	字
	faːt˧ = fa˥（法）	saːt˧ = ʂa˥（杀）
	aːp˧ = jia˥（鸭）	put˧ = po˥（拨）
中入＝阳平	pɔk˧ = po˥（博）	t'ɔk˧ = t'uo˥（托）
	kwɔk˧ = kuo˥（国）	kit˧ = tɕiɛ˥（结）
	kɔk˧ = tɕyɛ˥（觉）	tsaːk˧ = tsə˥（责）
中入＝上	t'aːp˧ = t'a˨˩˦（塔）	faːt˧ = fa˨˩˦（发）
	t'it˧ = t'iɛ˨˩˦（铁）	kaːp˧ = tɕia˨˩˦（甲）
	syt˧ = ɕyɛ˨˩˦（雪）	tsaːp˧ = tʂa˨˩˦（眨）
中入＝去	haːk˧ = k'ə˥˩（客）	p'aːk˧ = p'o˥˩（魄）
	k'ɔk˧ = tɕ'yɛ˥˩（确）	ts'it˧ = tɕ'iɛ˥˩（切）
	tsɔk˧ = tsuo˥˩（作）	fɔk˧ = xuo˥˩（霍）
阳入＝阳平	paːk˨ = pai˥（白）	pat˨ = pa˥（拔）
	pit˨ = piɛ˥（别）	tuk˨ = tu˥（读）
	sap˨ = ʂʅ˥（十）	hɔk˨ = ɕyɛ˥（学）
阳入＝去	mɔk˨ = mo˥˩（莫）	maːk˨ = mai˥˩（麦）
	mat˨ = mi˥˩（密）	mit˨ = miɛ˥˩（灭）
	lik˨ = li˥˩（力）	lit˨ = liɛ˥˩（列）

由此我们可以看到，广州话和普通话的声调不独调值不同，其间的对应关系也极复杂。其所以如此，就因为广州话还很完整地保存着古代平、上、去、入四个声调，并且由于所附声母清浊的不同各分成了阴、阳二类，最后还由阴入分出了一个中入，

共成九个声调，而普通话除平声分成阴、阳二类以外，上、去都各只有一类，入声已完全消失，分别派入阴平、阳平、上、去四声里去；此外，有一部分古上声字广州话仍念阳上的，普通话都已变成去声了。

三、怎样找出语音的对应规律

18.9　任何有亲属关系的语言或方言，它们的语音之间都有一种对应关系，也就是说，其中都有一种对应规律。我们要怎样去找出这些对应规律呢？

18.10　张奚若于《大力推广以北京语音为标准音的普通话》一文中说："各地的方音，跟北京语音的对应比较各不相同，各各找出规律来，得靠方言调查和科学研究，那是语言工作者的事。"[①] 这句话是完全正确的。我国汉民族共同语普通话，是以北京语音为标准音的。我们要找出某地方言的语音跟北京语音的对应规律，必须对这种方言做一番调查研究工作，充分掌握材料，整理出它的语音系统，拿来跟北京语音系统相比较，看其中哪些语音跟哪些语音有对应关系，分别予以归类整理，这样才能找出它们的对应规律来。

---

① 1955 年 11 月 18 日《人民日报》。

18.11 例如我们知道广州话的声韵系统里有20个声母，53个韵母，6个基本声调，普通话有24个声母，40个韵母，4个声调，如下：

广州话声母

p p' m f
t t' n l
k k' ŋ h
ts ts' s
kw kw'① j w ɥ

普通话声母

p p' m f
t t' n l
k k' x
tɕ tɕ' ɕ
tʂ tʂ' ʂ ʐ
ts ts' s
j w ɥ②

广州话韵母③

a ɔ œ ɛ i u y
aːi ai ei ɔi ui
aːu au ou iu œy
aːm am im m̩
aːn an ɔn œn in un yn
aːŋ aŋ ɔŋ œŋ iŋ uŋ ŋ̍
aːp ap ip
aːt at ɔt œt it ut yt
aːk ak ɔk œk ɛk ik uk

普通话韵母

a o ə ɛ i u y ʅ ɿ ɚ
ai ei au ou
an ən in un yn
aŋ əŋ iŋ uŋ
ia iɛ iau iou ian iaŋ iuŋ
ua uo uai uei uan uən uaŋ
yɛ yan

---

① [kw]、[kw'] 是 [k]、[k'] 的唇化音，参看以上 §6.22。

② 传统习惯上把 [j]、[w]、[ɥ] 和 [i]、[u]、[y] 混在一起，所以把它们叫做零声母。参看以上 §5.1、§6.13。

③ [aːi]：[ai]，[aːu]：[au]，[aːm]：[am]，[aːn]：[an]，[aːŋ]：[aŋ]，[aːp]：[ap]，[aːt]：[at]，[aːk]：[ak] 各有长短时位的分别，长时位念 [a]，短时位已变成 [ɐ]。参看以上 §11.4、§11.14。

第十八章 语音的对应

广州话声调						普通话声调			
阴平	阴上	阴去	阳平	阳上	阳去	阴平	阳平	上	去
˥55	˧˥35	˧33	˩11	˨˧23	˨22	˥55	˧˥35	˨˩˦214	˥˩51
阴入	中入	阳入							
˥5	˧3	˨2							

无论广州话也好，普通话也好，每个声、韵、调都包括着许多字。如果我们把这些字加以比较，那么可以看到其中有些对应关系是一对一的。例如：

pa = pa（巴）　　　pɔ = po（波）　　　pei = pei（悲）

pin = pian（边）　　piu = piau（表）　　pei = pi（彼）

paːt = pa（八）　　pei = pi（鼻）　　　pɛŋ = piŋ（病）

差不多没有一个例外，于是我们就可以把它们列成如下的一个对应规律：

广州话 p = 普通话 p

18.12　可是大多数的语音对应规律并不是这样简单的。例如我们上边说过的，广州话的一个 [h] 就跟普通话的 [x]、[ɕ]、[k']、[tɕ'] 四个声母相对应，于是它们的对应规律是：

$$\text{广州话 h} = \text{普通话} \begin{cases} x \\ ɕ \\ k' \\ tɕ' \end{cases}$$

韵母方面也有这样的情况。例如广州话的一个 [i] 就跟普通话

的 [i]、[ɿ]、[ʅ]、[ɚ] 相对应。于是它们的对应规律是：

$$广州话\ i = 普通话 \begin{cases} i \\ ɿ \\ ʅ \\ ɚ \end{cases}$$

在声调方面，广州话的阴平、阳平和普通话的阴平、阳平都是一对一的关系，而上声和去声却很复杂。如果把它们归纳起来，当可得到如下的一个对应规律：

广州话	阴上	阳上	阴去	阳去
普通话	上		去	

这样下去，就可以把广州话语音跟北京语音的对应规律全部找出来。

18.13 总之，我们要找出某地方言语音和北京语音或任何其他一种方言语音的对应规律，必须对这些方言做一番调查研究工作，拿许多例字记出那方言的声、韵、调，然后记出所要比较的方言的声、韵、调，再加以排比，看其中哪些语音跟哪些语音相对应。这种工作最好用一种卡片的方法，把每一个例字登记上两张卡片，一张记这种方言的，另一张记另一种方言的，登记完毕后按声母加以排比，再按韵母和声调加以排比，这样可以减省许多麻烦。

四、语音对应规律在语言研究中的作用

18.14 语音对应规律是需要一定时间的研究整理才能归纳出来的。这些语音对应规律对于我们究竟有什么用处呢？

18.15 首先，它可以帮助我们学习普通话。任何汉语方言的语音跟普通话的语音都有许多对应规律。各地方的人学习普通话很少是每个字音都经过学习的。他们常在某种程度上运用了语音对应规律。例如一个广州人学习普通话。他听到广州话的［kɔi］（该）念成［kai］，［hɔi］（海）念成［xai］，［ts'ɔi］（采）念成［ts'ai］，［tɔi］（代）念成［tai］等等。这一类字音听得多了，他的脑子里自然产生出这样的一个印象：广州话的［ɔi］应该念成普通话的［ai］，以后遇到比方［t'ɔi］（胎）这个字音时，他就会很自然地把它念成［t'ai］。这就是一种类推作用。

18.16 类推作用是一种心理活动。一个人的脑子里先有了一个准则，遇到同类的事物自然"以类相推"求出一个结论来。我们可以把它列成如下的一个公式：

$$a : b = c : x$$

例如上面所说的广州人学习普通话，他由许多事实的归纳得出了这样的一个准则：广州话的［ɔi］要念成普通话的［ai］，那么

[tʻɔi] 应该念成什么呢？应该念成 [tʻai]。我们把它套入上面所说的公式就可以得到：

$$ɔi : ai = tʻɔi : x$$
$$\therefore \quad x = tʻai$$

这样的类推法，如果遇到的语音对应关系是一个一对一的，常会是很有效的。

18.17 可是我们知道，语音间的对应关系很少是一对一的。例如广州话的 [h] 就跟普通话的 [x]、[ɕ]、[kʻ]、[tɕʻ] 四个声母相对应。在这种情况下，我们就应该很好地掌握广州话的 [h] 跟普通话 [x]、[ɕ]、[kʻ]、[tɕʻ] 的对应规律，看它在什么条件下应该念成什么音；假如我们因为听见广州话的 [hou]（好）念成 [xɑu]，[hɔi]（海）念成 [xai]，[hɔn]（寒）念成 [xan]，误以为广州话的一切 [h] 都应该念成普通话的 [x]，于是用类推法把 [ha]（虾）也念成 [xa]，[hɔi]（开）也念成 [xai]，[hei]（起）也念成 [xi]，这样就错了。所以我们学习普通话，掌握每个语音的对应规律是非常必要的。掌握了每个语音的对应规律也可以用类推法，但那是一个有限制的运用，必须符合于每个语音的客观条件和历史事实，而不能胡乱加以联系。例如广州话的 [ha] 这个音节，除了极少数的叹词如 [ha]（哈）可以念成普通话的 [xa] 以外，在一般的情况下，广州话 [h] 后面的 [a] 在普通话都念成

[ia]，而普通话［i］前的［x］是要念成［ɕ］的，所以广州话的［ha］就应该念成［ɕia］，在相同的情况下，广州话的［ha］（下）也应该念成［ɕia］，［ha］（霞）也应该念成［ɕia］，那只有声调的不同了。广州话的［hɔ］（河）普通话念成［xɤ］，而［hɔ］（可）却念成［kʻɤ］，因为［hɔ］（河）古属"匣"［ɣ］母字，［hɔ］（可）古属"溪"［kʻ］母字，广州话都变成了［h］，而在普通话里还是分别得很清楚的；同样，广州话的［hei］（希）普通话念成［ɕi］，而［hei］（起）念成［tɕʻi］，也因为［hei］（希）古属"晓"［x］母字，［hei］（起）古属"溪"母字，广州话都变成了［h］，而普通话"晓"母齐齿呼变成了［ɕ］，"溪"母齐齿呼变成了［tɕʻ］。可见任何语音的对应规律都是可以用历史事实来加以解释的。一般人因为缺乏历史事实的知识，所以对于这些语音的对应就感到特别困难。

18.18 张奚若于《大力推广以北京语音为标准音的普通话》一文中说："教语音的人必须掌握本地的方音跟北京语音的对应比较，因为这样才容易指导本地人学会北京语音。"① 1955年10月26日《人民日报》社论《为促进汉字改革、推广普通话、实现汉语规范化而努力》并且特别指出："只有掌握了方言和普通话的对应关系，才便于有效地教学普通话"，因此对一般

---

① 1955年11月18日《人民日报》。

语文教师说来，掌握各地方音和普通话语音的对应规律并且具有一定的历史语音学知识就显得特别重要。

18.19 语音对应规律的另一个用途就是可以用来"重建"古代的发音，确定各种语言或方言的系属，有时并且可以显示出各个语音发展的不同阶段。我国汉语用的不是拼音文字，虽然自魏晋以后就有了各种韵书，自宋元以后并且有了各种韵摄图，近几百年来，许多学者根据各方面的材料为古代汉语的语音拟出了一个大致不差的声韵系统，但是每个声、每个韵应该怎样念法，大家往往就说不出来。我们利用各种方言或亲属语言的语音对应规律就可以为它们"重建"出一个发音来。

18.20 这是可以理解的，因为古代的某一个声音在什么样的条件下变成了后来的某一个声音，是有它的发展内部规律的。这些语音的发展内部规律，每种语言是不同的，在各方言间也不相同。这个语音演变的结果，在语言和语言或方言和方言之间有它的对应规律，对它的发源的语音来说也有它的发展内部规律。我们根据这些对应关系再按照它们各自的发展内部规律就可以为每个语音构拟出一个对各种语言或方言都适合的"一般历史性公分母"来，这就是所谓语音的"重建"。

18.21 例如我们知道广州话的"开"念[hɔi]，"海"念[hɔi]，声母和韵母都是相同的，但是普通话"开"念[kʻai]，"海"念[xai]，其他方言西安话"开"念[kʻɛ]，"海"念

[xɛ]；上海话"开"念 [kʻɛ]，"海"念 [hɛ]；福州话"开"念 [kʻai]，"海"念 [hai]；客家话"开"念 [kʻoi]，"海"念 [hɔi]。可见这两个字音的声母在古代不会是相同的。查"开"古属"溪"母"哈"韵字，我们可以把它构拟成 [*kʻai]，"海"古属"晓"母"海"韵字，我们可以把它构拟成 [*xai]，这样构拟出来的"一般历史性公分母"对每种方言的语音发展内部规律都是适合的。

18.22 又如广州话的"希"念 [hei]，"岂"念 [hei]，它们的声母和韵母也是相同的，但是普通话"希"念 [ɕi]，"岂"念 [tɕʻi]；西安话和上海话"希"也念 [ɕi]，"岂"也念 [tɕʻi]；福州话和客家话"希"都念 [hi]，"岂"都念 [kʻi]；它们的声母在古代也不会是相同的。查"希"古属开口三等"微"韵"晓"母字，我们可以把它构拟成 [*xjei]，"岂"古属"溪"母开口三等"尾"韵字，我们可以把它构拟成 [*kʻjei]。这两个字音的韵母在广州话念成 [ei]，普通话、西安话、上海话、福州话、客家话都变成了 [i]，声母在广州话变成了 [h]，普通话、西安话和上海话 [*xj] 变成了 [ɕ]，[*kʻj] 变成了 [tɕʻ]，福州话和客家话 [*xj] 也变成了 [h]，而 [*kʻj] 却变成了 [kʻ]，也都是合乎它们的语音发展内部规律的。

18.23 这些古音的构拟，因为有古代的韵书和其他音韵学的材料予以证实，所以比较容易确定。其实就算没有这些材料，如果我们把各种语言或方言的语音对应规律和发展内部规律研究清楚，也可以把它们的古音"重建"出来。我们现在之所以知道有各种有亲属关系的语言，在许多地方都是靠这些规律的帮助来决定的。

18.24 有的时候，从各地方言的语音对应中，我们还可以很清楚地看到一个语音的发展过程。例如"武"古属"微"母合口三等"麌"韵字，而广州话念［mou］，上海话、太原话、西安话、兰州话念［vu］，普通话和开封话念［wu］；"立"古属"来"母开口三等"缉"韵字，广州话念［lap］，客家话念［lip］，福州话念［lik］，上海话念［li^ʔ］，怀庆话念［liə］，普通话和开封话念［li］，这无异把这两个字音发展的各个阶段都勾划出来了。

18.25 总而言之，语音对应规律的研究是语言学中一件极有意义的工作。它一方面可以帮助各地的人学习普通话；另一方面也可以用来考明各个语音的发展过程，确定各种语言或方言的亲属关系，研究它们的历史发展，所以也是很重要的。

附 录

一、术语和主题索引

B

汉	俄	英	法	德	
半闭元音	полу-узкий гласный	half-close vowel	la voyelle mi-fermée	halb-geschlossener Vokal	15.7
半开元音	полу-широкий гласный	half-open vowel	la voyelle mi-onverte	halb-offener Vokal	15.7
半高元音	полу-высокий гласный	half-high vowel	la voyelle mi-haute	halb-hoher Vokal	15.7
半低元音	полу-низкий гласный	half-low vowel	la voyelle mi-basse	halb-niedriger Vokal	15.7
半塞音			mi-occlusif		7.11
半元音	полугласный	semi-vowel	semi-voyelle	der Halbvokal	6.13
闭合期	имплозия	implosion	implosion		6.9
闭合音（唯闭音）	имплозивный согласный	implosive	implosif		6.10
闭塞期	затвор, смыкание	occlusion	oclusion		6.9
闭塞音	затворный, смычный согласный	occlusive	ooclusif	der Verschlusslaut	6.8
闭音节	закрытый слог	close syllable	la syllabe fermée on entravée	die geschlossener Silbe	8.23

附录

汉	俄	英	法	德	
闭元音	закрытый гласный	close vowel	la voyelle fermée	geschlossener Vokal	15.7
鼻音	носовой согласный	nasal	nasal	nasal, der Nasenlaut	6.8
鼻元音	носовой гласный	nasal vowel	la voyelle nasale	der Nasalvokal	5.16
鼻化元音	назализованный гласный	nasalized vowel	la voyelle nasalée	der nasaliert Vokal	5.16
鼻元音化	назализация	nasalization	la nasalisation	die Nasalierung	15.9
边音	боковой, латеральный согласный	lateral	latéral	lateral, der Seitenlaut	6.13
不圆唇元音	нелабиализованный гласный	unrounded vowel	la voyelle non arrondie	der ungerundet Vokal	5.14
不圆唇元音化	делабиализация	delabialization	délabialisation		15.8

C

汉	俄	英	法	德	
插音	эпентеза	epenthesis	épenthèse	Epenthese	12.47
颤音	дрожащий	rolled, trill	roulé	gerollt, der Zitterlaut	6.13
长音	долгий	long	long, longue	lang	11.1
嘈音	шумный	consonant	consonantes	Mitlant, Symphon	6.2
齿	зубы	teeth	dents	die Zähne	2.15
齿间音	（参看舌齿音）				6.5
齿龈	десны	teeth-ridge	les gencives	das Zahnfortsatz, der Zahndamn	2.15
齿龈音	（参看舌尖音）				6.5
齿化音					6.23
持续期	выдержка	retention	la tenue	die Haltung, die Stellung	5.6
持阻期	выдержка	retention	la tenue	die Haltung, die Stellung	6.6
成阻期	приступ	off-glide	la tension, arrivée, catastase	der Abglitt, der Ausgang	6.6

汉	俄	英	法	德	
除阻期	отступ	on-glide	la détente, métastase	der Anglitt, der Eingang	6.6
唇	губы	lips	lèvres	Lippen	2.15
唇齿音（齿唇音）	зубно-губной, зубогубной	labio-dental	labio-dental	labiodental	6.5
唇化音	лабиализация	labialization	labialisation	die Labialisierung	2.15

D

汉	俄	英	法	德	
代替	субституция	substitution	substitution	Substitution	12.51
单元音化	монофтонг-изация	monothongiza-tion	monothongui-sation	Monothong-ierung	15.14
等韵学					1.38
低元音	низкий гласный	low vowel	la voyelle basse	niedriger Vokal	15.7
调类					9.15
调值					9.15
调位	тонема	toneme	tonème	Tonema	9.23
调品	оттенок тонемы	allotone			9.23
叠韵					4.8
短音	краткий	short	bref, brève	kurz	11.1
盾状软骨（甲状软骨）	щитовидный хрящь	cartilago thyreoidea	cartilage thyroide	Thyreocartilago	2.12

E

汉	俄	英	法	德	
二合元音（复合元音）	дифтонг	diphthong	diphthongue	der Diphthong	7.5, 7.6
腭音	（参看舌面中音）				6.5
腭龈音	（参看舌叶音）				6.5
腭化	палатализация	palatalization	palatalisation mouillure	die Palatalisierung	6.20

附录

汉	俄	英	法	德	
腭化音	палатализованный	palatalized	palatalisé, mouillé	die Mouillierung palatalisiert	6.19

F

发音部位	место артикуляции	point of articulation	point d'articulation	Punkt der Artikulation	6.4
发音方法	способ артикуляции	manner of articulation	mode d'articulation	Artikulationsart	6.7
反切,反语					1.35
非字母符号		analphabetic notation		Analphabetische Zeichen	3.16, 3.17
腓尼基字母	фригийская буква				3.6
复辅音	сложный согланый				7.14
复合元音	дифтонг	diphthong	diphthongue	der Diphthong	7.2
复合元音化	дифтонгизация	diphthongization	diphthonguisation	Diphthongierung	15.10
辅音(子音)	согласный	consonant	consonne	der Konsonant	6.1

G

高元音	высокий гласный	high vowel	la voyelle haute	hoher Vokal	15.7
格调	стиль				12.2
格里木定律		Grimm's law	loi de Grimm	Grimms Gesetz	16.6
隔离同化					12.6
隔离异化					12.14
广州话声调					9.17, 18.11
广州话声韵系统					18.11

一、术语和主题索引

汉	俄	英	法	德	
国际音标	международный фонетический алфавит	International Phonectic Alphabet	Alphabetique phonétique international	International Phonetische Alphabet	3.21
国语罗马字拼音法式					3.12
共鸣作用	резонанс	resonance	résonance	Resonanz	2.29
共鸣器	резонатор	resonator	résonateur	Resonator	2.29

H

汉	俄	英	法	德	
汉语拼音方案					3.12
汉语注音字母					3.9
汉语轻音					10.15
汉语声调					9.16
汉语儿化韵					12.33, 12.37
横隔膜	диафрагма	diaphragma	diaphragme	das Zwerchfell	2.11
后强辅音	сильноконечный согласный				8.13
后退同化（逆同化）	регрессивная ассимиляция	regressive assimilation	assimilation régressive	regressive Assimilation	12.6
后退异化（逆异化）	регрессивная диссимиляция	regressive dissimilation	dissimilation régressive	regressiv Dissimilation	12.13
后元音	задний гласный	back vowel	la voyelle postérieure	der Hinterzungen-vokal, hinterer Vokal	5.11
喉头	гортань	larynx	le larynx	der Kehlkopf	2.12
喉音	гортанный	glottal, laryngal	glottal, laryngal	glottal, laryngal	6.5
喉壁音（咽头音）	фарингальный, зевный	pharyngal, pharyngeal	pharyngal	pharyngal	6.5
呼吸中枢	дыхательных мышц				2.7

附录

汉	俄	英	法	德	
环状软骨	перстневидный хрящь	cartilago cricoidea	cartilage cricoïde		2.12
缓和期	отстуц	on-glide	la détente, métastase	der Anglitt, der Eingang	5.6
换位	метатезис	metathesis	metathèse	Metathese	12.54
会话格调	разговорный стиль				12.2
会厌软骨	надгортанник	epiglottis	épiglotte	der Kehldeckel	2.12

J

汉	俄	英	法	德	
基音		fundamental tone	son fondamental		2.28
基利耳字母	Килиллица				3.6
尖团音					16.4
间隙音	шелинный	constrictive	constrictif	der Reibelaut, der Engelaut	6.11
节拍	такт	rhythm	rythme	Sprechtakt, Takt	13.7
紧张期	приступ	off-glide	la tension, arrivée, ca-tastase	der Abglitt, der Ausgang	5.6
久音	длительный	continuant	continu, du-ratif	der Dauerlaut	6.12
局部同化	неполная ассимиляция	partial assimilation	assimilation partiale		12.6
局部异化	неполная диссимиляция	partial dissi-milation	dissimilation partiale		12.15
句子声调					13.9
句子重音	фразовое ударение				13.14
句段（意群，组合单位）	синтагма	syntagm	syntagme	Syntagma	13.2
卷舌音	церебральный, какуминальный	retroflex, ca-cuminal, ce-rebral, inver-ted	rétroflex, ca-cuminal, célébral, in-verti	retroflex, kahuminal, cerebral	6.5

一、术语和主题索引

汉	俄	英	法	德	
卷舌元音					5.12

K

汉	俄	英	法	德	
开音节	открытый слог	open syllable	la syllabe ouverte on libre	offener Silbe	8.23
开元音	открытый гласный	open vowel	la voyelle ouverte	offener Vokol	15.7
口元音化					15.9

L

汉	俄	英	法	德	
拉丁字母	латинский алфавит, латиница	Latin alphabet	alphabétique lateine	Lateinisch Alphabet	3.6
拉丁化新文字拼音方案					3.12
浪纹计	кимограф	kymograph			1.15
类推作用	аналогия	analogy	analogie	Analogie	18.16
历史语音学	историческая фонетика	historical phonetics	phonétique historique	historisch Phonetik	1.5, 1.7, 14.1
邻接同化					12.6
邻接异化					12.14
领音（成音节）	слоговой, слогообразующий	syllabic	syllabant, syllabique	silbenbildent, silbig	8.14
领音辅音（成音节辅音）	слогообразующий согласный	syllabic consonant	consonne syllabique	silbenbildent Konsonant	8.15
流俗语源	народноэтимология	popular etymology	étymologie populaire	Völkeretymologie	14.17
逻辑重音	логическое ударенне	logical accent	accent logique	logisch Akzent	13.18
律度	метр	metre	metra	metrum	13.30

M

汉	俄	英	法	德	
描写语音学	описательная фонетика	descriptive phonetics	phonétique descriptive	deskriptiv Phonetik	1.4, 1.14

附录

汉	俄	英	法	德	
摩擦音	фрикативный, спирант	fricative	fricatif, spirante	frikativ	6.13

N

逆同化（逆行同化）	（参看后退同化）				12.6
逆异化（逆行异化）	（参看后退异化）				12.13

P

汉	俄	英	法	德	
陪音	обертон	overtone	harmonique	Mitklingender Ton	2.28
破裂期	эксплозия	explosion	explosion	explosion	6.9
破裂音（爆发音）	взрывный	plosive	occlusif	der Verschlusslaut	6.8
破擦音（塞擦音）	аффрикат	affricate	affriquée	die Affrikata	7.9
普通语音学	общая фонетика	general phonetics	phonétique générale	allgemein Phonetik	1.26

Q

汉	俄	英	法	德	
起音（起音节辅音）					8.16
气管	трахея, дыхательное горло	trachea, windpipe	la trachée	die Trachea, die Luftröhre	2.11
器官表音符号		organic notation			3.14, 3.15
前元音	передный гласный	front vowel	la voyelle antérieure	der Vorderzungenvokal, vorderer Vokal	5.11
前元音化					15.6
前强辅音	сильноначальный согласный				8.13
前进同化	прогрессивная ассимиляция	progressive assimilation	assimilation progressive	progressiv Assimilation	12.6

一、术语和主题索引

汉	俄	英	法	德	
前进异化	прогрессивная диссимиляция	progressive dissimilation	dissimilation progressive	progressiv dissimilation	12. 13
轻音					10. 1
轻重律（短长格，抑扬格）		iambus	ïambe	Iambus	13. 30
轻轻重律（短短长格，抑抑扬格）	анапест	anapaest	anapeste	Anapäst	13. 30
清音（无声，不带音）	глухой, сурд	voiceless	sourd	stimmlos	6. 17
清音化		devocalization	dévocalisation		16. 7
强辅音	сильный	strong	fort	stark	6. 16
全音格调	полный стилъ				12. 2
全部同化	полная ассимиляция	total assimilation	assimialation totale	total Assimilation	12. 6
全部异化	полная диссимиляция	total dissimilation	dissimilation totale	total Dissimilation	12. 15

R

汉	俄	英	法	德	
软音（腭化音）	мягкое согласный, палатализационный согласный	palatalized consonant	consonne mouillée	palatalisiert konsonant	6. 19
软腭	мягкое небо	soft palate	le palais mou	weicher Gaumen	2. 15
瑞典语方言字母					3. 20
弱辅音	слабый	weak	faible	schwach	6. 16
弱化	редукция				12. 21

S

汉	俄	英	法	德	
三合元音	трифтонг	triphthong	triphthongue	der Tpiphthong	7. 7

附录

汉	俄	英	法	德	
闪音	пирамидальные	flapped	vibrante	Zitterlant	6.13
杓状软骨（披裂软骨）	пирамидальные или черпаловидные хрящики	cartilagines arytaenoideae	cartilages aryténoïdes		2.12
舌头	язык	tongue	langue	die Zunge	2.15
舌齿音（齿间音）	межзубный	interdental	interdental	der Zwischenzahnlaut	6.5
舌尖	кончик языка	point or tip of tongue	pointe de la langue	die Zungenspitze	2.15
舌尖音（齿龈音）	корональный, алъвеолярный	apical, alveolar	apical, alvéolaire	apikal, alveolar	6.5
舌叶	лезвие языка, передии край языка	blade	la couronne, la face supérieure de la langue	das Zungenblatt	2.15
舌叶音（腭龈音）	заднеальвеолярный	palato-alveolar			6.5
舌面（舌面前）	передная спинка языка	front of tongue	le milieu ou le dos antérieur de la langue	die Vorder-zunge	2.15
舌面前音（龈腭音）		alveolo-palatal			6.5
舌面中音（腭音）	среднеязычный, палаталъный, небный	palatal	palatal	palatal	6.5
舌根（舌面后）	задная спинка языка	back of tongue	le fond ou le dos postérieur de la langue racine de la langue	die Hinterzunge	2.15
舌根音（舌面后音）	заднеязычный, задненебный, велярный	velar	vélaire	velar	6.5
舌根化音	веляризация	velarization	vélarisation	die Velarisierung, die Gutturalisierung	6.24

一、术语和主题索引

汉	俄	英	法	德	
舌尖元音					5.12
舌尖元音化					15.6
声带	голосовые связки	vocal cords	les cordes vocales,	die Stimmbänder	2.12
声门	голосовая щелъ	glottis	la glotte	die Glottis, die Stimmritze	2.12
声调	тон	tone	leton	der Ton	9.1
声训					14.7
省音	элизия	elision	élision	Elision	12.40
示波器	осциллограф	oscillograph			1.15
实验语音学	экспериментальная фонетика	experimental phonetics	phonétique expérimentale, instrumentale	experimentell Phonetik	1.27
时位	хронема	chroneme	chronème	Chronema	11.12
时品					11.12
收音（收音节辅音）					8.16
书写中枢	пентр письма				2.8
双声					4.8
双唇音（重唇音）	губногубной, губогубной	bilabial	bilabial	bilabial	6.5
双峰辅音	двухвершинный согласный				8.21
顺同化（顺行同化）	（参看前进同化）				12.6
顺异化（顺行异化）	（参看前进异化）				12.13
司口中枢	мыщца рта				2.4, 2.7
司喉中枢	гортанных мыщц				2.4, 2.7

附录

汉	俄	英	法	德	
司舌中枢	мышц языка				2.4, 2.7
斯拉夫字母					3.6
送气音（吐气音）	придыхательный	aspirate	aspiré	aspi riert	4.15
缩减		reduction	réduction	Reduktion	12.31

T

停顿					13.5
同化	ассимиляция	assimilation	assimilation	Assimilation	12.4
头音	（梵 mūrdhanya）				4.15

W

无声音	（梵 aghosa）				4.15

X

吸气音	щелкательный	click	la claquante	der Schnalzlaut der Sauglanut	2.11
希腊字母					3.6
响亮度	звучность	sonority	la sonorité	die Sonorität	8.7
相位	фаза	phase	phase	Phase	2.20
小舌	язычок, увула	uvula	la luette	das Zäpfchen	2.15
小舌音	язычковый, увулярный	uvular	uvulaire	uvular	6.5

Y

哑音	（希 áphōna）				4.13
咽头	зев фарингс	pharynx	pharynx	der Rachen	2.14
咽头音	（参看喉壁音）				6.5
言语发动中枢（卜洛卡中枢）	центр говорения, двигательный, мускулодвигательный, илн моторный центр языка, центр брока				2.4, 2.6

一、术语和主题索引

汉	俄	英	法	德	
央元音	средний гласный	mid vowel	la voyelle moyenne	mittlerer Vokal	5.11
央元音化					15.6
异化	диссимиляция	dissimilation	dissimilation	Dissimilation	12.12
异文					14.7
音高	высота	pitch	la hauteur	die Höhe	2.23, 2.24
音强（音势）	сила	intensity	intensité	die Intensität, die Stärke	2.23, 2.25
音长	долгота, количество, длительность	length, quantity, duration	la durée, la quantité	die Dauer, die Quantität	2.23, 2.26
音质	тембр	timbre	le timbre	die Klangfarbe, die Timbre	2.23, 2.27
音素	звук	phone			4.1
音节	слог	syllable	la syllabe	die Silbe	4.1, 8.1
音位	фонема	phoneme	phonème	die Phonema	4.2
龈腭音	（参看舌面前音）				6.5
硬腭	твердое небо	hard palate	le palais dur	harter Gaumen	2.15
硬音（非腭化音）	твёрдый согласный				6.19
有声音	（梵ghoṣavant）				4.15
有机同化		organic assi-milation			12.6
语言音响或听觉中枢（维尔尼克中枢）	центр слуховых воспоминаний языка, акустический центр языка, центр вернике				2.4, 2.5
语言地理学	лингвистическая география	linguistic geography	la geographie linguistique	linguistisch Geographie	14.27

301

附录

汉	俄	英	法	德	
语音词		phonetic word	le mot phonétique		13.7
语音对应	звукосоответствие	phonetic correspondence	la correspondance phonétique	phonetisch Korrespondenz	18.1
语音定律	фонетический закон	phonetic law	la loi phonétique	Lautgesetz	14.28
语音演变	звуковое изменение	phonetic change	le changement phonétique	Lautverschiebung	14.1
语音学	фонетика	phonetics	phonétique	die Phonetik	1.1
元音（母音）	гласный	vowel	la voyelle	der Vokal	5.1
元音点			le point vocalique		8.9
圆唇元音	огублённый гласный	round vowel	voyelle arrondie	rund Vokal	5.14
圆唇元音化					15.8
乐音	музыкальный звук	musical sound			2.22
阅读或视觉中枢（德日林中枢）	центр чтения или оптический или зрительный центр языка, центр Дежерина				2.8
韵摄					4.9
韵律					13.28

Z

汉	俄	英	法	德	
暂顿		caesura	césure	Cäsur	13.6
噪音	щум	noise	briut		2.22
振动	вибрация	vibration	vibration	Vibration	2.19
振动周期	период	period	période	Periode	2.19

一、术语和主题索引

汉	俄	英	法	德	
振幅	амплитуда	amplitude	amplitude	Amplitude	2.20
振动数（频率）	частота	frequency	fréquence	Frequenz	2.24
重音（重读）	ударение	stress, accent	accent de force	der Akzent	10.1
重轻律（长短格，扬抑格）	трохей	trochee	trochée	Trochäus	13.30
重轻轻律（长短短格，扬抑抑格）	дактилъ	dactyl	dactyle	Daktylus	13.30
浊音（有声，带音）	звонкий	voiced	sonore	Stimmhaft	6.15
浊音化	озвончание	sonorisation	sonorisation	Stimmhaftwerden	16.7
自然唇元音					5.14

二、各种语言引用例索引

汉语普通话

a（啊），2.35，3.22，5.9，8.19，12.45
ai（爱），8.19
an（安），3.22，8.19，12.9
anle（安乐），5.9
ang（肮），3.22，12.9
angzang（肮脏），5.9
ba（巴），1.14，9.5，15.2，18.11
ba（八），18.8，18.11
ba（拔），18.8
ba（爸），8.19
ba ba（爸爸），3.22，5.21，6.5，8.6，10.16，12.26
ba（霸），18.8
Bafuluofu（巴甫洛夫），12.49
Baergan（巴尔干），12.51
Basijiaer（巴斯加尔），12.51
bai（白），17.12，18.8
bai（摆），18.8
ban（班），2.34，2.35，5.21，5.22，6.10
bandengr（板凳儿），12.33
ban（伴），14.24
bang（邦），2.35，5.21，5.22
bangmang（帮忙），12.33
bangmangr（帮忙儿），12.33
bao（宝），17.3
bao（抱），14.24，17.3
bei（杯），7.6
bei（悲），18.11
bei（北），9.28
Beijing（北京），9.28
bei（倍），14.24
ben（奔），5.22
beng（崩），5.22
beng（甭），12.41
bi（逼），18.8
bi（鼻），18.11
bi（笔），9.28，14.20，18.8
bi（彼），18.11
bi（比），14.20
bian（边），5.21，9.21，18.11

二、各种语言引用例索引

bian（扁）9.21，14.24
bian（变），9.21
biao（表），9.28，18.11
bie（别），18.8
bing（病），14.19，18.11
bo（波），18.8，18.11
boli（玻璃），3.22
bo（博），18.8
bu（卜），17.12，18.8
bu（不），18.8
buyong（不用），12.41
cai（菜），7.12，8.19
cha（叉），3.12，15.2
cha（茶），3.12
cha（查），15.2
cha（蹅），3.12
cha（岔），3.12
chaishi（差事），7.12
changchangrde（常常儿的），9.31
chang e（嫦娥），14.17
changa（唱啊），12.45
changge（唱歌），5.9
che（车），3.22，15.2，15.6
chi（痴），5.12，18.7
chile（吃了），10.16
chi（池），14.19，15.6，18.7
chuqu（出去），9.33
ci（雌），5.12，14.19，18.7
ci（瓷），14.19，15.6
ci（慈），14.19

ci（此），18.7
da（搭），6.28
da（答），18.8
da（大），6.5
dan（单），2.34
daobeir（刀背儿），12.37
dao（道），17.3
daode（道德），2.35
dao（到），3.22
di（低），6.28
di（滴），18.8
di（地），15.3
dianbao（电报），12.6
die（爹），15.2
dong（东），8.19，9.21，9.22，17.3
dong（董），9.21，9.22
dong（冻），9.21，9.22
dong（洞），14.19
du（都），6.28
du（读），18.8
du（独），17.12
du（笃），17.12，18.8
duan（端），8.19
duo（多），18.1
e（鹅），3.22
Eluosi（俄罗斯），12.51
er（而），18.7
er（儿），18.7
ertong（儿童），5.12

305

er（尔），18.7
er（耳），15.15，17.8，18.7
er（刵），18.7
er（二），3.22，15.6，18.7
fa（法），1.14，18.8
Falanxi（法兰西），12.49
fa（发），18.8
fan-lai-fu-qu（翻来覆去），13.19，13.22
fei（非），18.8
fei（飞），3.22，5.9
fei（肥），18.8
fei（匪），18.8
fei（肺），18.8
fen（分），18.8
fen（焚），18.8
fen（粉），9.28，18.8
fenbi（粉笔），9.28，12.20
fen（粪），18.8
fen（愤），18.8
fen（份），18.8
fu（夫），9.21，9.22，18.8
fuzi（夫子），10.16
fu（扶），9.21，9.22，18.8
fu（府），18.8
fu（富），9.21，9.22，18.8
fu（妇），18.8
fu（父），18.8
fuqin（父亲），6.5
gai（该），6.5，7.3，7.6

gan（甘）2.34，14.18
gan（干），14.24
gang（缸），6.10
gao（高），3.4，3.22，7.6，7.8
Gaoerji（高尔基），12.51，12.53
gao（膏），3.4
ge（歌），18.1
gege（哥哥），5.10，10.16，12.26
geng（庚），15.7
gong（公），14.24，17.3
gou（钩），7.6
gu（姑），18.8
gu（骨），18.8
gu（古），14.24
gua（瓜），7.6，8.19，15.2
guai（乖），7.3，7.7
guaiwanr（拐弯儿），12.33
guan（官），14.24
guang（光），7.8
gui（龟），7.7
guo（国），18.8
guo（过），17.9
ha（哈），1.14，18.17
hai（海），6.5，18.6，18.21
haipa（害怕），6.5
han（含），9.21
han（寒），18.6
han（旱），18.8
hao（好），3.22，9.28，18.6，

18.17
hao a（好啊），12.45
haohaorde（好好儿的），9.28
haojiahuo（好家伙），13.23
he（河），18.6，18.17
he（何），18.1
he（盍），15.15
he（鹤），18.6
hei（黑），18.6
henge（姮娥），14.17
hu-si-luan-xiang（胡思乱想），13.22
hu（户），17.3
hua（花），15.2
hua（华），15.2
huaide（坏的），9.33
huoshao（火烧），10.14
huo shao（火烧），10.14
huo（霍），18.8
ji（鸡），3.22，14.24
jiben（基本），7.12
ji（吉），18.8
ji（集），17.12
ji（给），18.8
jia（家），7.6，15.2
jia（甲），18.8
jian（见），14.24，16.1
jie（街），5.9
jie（结），18.8
jin（禁），17.3

jing（京），16.4
jing（精），16.4
jiu（纠），14.17
jiu（赳），14.17
jiu（九），9.28
jiujiubiao（九九表），9.28
jiu（舅），18.8
ju（居），14.24，16.1
ju（菊），17.12，18.8
ju（局），17.12
juan（绢），14.24
jue（觉），18.8
jun（郡），14.19
kai（开），6.5，18.6，18.21
kan（刊），2.34
kan（勘），9.21，9.22
kan（砍），9.21，9.22
kan（看），18.6
kankan（看看），10.16
kang（康），18.6
ke（可），18.1，18.6
ke（客），17.12，18.8
keqi（客气），17.9
kou（口），18.6
ku（哭），17.12，18.8
ku（枯），17.12
ku（苦），9.21
kuzi（裤子），10.16
kua（夸），15.2
la（拉），6.5

lai（来），3.22

lai ba（来吧），9.33，13.10

lao（老），17.3

laozi（老子），10.14，12.26

le（了），17.9

li（力），17.12，18.8

li（立），18.24

lia（俩），12.36

liang ge（两个），12.36

lie（列），18.8

lin（林），14.18

long（笼），17.3

Luer（鲁尔），12.51

luo（罗），18.1

Luoma（罗马），12.51

Luomaniya（罗马尼亚），12.51，12.53

ma（妈），3.12，3.22，12.30

mama（妈妈），6.5，10.16，12.26，12.30

ma（麻），3.12，15.2

ma（马），3.12，17.3，18.8

Makesi（马克思），12.49

Maer（马尔），12.51

ma（骂），3.12，18.8

mai（买），18.8

mai mai（买卖），10.14，10.16，17.9

mai（卖），10.14，18.8

mai（麦），18.8

manmanrde（慢慢儿的），9.30

maoyanr（冒烟儿），12.33

men（们），12.37

meng（蒙），17.3

mi（密），18.8

mian（免），6.31

mianbao（面包），12.6，12.8

mie（灭），18.8

mingzi（名字），9.33

mo（摸），5.9

mo（磨），18.8

mo（莫），18.8

mu（母），18.8

mu（木），17.12

na（拿），6.5

na（那），15.15

na（纳），17.12

nan（南），8.19，14.18，14.20

nan（难），6.31

nanmian（难免），6.31

nao（闹），3.22

nimen（你们），12.37

ni qu, wo jiu bu qu（你去，我就不去），13.12

ni（匿），18.8

pa（钯），15.2

pa（杷），15.2

pai（牌），14.24

pan（扳），2.34

pan（盘），14.24

pi（皮），14.24
pi（匹），18.8
pi（辟），18.8
piao（飘），7.6
ping（平），14.19，14.20
po（婆），18.8
po（破），18.8
po（魄），18.8
pu（蒲），14.24
qi（乞），18.6
qi（岂），18.22
qi（起），18.6，18.17
qilai（起来），9.33
qi（器），16.1
qiche（汽车），7.12
qiao（巧），18.6
qie（切），18.8
qing（轻），18.6
qing（清），16.4
qing（倾），16.4
qiu（秋），7.6
qu（去），3.22，16.1，18.6
qu ba（去吧），9.33
quan（圈），18.6
que（缺），7.6
que（确），18.8
qun（群），14.19
re（热），17.12
ren（人），3.22，6.5
ri（日），5.12

sa（仨），12.36
san（三），3.22，4.18，6.5
san ge（三个），12.36
sha（沙），15.2
sha（杀），18.8
shan（山），3.22，6.5，17.3
shang（上），17.3
shao（烧），10.14
she（奢），15.2
she（社），18.8
shenme（什么），12.37
shi（诗），3.22，5.12，14.19，15.6，18.7
shi（时），14.19，14.20
shi（十），18.8
shitou（石头），10.16
shi（始），18.7
shiqing（事情），10.16，17.9
shi（式），18.8
shu（叔），18.8
shu（暑），9.28，18.8
shujia（暑假），9.28
shuizhe（睡着），10.16
shuo ba（说吧），9.33
si（思），3.22，5.12，18.7
si（私），14.19，15.6
si（死），18.7
si（四），6.5
su（粟），17.12
suo（娑），18.1

ta（他），6.5，6.28
Ta lai bu lai?（他来不来?），13.10
Ta lai bu lai ne?（他来不来呢?），13.10
tamen（他们），12.37
ta（塔），18.8
tan（摊），2.34，4.5
tan（坛），17.3
tao（讨），17.3
ti（梯），6.28
tian（天），2.35，4.5，12.9
tian a（天啊），12.45
tie（铁），18.8
tong（通），17.3
tong（同），14.19，17.3
tou（头），17.9
tu（秃），6.28
tuo（托），18.8
tuo（驼），18.1，18.8
wang（王），8.19
wei（微），14.19
wei（尾），18.8
wen（文），14.19
wo（我），18.8
women（我们），12.37
wu（屋），17.12，18.8
wu（乌），3.22，6.13
wuya（乌鸦），5.9，6.5
wu（五），5.1
wu（武），14.19，14.27，18.24

wu（务），14.27
xi（希），16.1，18.6，18.22
xiwang（希望），3.22，6.5
xi（昔），18.8
xi（系），18.6
xia（虾），18.6，18.17
xia（霞），15.2
xiangxiang（想想），10.16
xiao hair（小孩儿），12.37
xiaopengyou（小朋友），10.14
xie（些），15.2
xie（斜），15.2
xie（鞋），18.6
xie（蟹），18.8
xin（心），14.18，16.4
xin（欣），16.4
xinku（辛苦），12.8
xiong（兄），18.6
xu（虚），16.1
xuan（宣），12.9
xue（学），18.6，18.8
xue（雪），18.8
xun（珣），3.8
ya（鸭），18.8
ya（鸦），6.13
yanjing（眼睛），12.30
ye（业），17.12
yi（衣），3.22，18.7，18.8
yifu（衣服），5.9
yi（医），18.7

二、各种语言引用例索引

yi（一），5.1，9.32，18.8
yi duir（一对儿），12.37
yi nian（一年），9.32
yi tian（一天），9.32
yi wan（一晚），9.32
yi ye（一夜），9.32
yi（宜），18.7
yi（疑），18.7
yi（移），18.8
yi（以），18.8
yi（椅），18.7，18.8
yizi（椅子），10.16，14.20
yi（意），18.7，18.8
yi（义），18.8
yi（邑），18.8
yin（音），14.18
you（油），3.4
you（友），10.14
yufu（迂腐），5.9
yu（语），9.28
yuyan（语言），9.28
yuanyang（鸳鸯），6.5
yue（月），6.13
zai（在），7.12
zaijian（再见），9.30
zao（早），17.3
ze（责），18.8
zha（渣），15.2
zha（眨），18.8
zhai（摘），7.12

zhan（旃），15.15，17.8
zhe（遮），15.2，15.6
zhe（着），15.3，17.9
Zhege hao（这个好），13.10
Zhege hao?（这个好?），13.10
Zhege hao ma?（这个好吗?），13.10
Zhege duo hao（这个多好），13.10，13.23
Zhege duo hao a（这个多好啊），13.10
zhengjian（证件），9.30，12.20
zhi（知），5.12，14.19，15.6，18.7
zhi（之），14.19
zhitou（指头），14.20
zhi（至），18.7
zhi（质），18.8
zhu（诸），15.15，17.8
zhu（竹），17.12，18.8
zhugan（竹竿），12.33
zhuganr（竹竿儿），12.33
zhu（嘱），18.8
zhu（祝），18.8
zhuang（庄），8.19
zi（资），5.12，14.19，15.6，18.7
zi（兹），14.19
zi（子），18.7
zou ba（走吧），9.33

zui（罪），17.3

zuo（作），18.8

广 州 话

[aːp]（鸭），8.12，18.8

[a tsat]（阿侄），9.27

[fa]（花），5.9

[fai]（快），14.31

[fai]（肺），18.8

[faːn]（凡），16.1

[fan]（分），3.22，5.10，18.8

[fan]（粉），18.8

[fan]（粪），18.8

[fan]（焚），18.8

[fan]（愤），18.8

[fan]（份），18.8

[faːt]（法），18.8

[faːt]（发），18.8

[fat]（乏），16.1

[fei]（非），18.8

[fei]（匪），18.8

[fei]（肥），18.8

[fɔ]（科），14.30

[fɔk]（霍），18.8

[fu]（夫），9.17，9.19，9.24，18.8

[fu]（枯），14.31

[fu]（苦），9.17，9.19

[fu]（府），18.8

[fu]（富），9.17，9.19，18.8

[fu]（扶），9.17，9.19，9.25，18.8

[fu]（妇），9.17，9.19，12.8，18.8

[fu]（父），9.17，9.19，9.27，18.8

[fu tsʻan]（父亲），9.27

[fu jan]（夫人），9.24

[fu sau]（扶手），9.25

[fɵt]（阔），3.22，5.10

[ha]（哈），18.17

[ha]（虾），3.22，18.17

[ha]（下），18.17

[ha]（霞），18.17

[haːi]（蟹），18.8

[haːi]（鞋），18.6

[hai]（系），18.6

[hak]（黑），18.6

[haːk]（客），18.8

[ham]（堪），9.17，9.19

[ham]（砍），9.17，9.19

[ham]（勘），9.17，9.19

[ham]（含），9.17，9.19

[ham]（领），9.17，9.19

[ham]（撼），9.17，9.19

[haŋ]（肯），15.7

[hap]（恰），9.17

[hap]（鲶），9.17

[hap]（合），9.17，9.27

[hat]（乞），18.6

[haːu]（考），18.6
[haːu]（巧），18.6
[hau]（口），18.6
[hei]（希），18.17，18.22
[hei]（起），18.6，18.17
[hei]（岂），18.22
[hiŋ]（兄），18.6
[hiŋ]（轻），14.31，18.6
[hɔ]（可），14.31，18.2，18.6，18.17
[hɔ]（河），18.2，18.6，18.17
[hɔi]（开），14.31，18.6，18.17，18.21
[hɔi]（海），18.6，18.15，18.17，18.21
[hɔk]（学），18.6，18.8
[hɔk]（鹤），18.6
[hɔn]（看），14.31，18.6
[hɔn]（旱），18.8
[hɔn]（寒），18.6，18.17
[hɔŋ]（康），18.6
[hou]（好），6.5，18.6，18.17
[hœ]（靴），3.22，5.9
[hœy]（去），14.31，18.6
[huk]（哭），18.8
[hyn]（圈），18.6
[hɿt]（血），5.10
[jai]（孻），7.8
[jap]（邑），18.8
[jat]（一），6.10，8.19，11.8，12.6，18.8
[jatsaːŋ]（一生），7.10
[jat ti kam tœ]（一啲咁多），12.9
[jat]（日），12.6
[ji]（衣），18.7，18.8
[ji]（医），18.7
[ji]（椅），18.7，18.8
[ji]（意），18.7，18.8
[ji]（移），18.8
[ji]（以），18.8
[ji]（义），18.8
[ji]（宜），18.7
[ji]（疑），18.7
[ji]（儿），18.7
[ji]（而），18.7
[ji]（耳），18.7
[ji]（尔），18.7
[ji]（二），18.7
[ji]（刵），18.7
[ji sap]（二十），12.36
[jin]（烟），6.30
[jiŋ]（英），6.30
[kaː]（嫁），11.6
[kaːi]（街），7.6，11.4，11.14
[kai]（鸡），7.6，11.4，11.14
[kam]（咁），12.6
[kam]（今），12.6
[kam jat]（今日），12.6
[kam mat]（今日），12.6

附录

[kaːp]（甲），11.6，11.14，18.8
[kɐp]（急），14.27
[kap]（鸽），11.6
[kat]（吉），18.8
[kaːu]（教），11.14
[kau]（救），11.14
[kin]（肩），6.30
[kin sou]（件数），9.25
[kiŋ]（京），6.30
[kit]（结），18.8
[kiu]（骄），7.6
[kɔ]（歌），15.7，18.2
[kɔi]（该），18.15
[kɔk]（觉），18.8
[ku]（姑），18.8
[kuk]（菊），18.8
[k'ai]（谿），14.31
[k'ap]（给），18.8
[k'au]（舅），18.8
[k'ɔk]（确），18.8
[k'œy]（区），14.31
[k'œy]（拘），7.6
[kʷa]（瓜），6.22
[kwat]（骨），18.8
[kwɔk]（国），18.8
[k'ʷa]（夸），6.22
[kw'ai]（亏），14.31
[kw'an]（坤），14.31
[lap]（立），18.24
[lei]（里），15.3，15.12，15.13
[lik]（力），18.8
[lit]（列），15.3，18.8
[lɔ]（罗），18.2
[m]（唔），4.1，5.2，8.3，8.15，8.19，11.8
[ma]（马），18.8
[ma]（骂），18.8
[maːi]（买），18.8
[maːi]（卖），18.8
[maːk]（麦），18.8
[man tsœŋ]（文章），9.25
[mat]（密），18.8
[mat jɛ]（乜嘢），12.36
[mei]（尾），18.8
[mei ts'aːŋ]（未曾），12.36
[mit]（灭），18.8
[mɔ]（磨），18.8
[mɔk]（莫），18.8
[mou]（武），18.24
[mou]（母），18.8
[mou]（模），15.12，15.13
[nei]（你），6.30
[nik]（匿），18.8
[ŋ]（五）4.1，5.2，8.3，8.15，8.19，11.8，15.15
[ŋɔ]（我），3.22，6.5，6.30，18.8
[pa]（巴），18.11
[pa]（霸），18.8
[paːi]（摆），18.8

[paːk]（白），18.8
[paːn]（班），5.23
[pan]（奔），5.23
[paːt]（八），17.13，18.8，18.11
[pat]（拔），18.8
[pat]（不），17.13，18.8
[pat]（笔），4.18，18.8
[pat]（弼），17.13
[pei]（悲），18.11
[pei]（彼），18.11
[pei]（鼻），18.11
[pɛŋ]（病），18.11
[pik]（逼），18.8
[pin]（边），6.10，6.30，9.17，9.19，9.24，18.11
[pin]（扁），9.17，9.19
[pin]（变），9.17，9.19
[pin]（便），9.17，9.19
[pin kœŋ]（边疆），9.24
[piŋ]（冰），6.30
[pit]（必），5.10，9.17，9.24
[pit]（鳖），9.17
[pit]（别），9.17，18.8
[piu]（表），18.11
[pɔ]（波），18.8，18.11
[pɔk]（博），18.8
[puk]（卜），18.8
[put]（拨），18.8
[pʻaːk]（魄），18.8
[pʻat]（匹），18.8

[pʻik]（辟），18.8
[pʻɔ]（破），18.8
[pʻɔ]（婆），18.8
[pʻou]（抱），12.8
[saːm]（三），6.10，11.4，11.14
[saːm ma]（三妈），6.10
[saːm sap]（三十），12.36
[sam]（心），8.19，11.4，11.14，12.8
[sam pʻou]（心抱），12.8
[saːn]（山），11.14
[saːn man]（散文），9.25
[san]（新），8.19，12.8
[san]（身），11.14
[saːŋ]（生），8.19
[sap]（湿），6.10，8.19，11.8
[sap]（十），18.8
[sap paːt]（十八），6.10
[sɛ]（社），18.8
[si]（诗），6.5，18.7
[si]（思），18.7
[si]（死），18.7
[si]（始），18.7
[si fu]（师傅），9.27
[sik]（昔），18.8
[sik]（式），18.8
[sin saːŋ]（先生），12.36
[suk]（叔），18.8
[sy]（书）6.5
[sy]（暑），18.8

[syt]（雪），18.8
[tak]（得），6.10，8.19，11.8
[taːp]（答），18.8
[tik]（滴），18.8
[tɔ]（多），5.9，12.6，18.2
[tɔi]（代），18.15
[tui]（堆），7.6
[tuk]（笃），9.17，18.8
[tuk]（读），9.17，18.8
[tuŋ]（东），6.10，9.17，9.19，9.21，9.22
[tuŋ]（董），9.17，9.19，9.21，9.22
[tuŋ]（冻），9.17，9.19，9.21，9.22
[tuŋ]（动），9.17，9.19
[tʻaːp]（塔），18.8
[tʻit]（铁），18.8
[tʻɔ]（驼），18.2，18.8
[tʻɔi]（胎），18.15
[tʻɔk]（托），18.8
[tsaːp]（眨），18.8

[tsaːk]（责），18.8
[tsat]（质），18.8
[tsat sai]（侄婿），9.27
[tsi]（知），18.7
[tsi]（资），18.7
[tsi]（子），18.7
[tsi]（至），18.7
[tsiŋ kin]（证件），9.25
[tsɔk]（作），18.8
[tsu]（竹），18.8
[tsuk]（祝），18.8
[tsuk]（嘱），18.8
[tsʻi]（痴），18.7
[tsʻi]（雌），18.7
[tsʻi]（此），18.7
[tsʻi]（池），18.7
[tsʻit]（切），18.8
[tsʻɔi]（采），18.15
[u-a]（乌鸦），5.1
[uk]（屋），14.27，18.8
[waːi]（歪），7.8
[wai]（威），7.8

上 海 话

[çi]（希），18.22
[dʻɛ]（谈），15.8
[hɛ]（海），15.14，18.21
[ɦõŋ]（红），3.22，6.5
[iʔ]（一），3.22，6.5，8.19
[kɔ]（交），15.14
[kø]（干），15.8

[kʻɛ]（开），15.14，18.21
[kʻɔ]（敲），15.14
[liʔ]（立），18.24
[m̩ma]（姆妈），8.15
[ŋ̍]（五），8.15
[sʅ]（书），3.22，5.12
[tɕʻi]（岂），18.22

［vu］（勿），6.5

［kāŋ］（江），5.17
［løy］（楼），15.8

［kɛ̄n］（根），5.17

［ẓi］（易），3.22，6.5

［ci］（鸡），3.22，6.5

［ʂɿ］（须），3.22，5.12

［sal］（杀），8.19

［çy］（虚），12.6
［hai］（海），18.21
［hi］（希），18.22
［k'ai］（开），18.21
［k'i］（岂），18.22

［hŋ］（方），8.19
［ko］（高），15.14
［po］（宝），15.14

［hi］（希），18.22
［hɔi］（海），18.21
［k'i］（岂），18.22

［ŋuŋ ku t'uŋ］（蜈蚣虫），12.56

［vu］（武），18.24

苏 州 话

［m］（姆），15.15

宝 山 话

南 通 话

永 康 话

应 山 话

通 城 话

福 州 话

［k'ieŋ］（谦），12.6
［k'ieŋ ŋy］（谦虚），12.6
［lik］（立），18.24
［m̩］（唔），8.15
［pieŋ nei］（便利），12.8

厦 门 话

［sim pu］（新妇），12.8
［wɔŋ muŋ］（黄蜂），12.8

客 家 话

［k'oi］（开），18.21
［lip］（立），18.24

临 川 话

附录

[ʔɛ]（街），6.5
[ʔai]（盖），6.5

[çi]（希），18.22
[k'E]（开），18.21
[n̠y]（女），3.22，6.5
[pfu]（猪），7.13
[pf'u]（出），7.13

[vu]（武），18.24

[li]（立），18.24

[vu]（武），18.24

[liə]（立），18.24

[ɬam]（三），3.22，6.5

[i-ʃaŋ]（医生），5.1

[ʔba]（肩），7.16
[ʔda]（骂），7.16
[daːp]（塔），11.4
[dap]（肝），11.4
[fɔi fɯ]（蝙蝠），5.9

[ʈu]（九），3.22，6.5

玉 溪 话
　[ʔ'ɛ]（快），6.5
　[ʔ'ai]（开），6.5
西 安 话
　[t'ā]（唐），15.9
　[t'æ̃]（谈），15.9
　[tɕ'i]（岂），18.22
　[xE]（海），18.21
　[vu]（武），18.24
兰 州 话

开 封 话
　[wu]（武），18.24
太 原 话

怀 庆 话

台 山 话

阳 江 话

壮 语
　[lʷa]（锣），6.22
　[mlai]（唾液），7.16
　[ŋʷa]（磨），6.22
　[pla]（鱼），7.15，8.12
　[ɣau]（找），6.25
侗 语
　[ʈ'a]（上去），6.5

黎 语

[pluŋ]（家），7.15

泰 语

[kloŋ]（圆筒），7.15
[plien]（变），7.15
[saːn]（织布），11.4
[san]（棱角），11.4

荔波水语

[xa]（肩膀），6.5

贡山独龙语

[skam]（身），7.16，8.12
[sna]（鼻子），7.16
[spla]（黏住），7.16，8.12

四川彝语

[brum]（风），7.15

掸 语

[ˉmaːn]（怀孕），11.4
[ˉman]（他的），11.4

威宁苗语

[ʔauˤ]（水），12.11
[ʔauˤ ȵtɕauˤ]（口水），12.11
[dʻli]（河），7.15
[kimy]（皇帝），12.9
[kuˤ]（角），12.11
[kuˤ ȵuˤ]（牛角），12.11
[lie]（红），12.18
[lu lie]（有点红），12.18
[lʐa]（游），3.22，6.5
[mpə]（鱼），7.16
[mau]（炒面），6.15
[ntau]（打），7.16
[ntsa]（洗），7.16，12.18
[ntsu ntsa]（洗洗），12.18
[ȵu]（太阳），6.15
[ȵtɕiau]（靠着），7.16
[ȵtɕauˤ]（嘴），12.11
[ȵuˤ]（牛），12.11
[ȵu]（事情），6.5
[qʻɑ]（教），6.5
[tlau]（冰），7.15
[tlu]（黑），12.18
[tli tlu]（有点黑），12.18
[xu]（唱歌），12.18
[xi xu]（唱唱歌），12.18
[ʐi ʐhy]（马铃薯），12.9

川南叙永苗语

[mpluŋ]（叶子），7.16
[ntla]（浅），7.16

319

附录

湘西苗语

[NGe]（挑），3.22，6.5

瑶语

[ɖep]（插），3.22，6.5

都安瑶语

[ptsie]（房子），7.16 ｜ [pts'ie]（走路），7.16

越南语

hai mu'o' lăm（二十五），12.13 ｜ năm（五），12.13
mu'ò'i lăm（十五），12.13 ｜ năm muo'i lăm（五十五），12.13

蒙古语

čadal（力量），12.10 ｜ Oros（俄罗斯），12.51
noxoi（狗），12.10 ｜ šüdün（牙齿），12.10
nüdüm（眼睛），12.10 ｜ übül（冬天），12.10
olon（许多），12.10 ｜ ünggü（颜色），12.10

朝鲜语

[muɯ]（水），3.22

日本语

Fuji（富士），3.22，6.5 ｜ [kɯːki]（空气），3.22

阿拉伯语

[ʕain]（眼），6.5 ｜ [maʁreb]（西方），3.22
[Gadam]（脚），3.22，6.5 ｜ [qatala]（他从前杀），6.5
[ħikmaħ]（智慧），6.5 ｜ [χalifa]（副官），3.22

土耳其语

coban-lar（牧童，复数），12.9 ｜ sevežekdᵢr-ler（他们将爱），12.9
ev-ler（房子，复数），12.9 ｜ seviyor-lar（他们，过去时），12.9

俄语

актёр（演员），8.22 ｜ болéть（害病），12.46
баба（婆子），3.22，6.5 ｜ болéю（我害病），12.46
блáго（幸福），7.15 ｜ брать（拿），6.21
бить（打），2.34 ｜ брат（兄弟），6.21，7.15

二、各种语言引用例索引

в（在……里面），4.1
вес（重量），1.29，6.21
весь（所有，一切，全部），1.29，6.21
вздра́гивать（战栗），7.17，8.12
вода́（水），4.4，6.32
вод（水，复数，属格），6.32
воде́（水，单数，与格和前置格），6.32
во́дный（水的），4.4
входить（走进），4.1
войдите（进来!），13.13
Где он живёт?（他住在哪儿?），13.13
Гимала́н（喜马拉雅），12.53
глаз（眼睛），7.15
год（年），3.22
Гонконг（香港），12.53
Голла́ндня（荷兰），12.34，12.53
голландский（荷兰的），12.34
голова́（头），10.22
голо́в（头），10.22
го́ловы（头），10.22
голос（声音），6.5
гость（客人），2.34
группа（集团），7.15
да（是的），6.5，9.5
день（日子），2.34，12.38，15.16
длина́（长度），7.15
долгий（长的），12.50

долог（长），12.50
дома́（房子），5.25
дом（房子），3.22
друг（朋友），7.15，16.5
дружба（友谊），16.5
завод（工厂），6.5
замок（城堡，锁），10.8
и（和），4.1
идио́т（傻瓜），12.27
Иванов（伊凡诺夫），6.15
Как это красиво（这多美啊!），13.13
каранда́ш（铅笔），5.25
класс（班级），7.15
колокол（钟），12.27
конец（结尾），15.16
кормить（喂养），12.46
кормлю（我喂养），12.46
кость（骨头），2.34
кратка（短），12.50
краткий（短的），12.50
краток（短），12.50
круг（圆圈），7.15
куб（立方体），6.15
легко（轻），12.13，12.14
лёгкий（轻的），12.17
лоб（前额），12.38，15.16，17.10
любить（爱），12.46，16.10
люблю（我爱），12.46，16.10
марксист（马克思主义者），12.34

321

марксистский（马克思主义的），12.34
мел（白粉），1.29
мель（浅滩），1.29
мог（能够），6.15
мол（防波堤），6.21
моль（蠹鱼），6.21
молодой（年轻的），10.22
моложе（更年轻的），10.22
молодость（青年期），10.22
мука（面粉），10.17
мука（痛苦），10.17
мягкий（软的），12.17
народ（人民），8.22
народный（人民的），8.22
насадить（培植），12.46
насажду（我培植），12.46
обновить（革新），16.10
обновлю（我革新），16.10
окно（窗），17.10
оконный（窗的），17.10
отбор（精选），12.8
отец（父亲），5.9
паразит（寄生虫），12.27
писарь（书记），13.24
писание（书信），13.24
пить（喝），2.34
план（计划），7.15
платок（手绢），5.25
помыкать（虐待），12.27

потому（因为，所以），5.25，11.5，12.27
правда（真理），7.15
птицалетит（鸟飞），13.18
пята（脚后跟），4.18
пять（五），4.18
работа（工作），3.22，6.5
сад.（花园），6.15
сахар（糖），12.27
светел（明亮），12.50
светлый（明亮的），12.50
сделать（做），12.8
слова（词），5.25
сна（睡眠），17.10
сон（睡眠），12.38，15.16，17.10
страна（国家），7.17
страны（国家），10.17
тень（阴影），2.34
трактор（拖拉机），7.15
трудна（困难），12.50
трудный（困难的），12.50
труден（困难），12.50
туман（雾），12.27
хорошо（好），2.35，5.25，12.27
цветок（花），15.16
цель（目的），7.12
час（钟），7.12
читать（读），12.46
читаю（我读），12.46

что（什么），12.17
чтобы（为了），12.17
чу́ткий（敏感的），8.22
шесть（六），12.34
шестна́дцать（十六），12.34

Это правда（这是真的。），13.13
Это правда?（这是真的吗?），13.13
яблоко（苹果），11.5

英 语

a（一个），12.28
a tall（一个高的），8.21
about（大约），10.19
admire（赞美），10.21
admirable（可赞美的），10.21
admiration（赞美），10.21
along（沿着），3.6
an ass（一头驴），12.47
an hour（一个钟头），12.47
an old man（一个老头），12.47
and（和），12.28
any（任何），3.6
are（是，复数现在时），12.28
art（艺术），8.9
at（在），3.22，12.28
at all（完全），8.21
balloon（气球），10.19
be（是，不定式），12.28
begin（开始），10.19
bet（赌注），5.10
bird（鸟），6.13
bit（小片），3.15
build（建筑），11.9
built（建筑），11.9

but（但是），3.22，5.9，12.28
cage（鸟笼），14.25
came（来，过去时），3.6
camphor（樟脑），6.5
can't（不能），3.6
call（叫），3.6
car（车），16.5
cat（猫），3.6
center（中心），16.5
church（礼拜堂），7.12
city（城市），16.5
civil（公民的），8.8
class（班级），7.15
come（来），15.8，16.5
come on!（来!），13.13
content（内容，令满足），10.8
contrast（对照，对比），10.17
cry（喊叫），7.15
cup（杯子），16.5
Did it all happen yesterday?（都是昨天发生的吗?），13.13
distinct（不同），12.8
disuse（停用），10.21
extinct（消灭），7.17，8.12

附录

father（父亲），5.9
foe（敌人），14.25，15.12，15.13
foot（脚），5.10
forgive（原谅），10.19
fox（狐狸），7.10，7.14
garden（花园），16.5
gem（宝石），16.5
gin（起重机，计策），16.5
go（去），16.5
gun（大炮），16.5
hale（壮健），14.25
had（助动词），12.35
has（助动词），12.35
hat（帽子），5.10
have（助动词），12.35
he（他，主格），12.35
heel（脚跟），11.9，11.15
her（她的，她，宾格），12.35
hill（小山），11.9，11.15
him（他，宾格），12.35
his（他的），12.35
home（房子），14.25
hot（热），3.22
hotel（旅店），10.19
house（房子），6.5
I'll（我要），12.39
I'm（我是），12.39
import（进口），10.17
it（它），5.10
it's（它是），12.39

It's enormous（它大极了），13.18
judge（判断），7.12
last（最后），8.12
lead（引带），3.6
lead（铅），3.6
let's（让我们），12.39
lid（盖子），11.6
little（小），3.22，6.24
looked（看，过去时），12.8
me（我，宾格），12.28
misuse（误用），10.21
mutton（羊肉），8.3
no（不），3.15
of（属于），12.28
orf（羊群），17.10
pens（笔，复数），11.9
pence（辨士），11.9
people（人民），8.15
pit（坑），8.7
pity（可怜），8.7
place（地方），7.15，14.25
pleasure（愉快），6.5
present（到，礼物，赠送，引见），10.17
rapid（快），13.25
rapidly（快快地），13.25
red（红），3.22，6.5
revolution（革命），10.19
right（正确，权利），3.6
rope（绳子），14.25，15.12，15.13

seat（座位，安放），11.6，11.15

seating（安放，现在分词），11.6，11.15

see（看见），11.6

seed（种子），11.6

seen（看见，过去分词），11.6，11.15

shall（将要），12.39

she（她），12.28

shoe（鞋子），6.5

shore（海岸），3.6

should（应该），12.28，12.39

show（表示），3.22

sin（罪过），11.6，11.15

sing（唱），3.15

sit（坐），11.6，11.15

sitting（坐，现在分词），11.6，11.15

some（有些），12.39

speak（说话），8.6

spend（花费），11.9

spent（花费，过去时），11.9

spit（吐涎沫），8.8

star（星），8.6，8.10

stone（石头），6.15，14.25

street（街），7.17

the（这个，冠词），12.28

the eye（眼睛），12.28

the man（这个人），12.28

them（他们，宾格），12.28

they（他们），3.22，6.5

There's no time（没有时间），13.25

There's nobody（没有人），13.25

thin（薄），6.5

thing（东西），3.22

third（第三），12.56

three（三），12.56

till（等到），12.39

time（时间），15.13

too（太，亦），3.15

try（试图），7.15

use（用），10.21

usage（用途），10.21

usable（可用的），10.21

useful（有用的），10.21

useless（无用的），10.21

verb（动词），3.22

walk（走路），6.13

want（要），3.6

watch（表），3.22

we（我们），3.16

Where's he?（他在哪儿?），13.13

which（哪一个），3.22，6.5

write（写），3.6

yes（是的），6.5，9.5

you（你），6.13

zeal（热诚），3.22

附录

法　语

actif（活泼），8.9
agneau（小羔羊），3.6，6.5
an（年，岁），5.17，15.9
a il?（他有没有?），12.47
a elle?（她有没有?），12.47
aube（黎明），15.14
beaucoup（许多），13.18
bon（好），4.18，15.9
bonheur（幸福），15.9
ça（这个），12.41
camp（野营），14.25
canard（鸭子），3.6
car（因为），3.6
cavalier（骑士），14.25
Ce chien est très méchant（这只狗很凶），13.15
c'est（这是），12.40
chambre（屋子），16.10
champ（田），14.25
chat（猫），14.25
chemin de fer（铁路），6.15
chou（白菜），3.20，6.5
choucroute（酸菜），14.17
citron（柠檬），3.6
connaissance（认识），15.9
corridor（走廊），12.17
côte（海岸，肋骨），11.4
cote（份额），11.4
Cyrano（西哈诺），12.51，12.53

dais（天遮），1.29
dé（骰子），1.29
des（属于某些东西的），12.41
deux（二），3.22，5.9
deux heures et demie（二点半钟），12.8
domage（损害），15.6
du（属于某样东西的），12.41
ébahi（瞠目结舌），8.10
elle a（她有），12.47
enfin（最后），2.16
épouvantable（可怕），13.18
espèce（品种），15.18
est il?（他是不是?），12.47
écrire（写），15.18
élision（省音），12.40
épenthèse（插音），12.47
étable（牛房），15.18
examen（考试），3.6
faim（饿），3.6
fait（事实），15.14
fou（疯子），3.20
il a（他有），12.47
il est（他是），12.47
je（我），3.20
jugement（判断），6.5
kilo（基罗），3.6
lettre（书信），8.15
l'hiver（冬天），12.40

longue（长），6.15
l'or（金），12.40
maint（许多），3.6
maison（房子），12.24
marché（市场），15.7
militaire（军人），12.19
montagne（山），3.22
mulet（驴子），3.20
nuit（夜），3.22，6.13，7.8
on（有人），5.17
orchestre（乐队），3.6
ouate（绵毛），6.13
pain（面包），3.6，5.17
particulièrement（特别），8.9
pâte（糖果），13.26
pâté（肉饼），13.26
pâtisserie（糖果商店），13.26
pâtisserie Saint-Germain（圣日耳曼糖果商店），13.26
peuple（人民），4.18，6.15
pied（脚），7.8
pré（草地），1.29
prêt（准备），1.29

prix（价格），8.9
pst（呸），8.3，8.15
psychologie（心理学），7.10，7.14
quatre（四），3.6
quitter（离开），8.9
robe（长袍），6.15
rose（玫瑰），3.22，6.13
sein（胸部），3.6
seing（图章），3.6
si（如果），3.15
s'il（如果他），12.40
soleil（太阳），7.8
tous（大家），11.4
tousse（咳嗽），11.4
tsar（沙皇），7.10，7.14
tū haïs（你憎恨），7.3
un（一），5.17，15.9
un homme（一个人），13.15
un homme bon（一个好人），13.15
vin（酒），3.6，15.9
vingt（二十），3.6

德 语

Abendteuer（冒险），14.17
Atem（呼吸），8.3
empfinden（觉得），10.19
entladen（卸下），10.19
Gehalt（内容），10.19
gut（好），3.15

Haus（房子），6.5，14.18，15.12，15.13
Hüte（帽子），15.6
Hütte（茅舍），3.22，5.10
ich（我），3.22，6.5
Ingenieur（工程师），10.19

ja（是的），6.5
Jahr（年），6.13
Leibniz（莱伯尼兹），12.53
Magnet（磁石），12.8
Maschine（机器），10.19
Pfand（抵押品），7.13
Pferd（马），7.13，7.14
schuh（鞋子），6.5

Staat（国家），6.15
überblicken（总观），10.19
Verdacht（嫌疑），10.19
Wagen（车），3.22
Wein（酒），14.18，15.12，15.13
wiederholen（拿回来，重说），10.17

西 班 牙 语

allá（那里），3.22，6.5
amigo（朋友），12.24，16.8
escripir（写），15.18
especie（品种），15.18
establo（牛房），15.18
invento（发明），3.22

lobo（狼），12.24，16.8
pero（但是），6.5
provecho（利益），16.8
saber（知道），3.22，6.5
termino（末了），10.17
vida（生命），12.24，16.8

捷 克 语

krk（脖子），5.2
prs（胸），5.2
prst（手指），8.15
smrt（死亡），5.2

vlhky（湿的），5.2
vlk（狼），8.15
vrt（花园），8.15

匈 牙 利 语

Magyar（马扎尔人，匈牙利人），3.22，6.5

爱沙尼亚语

jama（胡说），11.16
jaama（车站的），11.16
jaaama（到车站），11.16

lina（麻），11.16
linna（城市的），11.16
linnna（到城市），11.16

挪 威 语

hus（房子），3.22，5.9

梵 语

rājaputraḥ（王父，王子），17.4
varah（选择，求婚者），17.4

二、各种语言引用例索引

希 腊 语

anēr（男人），16.10
patroktonos（杀死父亲的，给父亲杀死的），17.4
trokhos（赶车，车轮），17.4

拉 丁 语

camera（房间），16.10
equōs（马），17.14
manūs（手），11.4
manŭs（手），11.4
species（品种），15.18

后　记

最近一个很偶然的机会，我们在父亲自存的科学出版社1959年出版的《语音学概论》一书里，无意之中发现他为准备出版该书修订第二版所做的修订内容。那是在1980年完稿的，是在1959版的书上直接修改而成，个别的段落，通过插入写好的纸条加以补充。

但不知道是由于何种原因，该书未能出版，我们也未听父亲提起过此事，以至于《语音学概论》修订第二版从1980年完成到现在出版问世，一下子拖长了30多年才能与广大的读者见面，这真是一件十分令人遗憾的事情。

当我们发现这计划出版的《语音学概论》修订第二版的原稿后，觉得非常的惊讶，也非常的高兴。我们在第一时间，将此事报告给商务印书馆的朱俊玄编辑，朱编辑也感到很是珍贵，并立即报告给领导。经过审议，商务印书馆很快就答应按照我们的希望，出版此书修订第二版。

我们深知《语音学概论》一书的分量，因为该书被学术界公认为我国第一部普通语音学方面的著作。父亲在1928年至1933年公费留法期间，从梅耶、房德里耶斯、柯恩、傅舍等著名语言学家学习语言学、历史比较语言学、语言调查及语音学等课程，而《语音学概论》的初版，则是他在1934年从普通语言学的角度，把学到的有关语音学知识，结合汉语的特点，在为中山大学首次开设语音学概论课而编写的教材的基础上写成的。由于当时时局动荡，面对抗战，印刷困难，该书在1939年才由上海中华书局出版。可以说，《语音学概论》是他留法之后完成的，作为他的几本有较大影响的著作中的第一部。而1959年父亲又花费了相当大的精力，做了大量的修订，完成了修订第一版，由科学出版社出版。这次由我们交给商务印书馆出版的《语音学概论》修订第二版，则是他在78岁的高龄时，对修订第一版做了认真细致的修改后完成的，相信该书的出版问世，对于推动我国的语音学学科的学习和研究，仍然能够起到重要的作用。

当然，我们也应该实事求是地指出：1959年由科学出版社出版的修订第一版，至今已过去了53年，半个世纪前出版的书不可避免地留有当时的时代烙印，如"学习苏联的先进经验"（1980年父亲在修订时已经改为"学习某一个国家的先进经

后　记

验"），如"文字改革，把方块汉字逐渐改为拼音文字……"，等等。有些说法现在看来也不一定非常合适，如对20世纪80年代新兴的实验语音学的评价，等等。但无论如何，该书作为我国普通语音学的奠基作，曾哺育了几代语言学工作者，在今天仍然放射着难以掩饰的灿烂的光芒！

在该书即将问世之际，我们对促成该书出版的商务印书馆及汉语出版中心的有关领导，语言学著作与期刊编辑室主任叶军编审及编辑朱俊玄先生；对为了该书出版，给以认真审读，付出了辛勤劳动的责任编辑金欣欣编审，致以衷心的感谢。

我们作为后人，对在《语音学概论》修订第二版的出版问世方面能帮助父亲完成其未能完成的愿望，真是感到十分的欣慰。2013年是父亲的110岁诞辰，或许该书的出版亦可以作为我们对父亲怀念的一个献礼吧。

岑运华　岑运强
2012年3月